U0926205

黄劲松 等著

市场营销教学案例与分析

Marketing Cases and Analysis

清华大学出版社

北 京

内容简介

本书收录了八个与营销相关的案例。这些案例描述和分析了当前营销领域的一些热点问题，涉及的主题包括B2B企业的渠道整合、渠道跨界经营冲突、品牌建设、网店营销、线上和线下协同经营、微信社群营销、东西方管理模式冲突、国际营销等。在所选择的八个案例中包含了四篇全国百优案例，以及四篇企业高管撰写的案例。

本书给出了案例的全部正文和完整的案例使用说明，它不但可以用于教师的营销教学，指导MBA案例论文写作，也可以用于指导实践操作。通过本书的阅读，读者可以掌握营销类百优案例的写作模式，学习营销案例的分析方法，解决企业在营销过程中遇到的一些问题。

图书在版编目(CIP)数据

市场营销教学案例与分析/黄劲松等著. —北京：清华大学出版社，2016(2021.8重印)
ISBN 978-7-302-45441-0

Ⅰ.①市…　Ⅱ.①黄…　Ⅲ.①市场营销　Ⅳ.①F713.3

中国版本图书馆CIP数据核字(2016)第266123号

责任编辑：陈朝晖
封面设计：何凤霞
责任校对：赵丽敏
责任印制：丛怀宇

出版发行：清华大学出版社
网　　址：http://www.tup.com.cn，　http://www.wqbook.com
地　　址：北京清华大学学研大厦A座　　**邮　　编**：100084
社 总 机：010-62770175　　**邮　　购**：010-62786544
投稿与读者服务：010-62776969，c-service@tup.tsinghua.edu.cn
质量反馈：010-62772015，zhiliang@tup.tsinghua.edu.cn
印 装 者：三河市铭诚印务有限公司
经　　销：全国新华书店
开　　本：153mm×235mm　　**印　　张**：16.75　　**字　　数**：281千字
版　　次：2016年11月第1版　　**印　　次**：2021年8月第4次印刷
定　　价：79.00元

产品编号：071885-02

作者简介

黄劲松 北京航空航天大学经济管理学院市场与数字化营销系主任，副教授，清华大学工商管理硕士（MBA）和管理学博士。曾在企业承担相关管理和咨询工作10年。主要研究方向包括数字化营销、企业和消费者产品处置、社会媒介传播、品牌管理、客户关系管理等。掌握并熟练应用各类管理研究方法，已发表学术论文60余篇，包括案例学术论文4篇。论文发表在*Journal of Interactive Marketing*，*Information & Management*，*Journal of Strategic Information Systems*，*Social Behavior & Personality*，《管理世界》《心理学报》《管理科学学报》《中国管理科学》《管理评论》《管理学报》《数理统计与管理》《营销科学学报》《体育科学》《心理科学》等期刊，多篇论文被《新华文摘》《人大复印资料》转载。主持国家自然科学基金项目3项，参与国家自然科学基金项目4项；出版论著2部，获得中国百优管理案例奖6篇（第一作者4篇）。

前言

市场营销是企业生存的基石，同样的产品采用不同的营销方式所得到的结果是完全不同的。今天，营销学成为变化最快的一门学科，把握其中的规律变得越来越难，这主要体现在以下几个方面。首先，营销理念快速变化。以往的营销实践大多采用的是由上而下的思维，企业家需要很好地判断市场的趋势，在此基础上进行营销资源的投放。但是，在新的环境下，营销学已经逐渐变成上下结合的思维模式，企业家不但需要有较强的趋势把握能力，还要有较强的数据分析和运用能力。其次，技术进步导致营销操作迅速变化。在互联网和物联网如火如荼的今天，人际之间的互联和万物的互联带来了营销方式的深刻变化，营销领域出现了大量与技术发展同步的创新。最后，企业运营模式的巨大变化。当前的企业已经从传统企业转向具有新型商业模式的企业，线上和线下经营已经成为企业运行的常态，全渠道营销也成为企业必须关注的问题。在这种快速变化的环境之中，如何把握营销的理论和实践的变化是所有研究者和实践者关注的问题，案例分析恰恰是解决这一问题的最优方法。

另一方面，案例分析已经成为营销教学的主要手段，这是由于市场营销学是一种很难完全结构化和量化的学科，在不同的场景之下同样的问题可能应该采取完全不同的解决方法。因此，学生只有通过大量的案例训练和经验总结才能够较好地掌握营销的规律。当然，我们认为市场营销存在着变与不变之间的辩证关系，尽管营销的技术、环境、人、手段、方法等变化非常大，但营销学的规律还是基本保持不变的。因此，案例分析不但要讨论变化的东西，也要关注其背后不变的营销理论和原理。

正是秉持这种变与不变的辩证思想，本书精选了我和学生们撰写的八篇案例，这些案例包含了四篇中国管理案例共享中心的百优案例，它们分别是《品牌建设：北京电视台》(2011 年)、《渠道跨界经营冲突：维康药业》(2012 年)、《B2B 企业线上和线下渠道整合：研华科技中国公司》(2013 年)、《线上和线下协同经营：京卫元华医药公司》(2015 年)(标题有变动)；另外四篇案例即《东西方管理模式冲突:中国招标网》《电子商务经营:刘璇星店》《微信社群营销:新苑阳光公司》《国际营销:冠捷集团MMD公司》均由时任的企业创始人或高管在我的指导下完成案例写作。这些案例大多在MBA课堂上多次使用,并获得了非常好的教学效果。

以下对本书的案例做一个简单描述。

案例一 B2B企业线上和线下渠道整合:研华科技中国公司。本案例是一个B2B企业线上和线下渠道整合的案例。B2B渠道体系的特点是经销商在销售过程中会参与系统设计、集成和服务。因此,在B2B行业之中,企业与经销商的紧密配合是非常需要的。但是,线上经销体系的建设必然会带来渠道的冲突,如何建立线上和线下渠道紧密协作的体系是很多B2B企业面临的重要问题。本案例对此问题进行了讨论。

案例二 品牌建设:北京电视台。北京是中国的政治、经济、文化中心,拥有各类资源。但是,在这样一个资源丰富的都市,北京电视台并没有获得其应有的市场地位;相反,它与湖南卫视、浙江卫视等地方卫视相比只具有较弱的观众品牌认知度和美誉度。那么,北京电视台应该怎样建设自己的品牌才能够充分利用当前的资源优势,获得相应的品牌资产和品牌地位呢?本案例对此进行了描述和分析。

案例三 渠道跨界经营冲突:维康药业。窜货和跨界经营在中国市场中是很难杜绝的现象,任何公司在进行渠道管理时都必须考虑如何面对这类渠道冲突。一般认为,企业可以采取严厉的手段杜绝跨界经营行为,但是,在实际的操作之中要解决这一问题并非易事。维康药业的案例展示了一个积极进取的经销商拓展邻家空白市场的事件,在这一渠道冲突中,企业面临着两难的境地,处罚会打击经销商的积极性,不处罚会影响整个管理体系,如何解决这一问题将展现公司的管理智慧。

案例四 东西方管理模式冲突:中国招标网。中国的创业团队在起步阶段大多采用情义为主导的东方管理模式。但是,随着企业逐渐发展壮大,情义为主导的东方管理模式将会逐渐不适应其发展要求。这时,很多创始人会走向另外一个极端,即采用完全西方化的规则管理模式,但是这一转变往往又会带来较大的问题,如何进行管理模式的调整往往是创业企业必须解决的问题。

案例五 电子商务经营:刘璇星店。淘宝店铺的运营往往会遇到与所代理的品牌厂商冲突的情况,这种冲突表现在厂商与淘宝店铺在供货、价格、时间、返点等各个方面。刘璇星店的案例也讲述了这样一种冲突的情景,他们面临建设自有品牌和继续代理品牌之间的矛盾,本案例对这一问题进行了深入的分析。

案例六 微信社群营销:新苑阳光公司。通过微信构建社群,建立与客户的关系,从而产生持久的销售是社群营销的主要形式,它是社会化客户关系管理的一种重要模式。本案例描述了新苑阳光的微信社群营销过程,这家公司是一家农业企业,它以微信社群为核心,建立了线上和线下的联动体系,有效地促进了企业的产品销售和生存发展。

案例七 线上和线下协同经营:京卫元华医药公司。传统企业如何建立线上经营体系一直是一个难题,他们遇到的主要问题是如何低成本地构建线上体系,如何使线上和线下经营体系相互协调和配合。京卫元华医药公司在经营过程中也遇到了同样的问题,在构建线上经营体系的过程中,出现了一系列线上和线下经营体系冲突的问题。京卫元华医药公司通过对这些冲突的解决,顺利地建立了在线经营体系,并形成了线上和线下相协调的经营模式。

案例八 国际营销:冠捷集团 MMD 公司。中国企业在进入国际市场时,渠道体系的建设是一个关键问题。本案例讨论了冠捷集团 MMD 公司进入马来西亚市场和更换经销商的过程,真实地反映了当年的渠道决策场景。通过经销商的选择与更换,冠捷集团 MMD 公司从濒临退出马来西亚市场发展到占据该国市场两成以上的份额。该案例提出了在国际营销过程中经销商选择的新标准和新模式。

中国企业有着大量的创新性营销实践,这些创新性营销实践有必要通过各种形式进行展示和深入研究,它们也应该成为营销学科知识体系的有机组成部分。本书希望通过完整的案例和案例分析,展示部分中国的创新性营销实践。当然,由于作者的水平所限,不充分和不完善之处在所难免,敬请各位同仁和读者批评指正。

黄劲松

2016 年 7 月

目录

案例一 B2B企业线上和线下渠道整合：研华科技中国公司[①]

本案例是一个B2B企业线上和线下渠道整合的案例。B2B渠道体系的特点是经销商在销售过程中会参与系统设计、集成和服务。因此，在B2B行业之中，企业与经销商的紧密配合是非常必要的。但是，线上经销体系的建设必然会带来渠道的冲突，如何建立线上和线下渠道紧密协作的体系是很多B2B企业面临的重要问题。本案例对此问题进行了讨论。

1 案例正文

1.1 引言

冬日的暖阳洒向大地，又是一个难得的晴天。研华科技中国公司（以下简称“研华中国公司”）总经理徐志看着桌上的财务报告由衷地欣喜，2014年中国大陆地区的销售份额在总公司全球销售总额中占29%，仅次于北美区的30%列第二位，这是研华中国公司历史上的突破。

虽然过去的一年业绩不错，但公司并非可以高枕无忧。面对互联网的快速发展，在线销售渠道的大力拓展成为必然的选择，中国区的在线销售渠道建设也成为台北总部的战略重点。实际上，研华中国公司的在线销售部门在近年来获得了高速发展，2011年到2014年销售额增长率保持在30%

---

① 本案例由北京航空航天大学经济管理学院的黄劲松、唐静撰写，感谢研华中国提供的帮助。

案例来源：中国管理案例共享中心，并经该中心同意授权引用。

本案例获得了2015年全国百优案例。

左右，达到了研华中国公司销售额的5%。尽管如此，在线销售部门的销售额距离台北总部15%的份额要求仍然相去甚远，这也成为摆在徐志面前的重要问题。

要提升公司的在线销售业绩并非容易的事情。一方面，线下经销体系可能出现反对的声音。公司的产品主要面向企业级用户，线下经销商在B2B(business to business，B2B)市场的经营中有着非常重要的作用，如果大规模推动在线销售就可能对线下经销体系产生较大的负面影响。目前线下经销体系占80%的销售份额，公司整体的业绩也非常好，在这种情况下，打破现有平衡强力推进在线销售渠道似乎也有悖常理；另一方面，在线销售部挖潜的难度越来越大。在线销售部认为本部门已经在网上促销、商机获得、商机分转、售前技术支持、客户维护等各个环节开足马力，各个环节也都已优化到最高水平，可以挖掘的潜力已经接近极限，目前的渠道体系中已经存在着销售区域、价格、客户资源等方面的潜在冲突，在现有的机制和条件下硬压任务可能适得其反。

如何能够使在线销售部门持续高速发展，达到公司总部的市场份额要求，同时又保持经销商的稳定经营成为当前困扰徐志的最大问题，他需要找到最优的方法使各种类型的渠道相互促进和协调发展，而不是产生冲突和矛盾，同时他也需要有效控制整个渠道体系，避免出现可能的风险。在经过多方的沟通之后，发现各方的想法存在较大的差异，如何操作是对他智慧的考验……

1.2 研华科技公司

1.2.1 公司的发展

研华科技公司(以下简称“研华科技”)是研华科技中国公司的母公司，它是一家针对组织市场生产和销售产品的B2B企业，于1983年5月成立，总部位于中国台北。1983—1988年公司致力于系统整合技术。随着公司不断发展，公司从1987年开始在全世界开设分支机构，这些分支机构分别设在美国、德国、意大利、新加坡、日本、法国等地。1990年公司生产出第一台个人电脑，标志着公司开始了发展工业计算机的道路。1992年研华科技进入中国大陆市场，在北京成立了研华科技中国公司，负责大陆地区的销售。研华科技于1999年12月在台湾上市，彭博资讯代码2395TT，综合市值45亿美元，全球员工数6000人。

研华科技是提供全球工业控制及自动化产品及解决方案的厂商，自1983年5月创立以来，研华科技着力于在工业自动化、嵌入式主板及设计，智能系统和数字医疗方面的创新，为顾客提供高质量服务和产品。经过20多年的发展，研华科技在工业自动化控制领域的市场树立了声望，在不断的创新中引领了市场的方向，为全世界用户提供各种硬件/软件/客户服务/电子商务基础设施等解决方案。研华科技在全球的销售增长状况如图1-1所示。

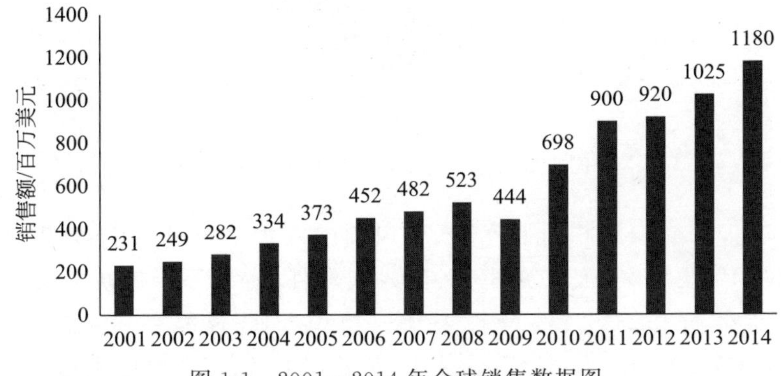

图1-1　2001—2014年全球销售数据图

2003年研华科技在昆山建立了工厂，经过一系列的变革，研华科技在中国大陆形成了以北京、深圳和上海为根据地辐射大中华区的销售网络，并成立了研华科技中国公司，以在中国大陆地区销售研华科技的产品为主要职责。2014年研华中国公司的销售额占公司全球销售额的29%，总额达到17.8亿元人民币。

研华科技全球的营业收入及增长趋势是：从2001年至2014年研华科技的销售呈增长态势，除2009年受金融危机影响较大出现了负增长外，公司连续十多年业绩保持增长。尤其是2010年以后的几年增长幅度比较大。其中研华中国公司的销售增长迅速，2014年已处于研华科技全球销售的第二位，欧洲区占比为14%，处于第三位（如图1-2所示）。

1.2.2　公司产品

研华科技的产品分为四大类，第一类是自动化产品，包括自动化软件、研华工业平板电脑及人机界面、设备自动化、自动化控制器、嵌入式无风扇工业电脑、电力与能源、数据采集（DAQ）与控制、远程I/O模块、工业通信、行业认证解决方案、楼宇自动系统、研华工业平板电脑等。第二类是嵌入主板与设计服务，包括嵌入式电脑模块、嵌入式单板电脑、MI/O扩展式单板

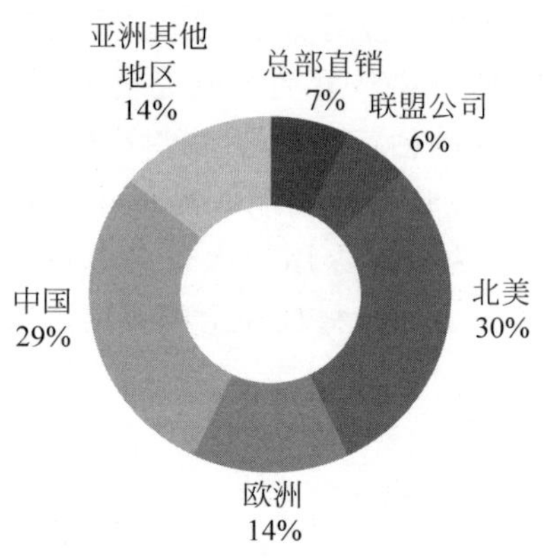

图 1-2 2013 年全球各区域销售数据图

电脑、工业母板、RISC 计算平台、无风扇嵌入式工控机、数字多媒体、研华工业显示解决方案、嵌入式模块、嵌入式软件、游戏平台解决方案，应用如 POS 机、体育彩票机、医疗设备等。第三类是智能系统，主要产品有 Compact 系统、CompactPCI 平台、DSP 处理平台、工业电脑机箱、工业计算机外设、工业母板、智能交通系统、数字智能视频平台、刀片处理平台，网络应用平台、无电源背板、预配置系统、工业级服务器、插槽式单板电脑。第四类是数字物流与智能酒店、智能零售，包括工业移动电脑、工业便携式电脑、便携式计算平台、交互式数字系统、iService 触控式一体电脑。研华智能在三个产业——研华物流、数字医疗、智能连锁——是以解决方案的方式来提供服务的。以往产品应用有两类，一类类似于清华紫光这样的系统集成商；另一类客户是设备商，比如雕刻机、数控机床、工具机，为电力行业做电力自动化二次变电设备等。

研华科技的产品超过 800 种，产品线丰富，客户定制类产品需参与客户产品的设计，为客户提供全方位的软硬件、系统整合解决方案及专业设计制造服务，因此，很多研华的产品在销售过程中是需要持续参与的，这也导致经销商在其中的作用是较大的。研华科技专注于自动化、嵌入式电脑及智能服务三大市场，并以“驱动智慧城市创新共建物联产业典范”为目标。

1.3 销售管理体系

研华中国公司的销售体系主要由三个部分组成，分别是大客户、渠道(经销商)和在线销售(Aonline)体系，见表 1-1。

表 1-1　研华中国公司的销售体系

部门	职责
大客户销售部	主要负责大陆区的大客户经营(大客户标准见附件)，销售代表每人负责 20 个大客户的经营，包括客户关系维护、订单安排、货款收回等。完成公司安排的销售计划，整合公司全系列产品并以整体方案服务客户，经营区域为中国大陆地区
在线销售部(Aonline)	负责公司全系列产品的在线销售，通过在线及时服务小客户以及远端客户。负责维护客户关系、安排订单、收回货款，经营区域为中国大陆地区
渠道销售体系(经销商)	负责在各自划定的区域销售指定种类的产品，完成每年的销售目标，配合大客户团队销售，协助其维护客户关系。配合在线销售部销售，为在线销售部的客户提供所在区域的上门测试、安装、调试、售后等服务，按约定期限支付货款

1.3.1　大客户销售部

大客户销售部门是公司的主要销售力量之一，它按区域&行业划分进行管理，包括华北区、华东区、华南区和新兴市场区(西北区、西南区、东北区等)。公司设计的大客户销售部门是以直销&经销并行模式，各区域派驻办事处，大客户销售部门承担公司一半以上的销售任务。

由于大客户一般需要定制化服务，有些项目需要多种其他公司产品进行配套，加之投标项目涉及复杂的关系，且公司目前项目数量较多，总部派驻人员较少等原因，大客户团队经常与当地经销商展开合作，利用经销商在当地的优势，共同开发项目订单，有些订单以经销商公司名义与客户签订，因此从统计数字上看大客户团队的销售额仅占公司销售额的 15%左右，但实际占比是很高的。图 1-3 展示了大客户部门的组织结构简图。

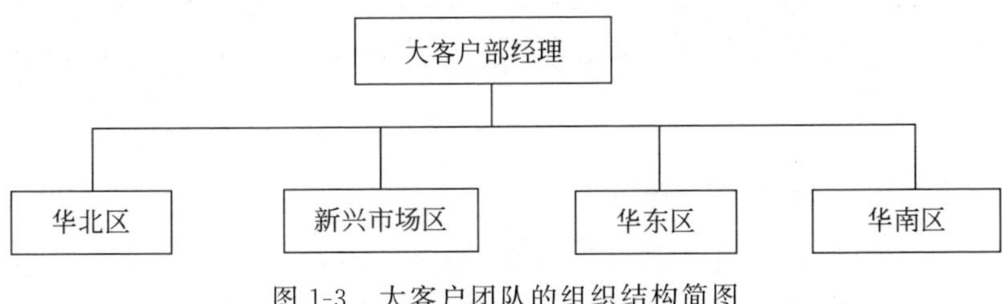

图 1-3　大客户团队的组织结构简图

1.3.2 在线销售部

在线销售部成立于2007年，它最早源于研华中国的呼叫中心(call center)，呼叫中心最初是提供产品售后服务的一个窗口，主要做售后服务和技术支持，由于不断有客户打电话询价，该中心逐步成为开拓客户的一个主渠道，为客户提供售前的咨询与服务。随后，为提高产品推广力度，公司在阿里巴巴网和工控网进行了网络推广，并把公司的电话服务和在线销售整合在一起形成现在的在线销售部门。公司的在线销售部门目前也在微博、微信、QQ上进行营销传播，并直接进行售前、售中和售后服务，形成了多媒体和多渠道整合传播和销售的体系。

在线销售部(Aonline)由三个部分的成员组成，分别是行销策划团队、客户关怀团队和网络业务团队(eSales)，见表1-2。

表1-2 在线销售部门组织分工

团队	职责分工
行销策划团队	负责研华网上商城建设与维护，发布网上促销活动，进行电邮(eLetter)的策划与推送，管理网上论坛研讨会，制定营销信息和宣传内容
客户关怀团队	接听800电话，与客户分享营销活动信息，发现客户需求并获得商机，登记客户信息进客户管理系统并按区域转给在线销售团队，提供营销活动客户反馈
网络业务团队	与所在区域客户保持联络，通过主动电话给目标客户建立商机，提供技术支持和解决方案报价，促成商机达成订单；完成订单履约咨询，维护已有客户，与客户分享促销信息，更新客户管理系统的商机信息，管理商机开发的成功率

其中网络业务团队按区域分成小组(如图1-4所示)，每个小组在各自区域经营所分配的产品。其中华北区、华东区、华南/华中区均分成两组——智能系统和自动化产品；新兴区则是两类产品均可销售；上海区经营嵌入式产品。电子商务组主要任务不是销售而是管理网上商城的市场信息发布。

1.3.3 渠道(经销商)体系

研华中国公司渠道体系分为白金、黄金、授权三类(如图1-5所示)，经销商不仅仅销售产品，还为客户提供选型、测试和技术咨询的售前、售中和

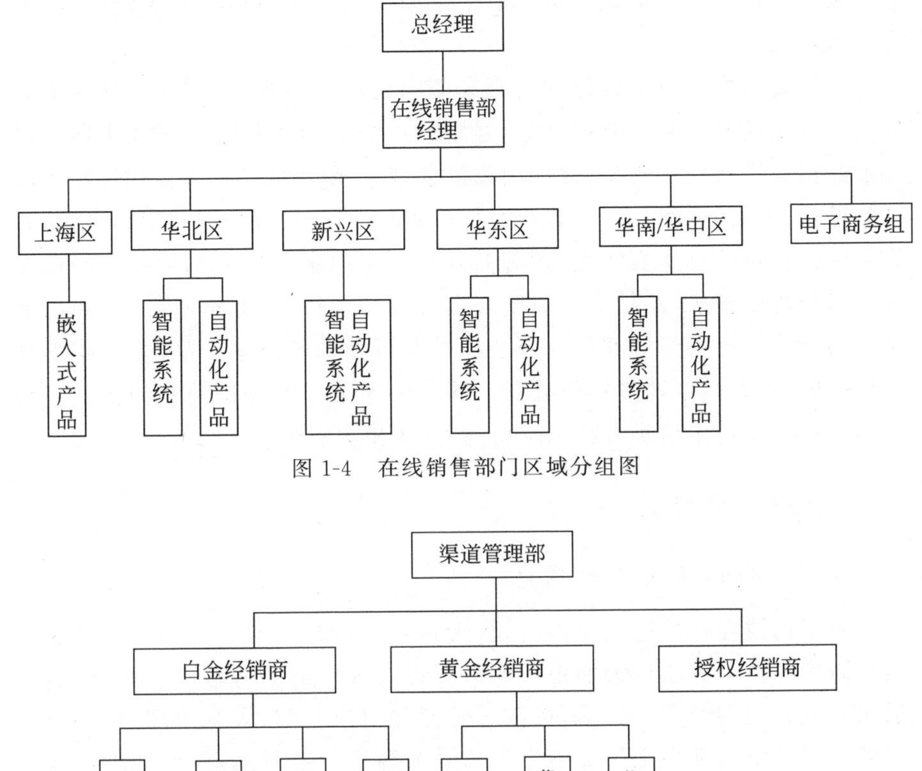

图 1-4　在线销售部门区域分组图

图 1-5　渠道的组织体系图

售后服务。很多经销商承包的是项目工程，不是单纯卖产品，他们通过向客户提供系统集成解决方案来获取较高的利润。

研华中国公司的经销商采取业绩大小分类的方式管理。经销商需完成的年度业绩在自动化、智能系统、嵌入式三大事业群的要求各不同。自动化事业群一级为区域白金经销商，800 万元以上；二级为区域黄金经销商，业绩要求 300 万元以上；三级为区域经销商，业绩要求 300 万元以下。每一个经销商都有指定的销售区域，不得在指定区域外拓展相关业务，否则视为违规。研华中国公司对经销商的供货价格 T440×0.88，即价格表 T440 的 88 折。如因项目需要提供特价支持的，可启动特价申请流程，公司原则上支持经销商利润率达到 5%～8%。经销商在本区域内销售产品价格不得低于规定价格体系的最低售价。研华中国公司的价格体系分为定价、参考售价和最低售价。

经销商店铺和对外宣传均由研华中国公司统一规划，使用研华经销商标志。经销商制定年度营销计划，经审核后公司给予补助。研华中国公司协助经销商进行网站规划，提供相关信息，并在研华网站上免费建立经销商网站链接。经销商新、老、大客户实行报备制度，经销商填写大案报备表，并签字保证报备信息的真实性，代理商处理冲突以报备优先为原则。经销商每月提交月度报表，总结上月业绩及本月业绩预估，并通报前 20～30 位大客户的业绩。另外经销商设立分公司或办事处销售研华产品的，均需得到研华的同意，否则以违规销售处罚。研华中国公司对经销商的销售人员和技术人员提供技术培训和技术支持，并共享相关资源。

1.4　在线销售模式

1.4.1　在线销售部门的角色

研华科技在开始进入中国时，将大量精力放在大客户上。这么做的原因是研华科技的高层认为如果长期做渠道对客户的了解程度会降低，需要强化对大客户的经营。但是，在在线销售部门成立前，大客户部门、渠道管理部门与经销商都会把主要精力投入到大客户的经营上，一些地理位置较远、采购量较小、经销商技术能力触及不到的小客户就被忽视了，在线销售部也正是为了满足这些小客户而设立的部门。该部门的客户特征是采购量较小，要求公司反应迅速。尽管单一客户的订货量较小，但中小客户的数量是巨大的，因此这是一个非常可观的市场。

在线销售部扮演着四种角色。第一，品牌推广。重点是面向中小客户和公众进行品牌传播。第二，建立以客户为中心的门户网站。提供以客户为导向的营销平台来满足全球客户的需求，为客户提供满意的产品和服务，所有门户网站的信息最后都归到在线销售部。在线销售部整合了公司的所有资源，是客户与研华公司联系的一个窗口。第三，从捕鱼到养鱼。研华有大客户和普通客户，研华希望通过对普通客户(general account)的经营逐渐把他们培养成为有价值的大客户(key account)。第四，获得销售额。通过在线销售部门的运行，挖掘现有的中小型客户，增加公司的销售额。目标是达到研华中国公司总销量的 15%。目前在线销售部的销售增长率每年能够达到 30%(如图 1-6 和表 1-3 所示)。

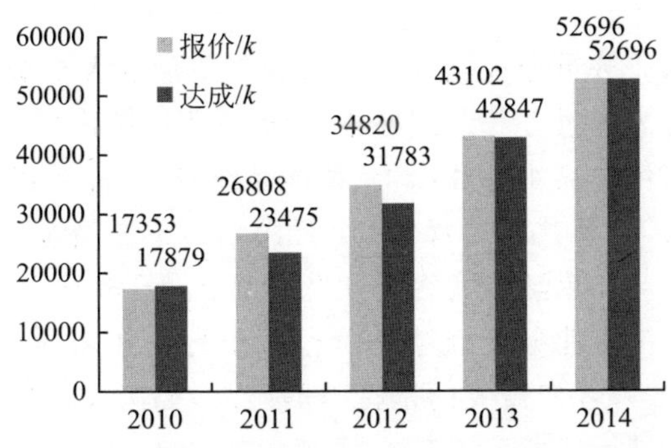

图 1-6　研华中国公司 2010—2014 年销售数据图

表 1-3　2010—2014 年在线销售数据表

年份	报价/k	达成/k	达成率	新客户	增长率
2010	17353	17879	1.03	434	
2011	26808	23475	0.88	766	0.31
2012	34820	31783	0.91	876	0.35
2013	43102	42847	0.99	965	0.35
2014	52696	52696	1.00	1200	

1.4.2　在线销售部门的客户分转机制

现在每周有 4000 多次的呼入和外部请求，这些被称为售前的商机，经过客户关怀团队的精准处理之后就可以识别是否存在商机。所有的操作都是在客户管理系统中完成的，工作人员会根据系统里面客户的定义分转客户。基本上研华中国公司的售前和售后的电话都会进入客户管理系统，客户关怀团队里有一个小组叫客户分转组去分转客户，它会根据每个活动的状态去分给不同的团队，如果来电是属于技术上的售后服务的，就会分转给售后服务团队。如果来电是售前咨询的，分转组会根据客户在 SBL 中的状态直接分给在线销售站的业务员，由业务员再进行更深一步的判断，首先看他是不是属于大客户部门(KA)的，系统里面如果是标注 KA 属性，已经是存在的，那就交给大客户团队。如果不是，要看是不是小客户(GA)，如果是已经有的 GA，就要交给已有的归属者，多数是渠道的经销商。只有没有标注属性的客户在线销售部才能经营。因此在线销售部门按照规定不能单独做大客户，也不能做与经销商有冲突的客户，这在一定程度上限制了在线销售部的发展。

在线销售部业务员会根据客户需求和订单额的大小继续分转客户。自动化产品年销售额超过20万元、智能系统产品年销售额超过30万元的或者单次订货自动化产品100片以上、智能系统产品50片以上的客户都将划转给大客户团队,与其共同经营,12个月内的订单业绩按100%∶50%的比例进行业绩分享。如果转给大客户团队的商机3～6个月内没有形成订单,可以交还给在线销售业务员继续经营。对于行业知名的公司,直接交由大客户团队经营,如果客户需要的是特殊的产品,如医疗设备、军工设备,直接交由专业的团队进行经营。另外在线销售部业务员可以经营在SBL客户管理系统中3个月以上无活动的大客户团队所属的和渠道管理部所属的小客户。在线销售部业务员因测试或账期等原因与经销商合作所取得的订单业绩100%归属网络业务部(如图1-7所示)。

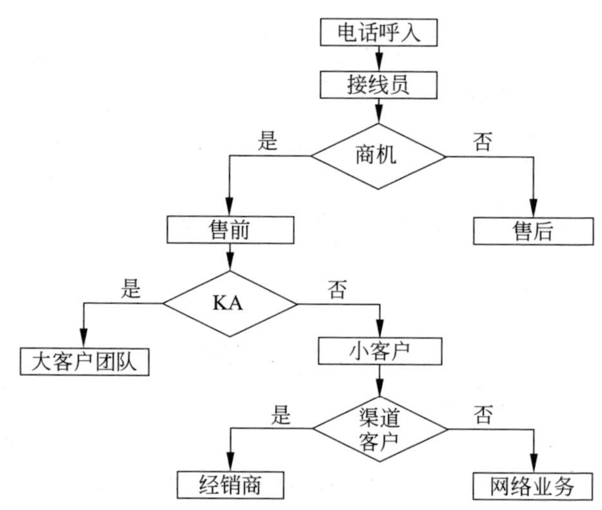

图1-7 在线销售的客户分转流程图

1.4.3 在线销售部门的跨团队合作

公司鼓励各个部门精诚合作,体现为业绩的分享。如果在线销售部门培育和发现大的客户,可以与大客户团队和渠道经销商进行合作经营,由大客户团队或渠道经销商提供现场测试、选型等服务,共同完成订单。其合作模式为:

(1) 在线销售业务员推荐的有潜力的大客户,如果成单,12个月内成交金额的50%业绩划为在线销售部业务员所有,75%业绩划为大客户业务员所有。

(2) 在线销售业务员分转给渠道部门的客户需要渠道配合处理的,如果成单,业绩按照75%:75%的比例进行分享。

(3) 在线销售业务员直接从渠道经销商出货的客户,100%业绩划为在线销售部业务员所有。

这种方式激励员工合作的积极性。第一种和第二种情况下业绩分成比例的合计数量分别为125%和150%。这是一种独特的管理方法,总部要因此多付出一部分的分成,此举有利于促进合作,达成共赢。

1.5 潜在问题

尽管在线销售部的经营业绩年年增长,但在线销售也导致了一些潜在的问题。这些问题不加以解决,在线销售的持续大幅增长是存在隐忧的。潜在问题主要体现在中小客户销售、线上促销、客户资源、多渠道在线销售、定价中的矛盾等几个方面:

(1) 中小客户需求未满足

经销商现有大量的客户是小而远的,例如买一点零部件的工厂、小规模中间商和个人用户,这类客户数量很大,而且具有发展的潜力。由于这类中小客户的进货量有限,反应速度要求较高,维护成本高,制订较高的销售价格在经销商看来也有其合理性。但是,研华中国公司在网上公布了产品的官方报价,小客户很容易在官网注册之后通过公司咨询到产品的官方价格,这就使产品的价格变得透明,经销商高价向小客户销售产品的空间就变得比较小了,这降低了经销商服务小客户的动力。从公司以往的销售记录看,小客户所产生的销售额占比达到20%以上,如何满足这些中小客户的需求是需要关注的问题。

(2) 促销方式限制

研华中国公司为了不使在线销售对经销商的经营产生较大冲击,对于在线销售的定价极为谨慎,基本的原则是网上定价高于经销商的进价。公司产品有个标准价格,称为T440价格表,在线销售部门的定价是公司官方价格T440的95折,经销商进货价格是T440的88折或更低,即网上定价高于经销商出货价格,这就保护了经销商的利益,但同时也放弃了价格类型的促销,这对在线销售部门的销售产生了限制作用。如果客户要求低于T440的95折价格,或者有账期要求的,则业务员会与所在区域的经销商合作，按一个合适的折扣出货给客户，以经销商名义来签订订单，经销商再转100%业绩给业务员。在线销售部门对经销商的依赖导致公司网络直销的机会降低，不利于在线销售部门的发展。

(3) 客户资源争夺

研华中国公司的客户资源在大客户团队、经销商和在线销售部门之间分配。在线销售部门发布产品信息到网上商城，同时公司官网提供详细产品分类及规格书。在线销售部门的销售主要以在线销售和电话销售为主要方式。顾客从研华商城上寻找到所需要的产品，并参考商城的报价，可以在线直接下订单，订单直接进入公司订单处理流程。也可以通过800电话呼入，询问了解产品型号及规格。所有进入客户管理系统的需求都会进行分转，首先判断是不是大客户，其次要看是否是经销商的客户，只有都不是的才由在线销售部经营。在客户的资源分配上在线销售部就已受到制约和限制。

由于有些客户对产品及产品型号不甚了解，需要技术人员上门测试及提供现场选型等服务，在线的技术人员无法提供此类服务，只能跟当地区域的经销商合作，由经销商上门提供服务。产生的订单的一般操作方式为客户直接下订单给经销商，再由经销商转业绩给在线销售部业务员。由此产生的问题是此客户从此成为渠道的客户而不再是在线销售部的直销客户了。另一方面，公司的在线销售是一种没有区域限制、经销商无法掌控和干涉的销售渠道，它经营的很多产品与经销商是一致的，尽管在客户分配机制上尽量关照经销商的利益，但在线销售对经销商的经营的确有着现实和潜在的影响，其中一个潜在的冲突就是对客户资源的争夺上。

(4) 网络窜货出现

经销商在签约时，公司承诺提供技术支持和技术培训，并且协助经销商建立网站，提供相关的信息。由于公司的限制较少，部分经销商也开始在淘宝等第三方商业平台上在线销售，以便扩大其销售区域，这可能导致潜在的跨区销售和窜货冲突。由于公司的产品种类达到了800种之多，经销商的类型较为复杂，存在大量未签约的经销商，同时经销商作为市场的主渠道难以替代，这给公司统一管理带来了难度。同时，如果客户同时向经销商和在线销售部询价可能带来客户归属的潜在冲突。

(5) 存在多方定价现象

目前研华中国公司实行的是前端定价法，由大客户业务员、经销商和在线销售部业务员进行报价。各部门报价有所不同，大客户业务员报价根据客户需求数量，一般数量比较大，可以申请公司的特价，一案一价，直至达成交易。经销商在公司最低进货价 T440×0.88 的基础上，加适当的利润进行报价，销售价格不得低于公司规定的与相应数量相匹配的最低价格，如遇大额订单可以申请特价，公司会支持经销商 5%～8%的利润。

由于公司以高于经销商的价格进行销售，这就给了部分经销商网络定价的空间。其结果是一些产品在网上出现了多种价格，且很多产品的价格要低于公司在线销售部门的定价，这会使客户不断搜寻更低价格，压缩了当地经销商的生存空间，同时也压缩了在线销售部门的生存空间。

1.6　行动

1.6.1　解决方案

针对存在的问题，徐志进行了深入的思考，他认为线下经销商目前业绩比较稳定，但业绩主要来源于 20%的大客户，80%数量的中小客户的需求没有被充分满足，因此中小客户是一个有巨大潜力的市场。因此，经过深思熟虑之后，认为首先需要解决的问题是如何将中小客户全部纳入到公司在线销售的体系之中，这样做的好处是增加公司的客户资源，利于建立统一的在线销售体系，使在线销售得到线下经销商的支持，同时，这部分业绩可以由在线销售部与经销商共享，使经销商与在线销售部共同发展。这么做对公司业绩的提升会产生非常积极的影响，也不会对经销商现有的利益产生较大损害，因此，将中小客户全部交给在线销售部经营，这是一个多赢的操作策略，为此台北总部特地召开中国区的经销商会议讨论此策略。

1.6.2　台北会议

为了实现在线销售部统一管理中小客户的设想，研华科技总部在台北召开了一次中国区的经销商会议，20 家主要的经销商参与这次的会议，研华科技的董事长和总经理也出席了会议。会议的主题是“探索合作共赢之路”。

会上研华科技把多年来公司总部和中国区经销商的销售数据向大家做了报告。数据显示 20%的客户贡献了 80%的营业收入，从全公司的角度和经销商的角度看，都符合二八规律。以重庆恒控为例，在过去的 3～5 年内，开发票的有 400～500 家，曾经有过贸易有过交往的有 3000～4000 家，但是真正贡献业绩的也就前 30 家客户，那就说明有一大堆的客户经销商是没有时间服务的，或者说服务的成本非常高，而且这些客户的忠诚度也比较低。

依据这一数据结果，提出了一个新的方案：①经销商与在线销售部门加强合作，采用O2O(online to offline)的模式，经销商的小客户由在线销售部门对其挖掘商机，之后再交给经销商来经营；②当在线销售部门经营的小客户需要上门服务时，由经销商安排上门服务，并达成交易。这一方案能够关注到公司和经销商双方的利益，是一个与合作伙伴要共赢的方案。

1.6.3 喜忧参半的会议结果

台北会议之后，部分合作方案得到了实施，渠道经销商愿意替在线销售部门进行上门服务或提供存货给客户，并由渠道来签订单，然后转100%业绩给在线销售部业务员。这就使得在线销售部门得到了线下经销商的支持，提高了订单的达成率，为顺利开展在线销售奠定了基础。

但是，当在线销售部门确实将一部分的客户分享给了渠道经销商之后，总部要求渠道经销商将小客户的名单录入客户管理系统时，遭到了渠道经销商的拒绝。

1.7 进一步的调研

为了能进一步促进在线销售部门的发展，实现整个线上和线下体系的共同发展。为此，进行了公司总部、在线销售部和经销商的多方沟通，沟通的结果显示各方有着完全不同的意见和方案。

(1) 总部方案：加强渠道管控

台北总部的管理层希望能够在保持和不损害当前销售体系的同时加强对渠道的管控。首先，台北总部提出了价格管控的方案：线上产品统一规定最终售价，不论是研华直销还是代理商出货价格一致。这种定价方式与之前的前端定价方式是完全不同的，经销商将不再像原来一样在进价上自由加价或减价。其次，台北总部依然希望中国公司能够广泛地获取中小客户的信息，特别是经销商手中的中小客户信息，更好地服务中小客户，并使在线销售的收入更快速地增长。最后，通过加强市场的管控解决存在的潜在渠道冲突，包括客户资源、定价、网络窜货等方面各种可能的冲突。

(2) 经销商方案：线上线下区隔管理

经销商首先是排斥在线销售部门的，他们认为在线销售部门的目的是抢夺生意。因为在线销售具有透明性，客户容易比较价格。如果线上价格低，线下经销商就难以经营了。而且，一旦在线销售占有较高的份额，公司可能在将来调整代理商制度，进一步挤压经销商的生存空间。

经销商希望价格不要透明，因为价格透明会影响经销商的利润。经销商希望能够对线上和线下的产品进行区隔，保护现有经销商的利益。基本方案是线上卖技术难度低的产品，比如通信类产品、交换机、网络产品等；线下卖技术难度高的产品，比如，前期需要讨论多个方案的自动化产品，以及一些需要设计的项目。通过线上和线下的产品区隔减少来自内部的竞争，解决当前存在的各种潜在冲突，特别是客户资源的争夺问题。另外，部分经销商也正在积极进行在线销售工作，经销商的在线销售部分也最好能够和公司的在线销售部进行一定的区隔，以免发生潜在的渠道冲突。这种区隔经营的方式可以最大程度地减少经销商与公司在线销售渠道之间的冲突，有利于长期和谐发展。

(3) 在线销售部方案：全渠道网络整合

在线销售部认为目前公司对在线销售部门的定位仅仅是补缺，发展受到了一定限制，这不符合基于互联网的企业经营趋势。在线销售部提出了按照电商的模式进行渠道的改造，也称网络整合模式。在这一方案中，在线销售部成为整个销售体系的管理者，它统领市场营销、渠道管理、产品发布与促销、订单管理、生产计划等功能。经销商与在线销售部门在功能上进行分工，在线销售部门负责管理客户信息、分转客户、发布产品信息、促销功能等。经销商负责销售方面的功能，如签订合同、物流、仓储、技术服务、提供方案、投标等。具体工作上经销商负责签订订单并汇报给总公司，维护客户关系，保证安全库存，做好物流配送，与总公司按期进行资金结算，按总公司给定的信用期结算货款，同时给客户一定的账期优惠，提供售后上门服务。

整合后在线销售部门将统领中小客户的销售工作，收集客户的全部信息，并据此进行分析，有针对性地进行产品推广、制定价格策略和产品策略，尤其是在价格制定方面更有主动权，可以网上直接定价，在线销售部门不承担具体客户的开发与维护工作，避免与经销商在具体业务上的冲突。如果经销商所属客户在一段时间内(如 3～6 个月)不活跃，可以由在线销售部门内的一个小组负责协助联系激活，比如通过电话联系或者推送邮件广告等方式，产生的订单由经销商继续经营。可以解决经销商发展动能不足的问题。在线销售部门对渠道经销商具有业务上的监督作用，考核其业绩完成情况，计算其返点奖励金额。总之，将管理功能分配给在线销售部门，将销售功能分配给经销商。

1.8 结语

在当前销售业绩大好的情况下，如何在稳固当前的渠道体系基础上有效协调各方利益，同时又能够有效掌控渠道的运行，避免可能的风险是当前的主要问题。徐志知道，上述三种方案看上去都有其合理的一面，但每一种方案又似乎存在着一些不足，选择其中一种方案还是另外制订新的方案是研华中国公司必须面对的问题。

1.9 案例附录

附录 1 区域经销商的奖励政策

经销商奖励包括业绩返点、执行返点和行销返点。业绩返点个数在3%～6%，执行返点个数在 4%～5%，行销返点个数在 0.5%左右。根据业绩金额与相关系数的不同，奖励金额会有一些浮动。返点发放条件为经销商季度业绩高于 85%。

业绩返点金额＝可返点业绩×业绩返点个数

可返点业绩＝销售总业绩－特价总金额

业绩反点个数＝业绩返点(3%～6%)×业绩成长系数(1～1.5)

业绩成长系数见表 1-4。

表 1-4 业绩成长系数表

签约业绩/去年实际业绩	业绩成长			
成长率	0～1.19	1.2～1.4	1.4 以上	1.5 以上
业绩成长系数	1.0	1.2	1.4	1.5
业绩返点分档表				
签约业绩	<300 万	≥300 万	≥500 万	≥800 万
业绩返点档	3%	4%	5%	6%

执行返点奖励＝季度可返点业绩×签约返点比例(4%～5%)×季度返点系数

季度返点系数＝累计季度返点点数/100(季度初始基准点数均为 85 点，视各方面达成情况加减点数)

其中行销返点只能用于网络行销，如网站建设、关键字搜索等，或一些促销活动，或购买研华产品手册及研华的礼品等。

附录 2　Aonline 的关键绩效指标(eSales 业务员)

表 1-5　在线销售部门的关键业绩指标

编号	KPI	绩效指标定义	数量
1	新客户	SAP 中新客户定义：系统中无成交记录，第一次成交且交易金额大于 500RMB	8 个/季度
2	呼出电话数量	AOnline manager report；要求每个 eSales 每天完成 25Calls，以实际工作日计算	25calls/天×实际工作日
3	建立商机	AOnline manager report；要求每个 eSales 每天完成两个 opportunity，以实际工作日计算	2opp/天×实际工作日

附录 3　CCR 客户关怀团队员工关键绩效考核指标

表 1-6　客户关怀团队绩效考核指标

编号	KPI	指标定义/公式	目标值	考评标准
1	客户信息录入的完整率	定义：具有完整的"地址行 1"的客户量/所有录入的客户量 完整的地址行的定义：可以邮寄到的有效地址	80%	=100%，该项为 200 分 ≥80%，每增长 1%，加 5 分 ≥60%，每降低 1%，扣 2 分 <60%，该项为 0 分
2	联系人信息录入的完整率	完整率的定义：完整的联系人信息/所有录入的联系人信息 完整的联系人信息定义：eNews、固定电话、移动电话(小灵通)、邮箱对应正确填写，若无信息则留空	80%	=100%，该项为 200 分 ≥80%，每增长 1%，加 5 分 ≥60%，每降低 1%，扣 2 分 <60%，该项为 0 分
3	工作量(call in 通话时长)	个人通话时长/部门均值	100%	=120%，该项为 200 分 ≥100%，每增长 1%，加 5 分 ≥80%，每降低 1%，扣 2 分 <80%，该项为 0 分

续表

编号	KPI	指标定义/公式	目标值	考评标准
4	工作量(Siebel记录量)	个人总SBL录入数量/部门均值	100%	=120%,该项为200分 ≥100%,每增长1%,加5分 ≥80%,每降低1%,扣2分 <80%,该项为0分
5	录音抽查评分	每人每月至少抽查10个录音	90分	=100%,该项为200分 ≥90%,每增长1%,加10分 ≥70%,每降低1%,扣2分 <70%,该项为0分
6	附加KPI	**合理化建议**:对工作流程/工作方式/部门发展等提出改进建议且被采纳实施的 **投诉**:因工作问题被客户投诉 **准确性**:进行录音分析时,发现信息记录错误的次数	—	**合理化建议**:每条建议奖励KPI分值20分 **投诉**:凡发生1次或以上的投诉,当月KPI奖金系数为零 **准确性**:错误次数达4次或以上,当月KPI奖金系数为零

附录4 客户分转规则表

表1-7 在线销售部门的客户分转规则

客户属性		判断方法	处理原则
大客户(KA)	新客户	• 行业知名公司 • 特殊产品目标客户 • 销售额: IAG≥20W/年 ESG≥30W/年 • 单次需求数量 IAG≥100 PCS ESG≥50 PCS	• LDR在Siebel中建立活动和商机,eSales & KA SR协同合作 • 3~6月的跟踪,KA团队/LDM判断,不符合KA标准,退回给eSales作为GA处理 • KA SR除了在Siebel中每月及时反馈商机成交情况,第一年成交KA与eSales Crossover按照100%∶50%业绩分享
	老客户	• 根据Siebel KA客户记录 • 代理商报备KA	• 购买产品与owner属性相同,分给对应的business owner;分转相应的渠道业务处理

续表

<table>
<tr><th colspan="2">客户属性</th><th>判断方法</th><th>处理原则</th></tr>
<tr><td rowspan="2">小客户(GA)</td><td>新客户</td><td>• Siebel 中无记录
• Siebel 中 3 个月以上无活动 KA 和 CP Sales 列管之 GA</td><td>• eSales 直接出货
• 若由于需要 DEMO 测试、账期等原因需要渠道配合，eSales 直接和代理商业务合作取得订单，业绩 100%属于 eSales
• 若需要 Region Sales 业务配合，按照 Crossover 75%：75% or 100%：50%方式</td></tr>
<tr><td>老客户</td><td>• 客户有固定购买渠道
• Siebel 中有标注经销商属性</td><td>• 分转相应的渠道业务处理，更改客户属性为 09-Assigned to partner，并建立商机与跟踪反馈</td></tr>
</table>

2　案例使用说明

2.1　教学目的与用途

（1）适用课程：渠道管理，以及工业品营销、营销管理、国际营销、零售管理中与渠道相关的课程内容。

（2）适用对象：本案例主要为 MBA、EDP 和 EMBA 开发，适合有一定工作经验的学员和管理者学习。本案例可以用于工商管理各本科专业的相关课程。

（3）教学目的：本案例重点讨论互联网经营环境下 B2B 企业遇到的渠道管理问题，以及这些问题的解决方案。本案例的知识要点是渠道的协调与控制。

2.2　启发思考题

（1）渠道协调和控制的关键因素有哪些？具体到研华科技中国公司而言，需要协调和控制的关键因素有哪些？

（2）B2B 企业渠道的特点是什么？它与 B2C 企业的销售渠道之间有什么差异？这些特点将会如何影响研华科技中国公司渠道的协调与控制？

（3）当 B2B 企业增加在线销售渠道时，它的渠道组织结构应该如何变化来适应渠道的协调与控制？研华科技中国公司采取了什么样的组织变化来适应增加在线渠道之后的渠道协调与控制？

(4) 当B2B企业新增在线渠道之后，可能会遇到什么样的渠道冲突？研华科技中国公司目前的渠道冲突主要表现在哪些方面？这些冲突会对渠道的协调与控制产生哪些影响？

(5) 在B2B企业增加了在线销售渠道之后，应当如何通过渠道的协调与控制解决渠道之间产生的冲突？研华科技采用了哪些协调与控制方法来避免冲突？

(6) 研华科技中国公司的总部、在线销售部门和经销商所提出的方案所强调的渠道协调与控制要点是什么？各个方案之间的利弊如何？

(7) 未来研华科技中国公司应该采取什么样的渠道管理体系？

2.3 分析思路

本案例使用说明均站在厂商角度进行。我们从理论框架入手，分析研华科技中国公司如何进行渠道的协调与控制。图1-8展示了分析的基本思路。

2.4 理论依据与分析

2.4.1 理论依据

(1) 渠道协调与控制概念框架

渠道的协调与控制主要围绕着渠道的"权力与依赖"而展开的，其核心思想是通过对客户、产品、信息、技术等渠道资源的争夺，重新划分渠道的权力和功能，确定渠道的组织结构和运行模式，从而在渠道的协调和控制之中占据主动地位。在这一过程之中，产业类别和渠道变化将影响整个渠道的协调与控制过程。在本案例中，产业类别主要讨论企业所处的产业类别是B2B还是B2C；渠道变化主要讨论B2B企业增加在线渠道之后，渠道的协调和控制产生了哪些变化。本案例的渠道协调与控制理论框架如图1-9所示。

在图1-9所示的概念框架包含了以下几个方面的内容：

① 渠道利益分配关系。厂商和经销商之间的利益分配关系是渠道协调与控制的主要问题，图1-9总体上反映了这种厂商和经销商之间的利益分配关系。目前，在中国市场中，渠道管理的核心问题之一是渠道的

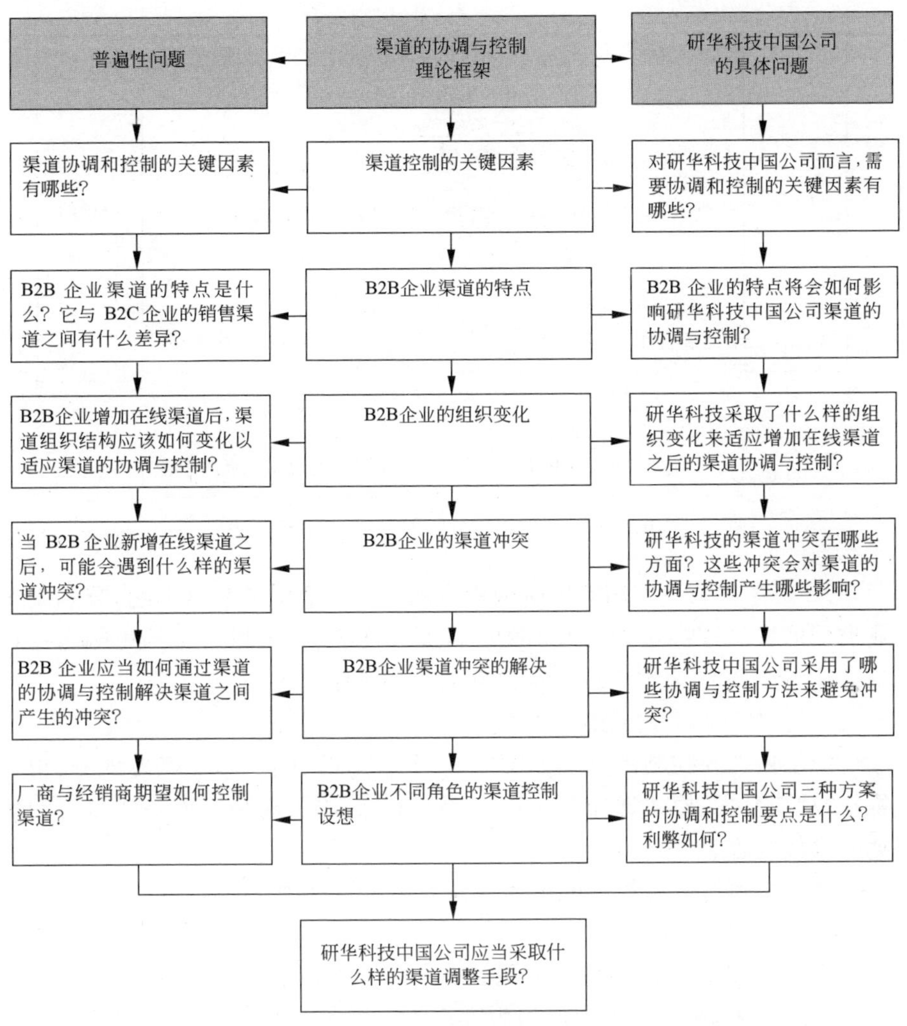

图 1-8　案例分析思路与步骤图

控制权问题。

② 协调与控制的关键因素。渠道协调与控制的焦点包括厂商和经销商对资源的争夺(资源争夺)，由此导致权力的划分(权力划分)、组织结构的构建(组织构建)、渠道功能的分配(功能分配)和渠道运营模式的选择(模式选择)。

③ 渠道冲突与协调控制方法。渠道冲突与协调控制方法包括多种可能采用的策略，如回避、妥协、行政命令、缓和合作、改变结构等。

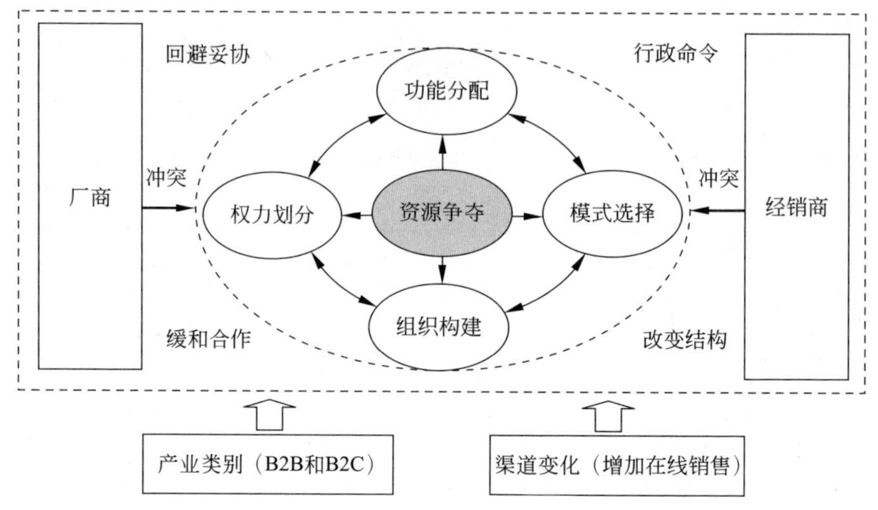

图 1-9　企业的渠道协调与控制概念框架

④ 渠道协调与控制的影响因素。图 1-9 中给出了两类影响，分别是产业类别的影响，即 B2B 行业和 B2C 行业存在不同；渠道变化的影响主要讨论 B2B 企业在线销售之后渠道出现的管理难题。

(2) 渠道协调与控制的关键因素

渠道协调与控制的焦点如图 1-10 中所示的资源争夺、权力划分、组织构建、功能分配、模式选择等方面。图 1-10 描述了这些渠道协调与控制焦点的具体内容。

企业渠道协调与控制的聚焦点来源于图 1-10 所示的内容，以下对每个关键因素的内容进行描述。

① 渠道资源。渠道资源是渠道参与方争夺的焦点，其中最为核心的资源是客户资源，所有其他资源均为客户资源服务。因此，厂商和经销商均会试图对客户资源进行开发和控制。另外，厂商的主要资源还包括产品资源和与产品相关的信息（技术）资源，经销商主要资源是渠道资金和仓储（物流）资源。

② 渠道权力。从图 1-10 可以看到，渠道的权力包括奖赏权、强制权、专长权、合法权和认同权，渠道权力主要来源于对渠道资源的掌握，例如，当经销商完全掌握了客户资源之后，他们就可以获得渠道权力中的大部分权力。

③ 渠道功能。渠道包括多种功能，但渠道的功能由谁承担具有灵活性。例如，渠道的销售功能一般是由经销商承担，但是，为了加强渠道的控

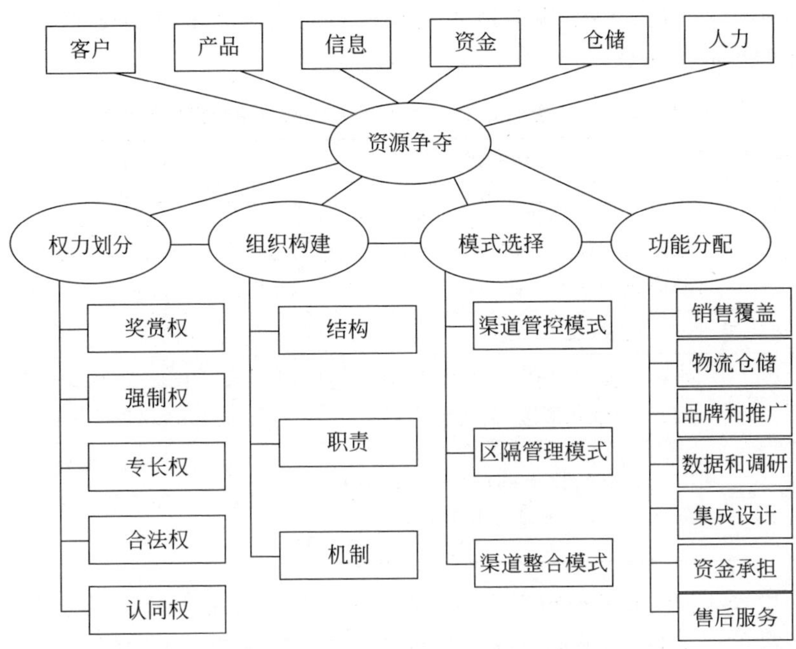

图 1-10　企业渠道协调与控制的关键因素

制，厂商可能会承担渠道的销售功能，而仅仅让经销商承担资金融通和仓储物流工作。

④ 渠道组织。渠道的组织来源于对渠道功能的划分，如果厂商承担了所有的渠道功能，那么它就是一种直销的渠道组织；但如果厂商将一部分渠道功能转移到经销商，那么渠道的组织就变成了独家或多家经销的组织结构。

⑤ 运营模式。渠道的运营模式在本案例中指厂商和经销商采用什么样的合作模式，它是由渠道资源分配、渠道权力划分、渠道功能设计等决定的。渠道管控模式指厂商通过仅给予经销商部分渠道功能来进行渠道的控制，但在操作时保留渠道的组织结构；区隔管理模式指经销商和厂商之间在产品销售和客户分类方面区隔管理，典型的是线上和线下区隔；渠道整合模式是所有的客户需要进入一个控制终端，进行全客户管理，厂商将把控所有客户资源。

(3) 产业类别对渠道协调与控制的影响

我们假设产业包括两类，分别是针对组织市场的产业，即 Business to Business(B2B)产业和针对消费者市场的产业，即 Business to Customer

(B2C)产业。我们仍然用渠道协调与控制的关键因素对B2B产业和B2C产业的不同进行分析,见表1-8。

表1-8 B2B企业与B2C企业渠道协调与控制模式的比较

关键因素	B2B模式	B2C模式
资源	企业拥有稳固的客户关系	客户关系不够稳固
权力	渠道权力较高,例如享有专长权,经销商往往需要专业知识	渠道权力较低,需要普通的产品知识和电子商务的基本知识
特殊功能	设计集成、交流沟通	资金承担、仓储运输
运营模式	经销商参与设计和集成,沟通互动频繁,个性化服务,议价能力较强	不参与设计和集成,依靠广告沟通,个性化程度低,议价能力低
组织结构	有较完整的技术部门,厂商需要依靠经销商,很难通过电子商务替代	主要承担销售功能,经销商的可替代性较高,特别是在线销售的影响较大

由表1-8中的分析可以看到,B2B行业的经销商有着较多的渠道资源和较高的渠道权力,他们也承担了设计集成等较多的渠道功能,因此具有不可替代性,厂商在改变渠道体系时(例如加强在线销售渠道)必然会对现有的经销体系产生影响,这是厂商需要权衡的问题。

(4) 在线销售对B2B企业渠道协调与控制的影响

B2B企业在没有在线销售之前,一般是由两个部分组成渠道销售,一个是大客户部,一个是经销商体系,当加入了在线销售部门之后,必然对大客户部和经销商两个部门产生冲击(详见表1-9)。

表1-9 在线销售对原有销售体系的影响

关键因素	争夺要点	描述
资源	客户、信息、产品、资金、仓储、人力	(1) 在线销售需要经销商线下服务; (2) 通过网络抢夺客户; (3) 全产品系列展示,信息透明对经销商带来影响; (4) 在线销售需使用经销商的仓储; (5) 在线销售需要经销商人力资源
权力	奖赏权、强制权、专长权、合法权	(1) 已有的销售返利制度发生变化; (2) 剥夺了经销商对用户的专长权; (3) 经销商拥有客户的合法性受到挑战

续表

关键因素	争夺要点	描述
功能	销售覆盖、物流仓储、品牌和推广、数据和调研、集成设计、资金承担、售后服务	(1) 在线销售全区域全产品覆盖,可能产生窜货; (2) 在线销售更加容易获取数据,并把握客户资源; (3) 在线销售有一定的品牌传播和推广优势; (4) 在线销售有较强的沟通优势
运营模式	权力与依赖关系的协调	(1) 信息系统的利用可能形成对线下的管控; (2) 比较容易进行业务的分转操作; (3) 在线销售可能剥夺其他渠道成员的部分功能,如产品信息发布权
组织结构	机构、职责和机制	(1) 需要重新进行组织机构的设计,以便协调大客户和线下经销商; (2) 需要重新建立销售职责,避免不同类型的渠道成员之间职责重叠; (3) 需要建立业务分转机制、业务合作机制和渠道激励机制

在线销售对渠道的资源争夺、权力划分、功能分配、模式选择和组织构建等方面均有较大的影响,这种影响主要来自于在线销售所产生的优势,这些优势包括没有地理区域的限制,没有产品展示空间的限制,没有产品展示数量的限制,沟通具有便捷性,产品订货随时随地等。当然,在线销售还需线下人员配合和服务,这时线下和线上部门会在业务、信息、人力资源等方面产生争夺。

总体看,当一个企业加入了在线销售体系之后,原有的渠道体系必然受到一定的冲击。由于B2B企业的在线销售渠道是未来的发展方向,而渠道经销商又有着不可替代性,因此如何化解矛盾就成为关键问题。

(5) 渠道冲突与协调控制方法

由图1-9的渠道协调与控制的概念框架可以看到,渠道的冲突来源于厂商和经销商在渠道关键因素上的不一致。从渠道冲突看,学者罗森布罗姆提出了几种冲突的类别:目标不一致、资源稀缺、职能不一致、决策领域不一致、认识不一致、期待不一、沟通困难等方面。

表1-10对几种主要的渠道冲突进行了描述,每一种冲突都涉及不同的

渠道关键因素。例如,目标冲突会涉及厂商和经销商在资源获取的目标不一致,渠道权力的目标不一致,在渠道功能的划分上的不一致,在运营模式上的诉求不一致,这些不一致将导致厂商和经销商之间存在目标不同从而出现很难协调的情况。

表 1-10 渠道冲突的类型

冲突类型	渠道关键因素	冲突原因
目标冲突	渠道资源、渠道权力、运营模式、渠道功能	组织成员都有各自相对独立的目标,当各成员间出现不一致时会导致目标冲突
资源分配冲突	渠道资源、渠道权力	资源是具有稀缺性的,当组织成员分配资源时冲突会显现出来
职能冲突	渠道权力、渠道组织、渠道功能	组织的成员都有自己相应的位置及职责,当职责分工不清,有跨线行为时,会产生职能冲突
决策冲突	渠道组织、渠道权力	当决策领域相互重叠时,由于双方都想拥有决策权,即会产生冲突
认知冲突	渠道权力、渠道功能	各组织成员往往从自己的角度和价值观出发去认知新事物,由此产生的行为之间会产生冲突

学者罗宾斯和贾奇(2008 年)曾提出 9 种解决冲突的办法。表 1-11 选用了其中的 6 种方法列示如下:

表 1-11 渠道冲突的解决方法

方法	具体描述
回避	逃避及减少冲突
妥协	冲突双方中一方迁就另一方
合作	为获得共同的利益而忽略差异性
缓和	双方各自做出让步,寻求共同价值
行政命令	管理层运用权力解决冲突,使用强制命令
改变结构	通过工作再设计、工作调动、建立合作等方式改变正式的组织结构和冲突双方因素的相互作用模式

资料来源:罗宾斯,贾奇(2008 年)

不过,在中国的市场环境下,由于厂商和经销商之间存在着目标不一致、认知不一致、决策不一致等很难调和的矛盾,因此厂商和经销商均有控制渠道的强烈愿望。当厂商的品牌和产品有较好的市场时，经销商往往很容易被厂商所控制；但当厂商的品牌和产品的市场一般，且没有自己的渠道资源时，他们就可能被经销商控制。

2.4.2　本案例的具体分析

从案例的情况看，在线销售渠道是未来的发展方向，研华科技公司必须大力发展在线销售渠道，但是，由于经销商具有不可替代性，导致在线渠道的发展受到经销商的限制，如何进行渠道的协调和控制，从而使渠道体系能够长远发展是研华科技需要解决的问题。

以下就启发思考题的内容进行分析。

(1) 对于研华科技中国公司，需要协调和控制的关键因素有哪些？

我们需要整体思考研华科技中国在进行渠道协调与控制时的关键因素有哪些。研华科技中国公司渠道协调与控制的关键因素可以从资源、权力、功能、组织结构和运营模式等几个方面进行分析。

表1-12详细描述了研华科技中国公司当前协调和控制的关键因素，总结看，协调与控制的主要焦点在以下几个方面：①如何进行客户资源的分配？②产品资源应当如何分配？③应当采取什么样的定价机制？④渠道的不同部门之间应当如何合作？⑤应当如何协调与控制渠道？是保持现状加强管控，通过产品区隔使不同渠道成员区隔，还是通过在线体系全渠道统一管理？

表1-12　研华科技中国渠道协调与控制的关键因素

关键因素	子关键因素	研华科技中国的具体因素
资源	客户	客户资源与厂商共享？
	产品	产品资源是否区隔线上线下？
	信息	客户信息是否统一管理？
	资金	—
	仓储	—
	人力	厂商的人力资源是否可调配？
权力	奖赏权	业务分转带来的绩效评价是否合理？
	强制权	渠道的定价是否合理？
	专长权	经销商的大客户可否由厂商提供设计和集成服务？
	合法权	在线销售部门或经销商的定位应该是怎样的？
	认同权	经销商是否认同将来的改革？

续表

关键因素	子关键因素	研华科技中国的具体因素
特殊功能	销售覆盖	小客户是否共享？是否在线整个全渠道？定价机制是否合理？
	物流仓储	经销商服务于厂商在线销售的库存
	品牌和推广	是否允许经销商上线销售？
	数据和调研	客户资源是否共享？
	集成设计	经销商可否将集成设计功能转移给厂商？
	资金承担	—
	售后服务	经销商的定位是什么？
组织结构	结构	是否调整渠道的组织结构？
	职责	在线销售、大客户和经销商之间的职责是否重新划分？
	机制	产品分转机制是否合理？定价机制是否合理
运营模式	三种运营模式	最终应当选择哪种渠道变革模式？

（2）B2B渠道的特点是如何影响研华科技中国公司渠道的协调与控制的？

前面对B2B的特征进行了分析，讨论了B2B行业的特点对渠道协调与控制的影响。得到的基本结论是：B2B的厂商对渠道的经销商有着较高的依赖性，因此渠道经销商在资源争夺、权力划分和功能定位等方面是有一定话语权的，厂商在进行渠道调整时必须要兼顾经销商的感受。

在研华科技的协调控制过程中，B2B行业的渠道特征有着重要的影响，主要体现在渠道资源和渠道权力方面，具体如下：

① 客户资源

研华科技的经销商大多与厂商有着长期的合作，北方的总代理和南方的总代理均有十多年的独家合作经验，因此他们拥有很多固定的大客户资源，与客户建立了良好的关系，很难替代。

② 产品资源

研发科技的产品种类达到800种以上，因此需要在产品周转和更新、专业知识、仓储、针对厂商的配套能力、软件和硬件结合的工程项目、售后上门服务等方面均有较强的要求，这也导致厂商难以承担所有经销商的工作，对经销商的依赖性较高。

③ 经验带来的专长权

不论是研华生产的电子元件，还是自动化设备，均要求销售人员的工作时间达到1年以上，因为设备需要维护、上门服务和使用培训。

④ 配套服务带来的专长权

有些设备或元件无法独立工作，工作中需要与其他的设备联合工作以达到该设备的最大效用。有时会要求设备具有兼容性，就需要事先上门测试与客户现有设备的兼容性，因此需要满足客户的一些个性化的需求。

⑤ 软硬件集成带来的专长权

研华中国公司的有些客户不仅需要硬件的设备，同时也需要跟设备相配套的系统软件，这样硬件与软件组合在一起加上一些辅助工程就成为工程项目。工程项目的实施是比较复杂的，前期的调研、选型和提方案等均需要时间，有的时间跨度很长，需要更多的交流沟通及上门服务。

⑥ 售后服务带来的专长权

对于一些自动化的设备，在安装调试好后，如果出现问题一般是要求供应商的上门服务的。这就要求供应商设置很多的售后服务网点，以方便服务广大客户。

⑦ 产品特殊性带来的专长权

研华科技中国公司只有一小部分的产品可以即买即用，大部分的产品需要前期的测试、后期的培训与售后服务，与客户的交流与沟通比较多，很多情况下需要上门服务。对于工程项目类的要求就更复杂，因此，在线销售工业自动化产品有时不能完整描述产品的规格及相关使用条件，并不能够解决全部问题，需要线上和线下配合行动。一些大的采购项目可能需要招投标来完成。

由于上述的特点，研华科技在进行渠道的协调与控制时，必须要兼顾公司自身和经销商的利益。当研华科技建立了在线销售体系时，必须谨慎地考虑经销商的利益，具体包括定价、产品的分转设计、在线销售部门以及大客户部门与经销商部门之间的合作关系、冲突的管理，另外也要听取经销商的想法。

(3) 研华科技中国公司采取了什么样的组织变化来适应增加在线渠道之后的渠道协调与控制？

研华科技在线销售部门成立于2007年，在此之前研华科技公司将客户分成两类，一类是大客户，如GE、ABB等全球化的公司；一类是小客户。大客户由大客户销售部来经营，小客户主要由经销商来经营，他们之间分工明确，几乎没有重叠部分。

在原有的渠道之上，2007年研华科技公司成立了在线销售部，这种变化带来了结构、职责和机制等方面的变化，如图1-11所示。

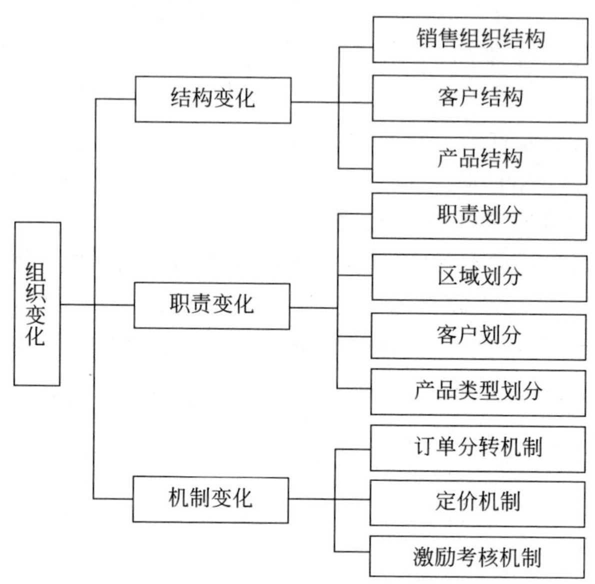

图 1-11　研华公司在线销售带来的组织变化

① 结构变化

结构的变化首先体现在销售组织机构的变化，从在线销售部门设立之后公司的销售体系主要由三个部分组成，分别是大客户销售部、在线销售部和经销商销售体系。第二个结构变化是客户结构发生了变化。在线销售部门承担了一部分经销商原有的小客户销售职责。第三是产品结构发生了变化。大客户销售部和经销商体系主要负责了大型的和中型的客户的产品销售和线下服务，产品需要进行设计和软件硬件集成。在线销售部门主要负责中小客户的销售，产品在设计和软硬件集成方面的要求较低。

② 职责变化

案例正文中给出了相关的职责变化，职责变化主要体现在区域划分、客户划分、产品类型划分和职责划分四个方面。区域划分主要针对的是经销商体系，而在线销售部门和大客户部门没有区域限制。客户划分方面，大客户销售部主要进行大客户的销售，在线销售部门主要针对中小客户，经销商实际上没有客户的具体划分。产品类型划分方面，大客户销售部和在线销售部均可以全产品系列销售，但是经销商的产品有一定的限制。职责划分方面，大客户部门和在线销售部门均承担销售功能，经销商则除了销售职责之外，还要承担销售服务和资金。

③ 机制变化

机制变化是由于在线销售部门的出现而产生的,主要体现在三个方面,分别是订单分转机制、定价机制和激励考核机制,这些机制的变化均为了解决可能出现的冲突,因此我们将在后面的冲突解决部分对机制变化进行专门的讨论。

(4) 研华科技中国公司目前的渠道冲突主要表现在哪些方面? 这些冲突会对渠道的协调与控制产生哪些影响?

研华科技中国公司的渠道冲突主要来源于在线销售部门的出现。表 1-13 为案例中在线销售部门与经销商之间的冲突,这些冲突反映的是厂商与经销商在渠道控制权方面的激烈争夺。各渠道成员在目标、资源分配、认知、决策等方面存在冲突,其核心是公司总部希望通过在线销售的发展减少对经销商的依赖,增加渠道的控制。但同时,作为 B2B 公司的研华科技又很难完全抛弃经销商,因此就出现了协调与控制方面的两难局面。

表 1-13　案例中的冲突

冲突原因	案例中的冲突	案例情节	潜在问题
目标冲突(资源、权力、运营模式、功能)	• 研华科技目前在线销售部门完成中国区销售额的 5%,经销商占有份额为 35%,KA 部分占 60%。总部希望将在线销售部门的销售业绩提升到占比 15%,若要完成在线销售部门目标,经销商部分有可能缩减 • 经销商发展动力不足,小客户无精力做,维持现状	• 公司对在线销售部门的业绩要求是完成中国区销售额的 15% • 经销商不求发展,维持现状即可。但研华公司每年都要求中国区业绩增长	• 在线销售部门与经销商的销售额呈此消彼长的关系 • 中小客户需求未满足
资源分配冲突(资源和权力)	• 在线销售部门在不同渠道获得的客户可能也是经销商的客户,存在潜在的冲突 • 在线销售部门想要分享经销商的小客户,经销商不同意,客户资源是稀缺的 • 当在线销售部和渠道面对同一客户时,为了完成各自经营业绩目标,会产生争夺客户的矛盾	• 台北会议邀请经销商共享小客户名单给在线销售部,结果经销商并没有共享 • 交由公司领导进行裁定	客户资源争夺

续表

冲突原因	案例中的冲突	案例情节	潜在问题
决策冲突（组织、权力）	定价不同：线上价格高，经销商价格低。经销商拥有胁迫权，有撤回客户资源权力，而厂商有奖赏权，给经销商的利润是5%～8%。但经销商原本在对小客户销售时可能获得20%以上的利润，因为研华网上公开报价使得经销商的利润空间不多，因此经销商经营小客户的动力不足	为保护经销商利益，线上定高价	促销方式限制
认知冲突（权力、功能）	面对电子商务的崛起，研华总部与经销商均开展了在线销售，形成网上竞争销售的局面	经销商签约时，研华承诺协助其建立网站，销售产品	网络窜货 多方定价

这种两难局面对渠道的协调与控制产生了影响，主要体现在：①资源采用分享机制；②权力保持一定的均衡；③功能划分强调合作；④组织构建用于支持合作模式。

不过，所有的厂商均有意愿加强渠道的管控，将渠道资源纳入可以掌握的范围之内，避免可能产生的客户流失风险。因此，渠道的协调控制和渠道的冲突管理之间是一个不断调整和平衡的过程。

（5）增加了在线销售之后，研华科技采用了哪些协调与控制方法来避免冲突？

增加了在线销售之后，研华科技为了兼顾渠道的协调和渠道的控制，在渠道管理中在机制上采用了一些方法，我们将从资源、权力和组织结构三个角度分析，具体参见表1-14。

表1-14　研华科技在线销售增加后对渠道冲突的解决

关键因素	协调措施	描述
资源	客户资源扩大	在工控网、百度搜索引擎等第三方网络平台上做推广，扩大客户来源，减少与经销商的内部竞争
权力	奖赏权的实施	大客户部与在线销售部都与经销商合作，在线销售部的客户由经销商提供上门服务，达成的业绩按照75%：75%分享

续表

关键因素	协调措施	描述
组织结构	分转机制	通过客户关怀团队分转客户，如果客户属性是大客户，则首先分转大客户团队；如果客户属性是经销商就要分转给经销商，只有没有标注客户属性的在线销售部才能经营
	价格机制	线上定高价，线下定低价，给予经销商一定的经营空间
	合作机制	实施各部门合作的模式。大客户部门与经销商合作，由经销商协助维护与客户之间的商务关系，经销商也会协助售前与售后服务。公司鼓励在线销售部门与经销商加强合作，在库存、账期、上门服务等方面经销商会协助在线销售部门工作。合作项目部分做业绩分享，希望各部门共同发展

客户分转机制带来的好处是首先可以明确客户的属性，避免各渠道产生争议。其次，提高效率。使进入客户管理系统的顾客能得到及时满意的服务，不会因为各渠道的推诿扯皮影响客户的订货。再次，可以明确各部门的分工定位，更有效地服务各自的目标群体。

但客户分转机制也有它的弊端。第一，它只对在客户管理系统内部具有属性的客户进行分转，经销商有一部分客户并未备案在管理系统里，所以有时也会产生"一仆二主"的争夺现象。第二，客户分转系统分转的客户来源于网上咨询和电话咨询产品的客户，这些客户可能从不同的渠道同时进行咨询比价，所以也会引起在线销售部与经销商对客户资源的争夺。第三，客户管理系统接受全国各地区的询价，从地域上讲在线销售部门与经销商的客户是有冲突的。

(6) 研华科技中国公司的总部、在线销售部门和经销商所提出的方案所强调的渠道控制思路是什么？各个方案之间的利弊如何？

① 公司总部、在线销售部门和经销商的控制思路

表 1-15 分别列出了案例中三种方案协调控制点的比较，可以看出总部的方案和在线销售部门的方案均增强了厂商对渠道的控制权，使经销商的渠道权力下降。其中，在线销售部门的全渠道整合方案是一种最为激进的和控制力度最强的方案。相反，经销商的方案所强调的渠道协调控制要点完全不同，他们强调增强经销商的权力和功能，保证经销商的自主性。

表 1-15 三种运营模式的协调与控制要点比较

协调控制关键因素	公司总部方案 不改变结构，加强管控	经销商方案 不改变结构，区隔方案	在线销售部方案 改变结构，网络整合
资源	(1) 客户资源和信息由厂商管理，信息权归厂商； (2) 产品资源由厂商把握	(1) 厂商的客户资源和经销商的客户资源区隔，各自掌握信息权； (2) 产品资源网上网下区隔，经销商有产品资源权力	(1) 客户资源和信息由厂商管理，信息权归厂商； (2) 产品资源由厂商把握
权力	(1) 厂家掌握后端定价权； (2) 厂商掌握奖赏权； (3) 经销商不能多品牌销售； (4) 经销商不能够上线销售	(1) 保持前端定价，经销商利润空间自己确定； (2) 经销商是否多品牌和是否上线销售自行决定	(1) 厂家掌握后端定价权； (2) 厂商掌握奖赏权 (3) 经销商作为整个销售的一个环节纳入网络体系，无自主销售权
功能	减少经销商的渠道功能，扩大厂商渠道功能。将经销商的功能限定在销售服务、仓储运输和资金承担上	(1) 现有的经销商渠道功能保持不变； (2) 通过线上线下产品区隔扩大经销商功能； (3) 经销商为大客户和在线销售部门服务，使其地位得到保证	厂商渠道功能全面把控，经销商的渠道功能由厂商限定，将经销商的功能限定在销售服务、仓储运输和资金承担上
组织	(1) 不改变组织结构，但经销商的主要职责聚焦于服务、资金承担和仓储运输； (2) 厂商完全掌控渠道并通过后端定价给予经销商限定的利润； (3) 业务分转机制主要在在线销售部门和大客户部门之间进行	(1) 不改变组织结构，经销商的职能保持不变； (2) 经销商的利润包含厂商的返利和自行的集成设计服务和销售利润； (3) 保持目前的业务分转机制	(1) 改变组织结构，经销商的主要职责聚焦于服务、资金承担和仓储运输； (2) 厂商完全掌控销售的所有环节和所有信息； (3) 在线销售部门把控所有业务，不再进行部门间的业务分转，仅进行业务过程中不同职责的分转

在这些方案中,争夺的焦点是渠道资源,其中厂商希望通过渠道的调整全面掌控渠道的客户资源,从而降低经营的风险;经销商希望把控自己的客户资源,同时希望厂商给予专有的产品资源。因此,厂商的渠道协调与控制方案和经销商的方案是控制与反控制的方案,有着很强的矛盾和冲突。

② 三种方案的优劣势比较

三种方案在一定的条件下对加强渠道管控、解决价格矛盾、网上窜货等方面的冲突均能起到很好的作用,表1-16对三种方案进行了比较。

表1-16　三种方案优劣势比较表

方案比较	公司总部方案	经销商方案	在线销售部方案
	不改变结构,加强管控	不改变结构,区隔方案	改变结构,网络整合
方案内容	终端定价,即由总部在网上公布以数量为基础的销售价格。经销商信息由厂商掌控,经销商不再具有完全渠道功能	线上卖技术难度低的易标准化的产品,线下卖技术难度高的需要体验测试与服务的产品。产品进行区隔管理	在线销售部门统领销售,原来的渠道部门进行功能分工。经销商承销售过程中的一部分功能
优势	前端定价变成终端定价,加强渠道控制,解决价格混乱、网络窜货的问题,线上与线下的价格不再有矛盾,促进在线销售发展	使容易标准化的产品在线销售,需要大量体验与服务的产品安排在线下销售。线上与线下的产品重叠减少,缓解冲突,使线上与线下共同发展	实现控制的同时,整合客户管理与渠道体系的管理。线上与线下分工明确,减少功能上的冲突
劣势	经销商的利益受到很大的挑战,会有可能遭到强烈抵制,有风险	削弱厂商的控制,阻碍在线销售未来的发展,同时限制了公司未来的发展潜力。这种模式是经销商所欢迎的	实行起来难度大,经销商自主权受限制,利益受损,经销商抵触的可能性很大

总部提出加强渠道管控的前端定价方案,即由总部在网上公布销售价格,可以解决现在网络价格高于经销商报价的问题,同时减少网上窜货,这一策略有利于在线销售部门的进一步发展。对经销商来说,价格透明意味着利润被限定在一定范围,用户可能会从网上直接购买,因此经销商会损失一部分客户,对经销商的利益损害是比较大的。在双方的控制与反控制的博弈中,要看品牌势力的强弱,品牌强势则厂商控制渠道;品牌弱势则渠道

控制厂商。

经销商提出区隔管理方案，即线上只销售技术难度低适合标准化的产品，线下销售技术难度高，需要体验测试与服务的产品。这样线上与线下产品与客户重叠部分减少，可以化解冲突，促进共同发展。这种模式会削弱厂商的控制力，限制在线销售部门的未来的发展空间，在一定程度上限制了公司的发展。

在线销售部提出的全渠道网络整合方案，即在线销售部统领市场营销、渠道管理、产品发布与促销、订单管理、生产计划等功能。经销商与在线销售部门在功能上进行分工，在线销售部门负责管理客户信息、分转客户、发布产品信息、促销功能等。经销商负责销售方面的功能，如签订合同、物流、仓储、技术服务、提供方案、投标等。这样在功能上在线销售部与经销商没有重叠，没有冲突，属于合作的关系。在线销售部对客户、产品、资金等进行全面的控制，既有利于提高管理效率，也有利于公司的未来发展，是一种理想模式。这种方案将经销商的功能进行了限制，他的信息权完全与厂商共享，对厂商只有依赖关系。因此经销商的利润空间要有保证，如果经销商利益受到损害则是他所不愿接受的，会受到比较强的抵制。

总体看，三种渠道改进方案实际上是公司和经销商之间争取更多渠道控制权的两种类型的方案，其焦点是研华科技中国公司如何在保持渠道稳定的基础上增加渠道的控制。在线销售部门的方案具有一定的前瞻性，但对渠道的变革太大，可能产生较大的实施风险。

（7）未来研华科技应该采取什么样的渠道管理体系？

三种方案实际上反映了不同的渠道成员都站在自己的立场上希望增强渠道的控制，如果研华科技要实现很好的渠道控制，可以考虑给予经销商利益补偿的方案，即厂商用利益交换渠道资源的控制权。由于研华科技的渠道利润空间是足够的，因此在实施过程中不会存在较大的成本问题，而且由于渠道得到了完全的控制，可以向完全电商发展，并能够大幅度降低渠道风险，符合企业的长远战略。

在这一思路下，总部的方案比在线销售部门的方案风险小，操作过程不易发生问题，即使出现问题退回原有的模式也较为容易，因此，我们建议实施总部提出的方案，但需要进行一些细节的策划，具体如下：

① 实施统一的后端定价，与客户的订货数量、设计集成要求、销售服务要求挂钩。

② 经销商所有的销售均需要在网上备案，与绩效考核机制挂钩。

③ 调研南方和北方经销商的年度利润,保证其利润空间的基础上,有一定的增长和增长空间,具体实施时可以根据经销商提交的客户信息予以永久补偿,即将来所有该客户的销售均有经销商的提成,二级和三级经销体系的信息也将逐渐纳入到系统的管理之中。

④ 经销商获得新的客户并提交客户信息将纳入永久销售提成范围,但需要实施层级补偿机制。经销商每年有一定的新客户绩效要求。

⑤ 实施过渡期,在过渡期提交客户信息可以获得补偿,但超过过渡期之后提交的客户信息补偿将实施层级补偿,最高达到过渡期前提交客户信息的补偿比率。

⑥ 过渡期完成之后,将逐渐实施经销商统一管理模式,将经销商的功能限制在获取顾客、销售服务、仓储运输和资金承担等方面。客户服务由在线销售部门和大客户部门联系经销商完成,并计入当年绩效。

不过,尽管我们提出利益换取渠道控制的方案,但在整个操作中仍然需要与渠道经销商密切协调和沟通,找到双方均可以接受的方案,因为要使渠道经销商放弃其自主经营权并不是非常容易的事情。

2.5　案例的后续进展

目前公司的市场是平稳的,渠道运行良好,尽管存在一些冲突但没有影响公司的发展。为了保持当前的平稳态势,避免可能出现的风险,总部于 2015 年初选择了经销商方案——线上与线下区隔管理方案。即为线上指定专营的产品,这些产品不需要太多的面对面的服务即可以完成销售,也即前面提到的技术难度低的产品,经销商不经营在线销售部门指定的产品。这样既解决了在线销售部与经销商争夺客户的问题,也解决了线上线下价格冲突的问题,有利于促进在线销售部门进一步的发展,同时经销商的销售额不会引起大的波动。但是,随着电子商务逐渐从 B2C 产业向 B2B 产业发展,公司仍然存在大力发展电商的要求,如何克服经销商对电商体系的限制还将是一个必须面对的事情。

2.6　参考文献

[1]　汤姆・邓肯. 整合营销传播——利用广告和促销建树品牌[M]. 北京:中国财政经济出版社,2004.

[2]　暴丽艳,林冬辉. 管理学原理[M]. 第 2 版. 北京:清华大学出版社, 2010.

[3] 约翰·霍兰德,蒂姆·扬. 互联网时代的大客户销售[M]. 北京:中国人民大学出版社,2012.
[4] 劳帼龄. 网络营销[M]. 北京:化学工业出版社,2012.
[5] 罗宾斯,斯蒂芬·P,蒂莫西·A.贾奇. 组织行为学[M]. 第12版. 北京:中国人民大学出版社,2008.
[6] 张闯,夏春玉. 渠道权力:依赖、结构与策略[J]. 经济管理,2005,1(2):64-67.
[7] 杨慧. 对角线转移:渠道权力理论研究的新视角[J]. 当代财经,2002, 8:58-60.
[8] 张闯,杜楠.企业社会资本对渠道权力与依赖的影响[J]. 商业经济与管理,2012,1:44-46.
[9] 庞芳兰. 格力电器营销渠道权力结构探析[J]. 学术论丛,2009,40:26-27.

案例二
品牌建设：北京电视台[①]

北京是中国的政治、经济、文化中心，拥有着各类资源。但是，在这样一个资源丰富的都市，北京电视台并没有获得其应有的市场地位，相反，它与湖南卫视、浙江卫视等地方卫视相比只具有较弱的观众品牌认知度和美誉度。那么，北京电视台应该怎样建设自己的品牌才能够充分利用当前的资源优势，获得相应的品牌资产和品牌地位呢？本案例对此进行了描述和分析。

1 案例正文

1.1 引言

2009 年，中国电视传媒业的激烈竞争仍在继续。随着新节目的推出，2009 年全国共播出电视节目 1360 万小时，这比 2008 年增长了 5%。而与此同时，中国观众每日的收视时间却在不断地下降，2009 年的每日收视时间已经降到 162 小时/(人·日)，这比 8 年前下降了 22 分钟/(人·日)。随着互联网的发展，电视收视时间的下降趋势已经很难改变，更为激烈的竞争摆在电视媒介人面前。北京电视台的管理层意识到构建强势的品牌形象是面对这种挑战的关键。

2009 年，北京电视台凭借其 14 个市级以上播出频道和 313 个区域播出频道，在北京地区保持了 40%左右的高收视率。不过，北京电视台在全

---

① 本案例由北京航空航天大学经济管理学院的黄劲松、张明立和北京电视台财经频道的经春撰写。

案例来源：中国管理案例共享中心，并经该中心同意授权引用。

本案例获得了 2011 年全国百优案例。

国范围内的品牌形象表现并不是很好，能够向全国播出的北京卫视(BTV北京)收视率仅仅排在所有电视频道的16位，甚至落后于湖南卫视、江苏卫视、浙江卫视和安徽卫视。而2009年6月16日世界品牌实验室发布的《中国500最具价值品牌排行榜》中，北京电视台排在185位，影响力被界定为“区域”，在整个传媒业中排名第19，在电视传媒业中排名第6，落后于CCTV、凤凰卫视、江苏广电、湖南卫视，这一品牌排名较2008年进一步下降。这种现状与北京市作为中国政治、经济、文化中心的地位极不相称。如何提升北京电视台的品牌形象已经是摆在北京电视台管理层面前的重要问题。

2010年年初，新上任的北京电视台台长王晓东提出“把BTV建设成为与首都地位相适应的电视台”的目标，总编辑张晓提出“(将北京电视台)发展成为在全国传媒界有影响力的大台”的愿景。针对这一品牌建设的战略方向，北京电视台内部进行了热烈的讨论。

1.2 北京电视台及其相关背景

1.2.1 北京电视台

北京电视台创办于1979年5月16日，2001年6月原北京电视台与原北京市有线广播电视台合并，成为一家综合性的大型电视媒体公司。2009年4月1日，北京电视台迁入朝阳区CBD核心区。北京电视台新址建设历时6年，占地面积约36100平方米，其中一期工程建筑面积19.79万平方米。新址的建成使节目编播以网络化为基础，数字化为核心，在“采、编、播、存、管”的整个工艺流程和各个环节实现了“信号采集数字化、节目制作网络化、播出硬盘化、存储数据化和管理智能化”。目前北京电视台的规模、功能和科技含量位居全国省级电视台的前列。

北京电视台现已开通包括卫星频道、无线频道、有线频道在内的14套电视节目，其中包含10个标清频道，1个高清频道，2个数字付费频道和1个国际频道。目前北京电视台每天播出节目260小时，全年播出88000小时，每天自制节目55小时，全年20075小时，技术设备数字化率100%，在岗从业人员3464人，经济总收入达到30亿元人民币，资产总额达到50亿元。到2009年，北京电视台共有147个栏目，全年总播出时长859872分钟，其中外购节目16个，与2008年相比，撤销节目8个，新上节目9个，增加播出时长3380分钟。北京电视台以强大的播出功率覆盖整个北京并辐射周边地区，面积近5万平方千米，综合覆盖人口达2500万。北京电视台成立以来，获得国际、国内大奖及专业奖项的节目就有1200多个。

与中国其他省份的电视台一样，北京电视台也设立了一个可以覆盖全国的卫星电视频道，即BTV北京。该卫星频道已覆盖中国200多个城市，包括中国的36个省会城市、直辖市、计划单列市，80%以上的地级市和70%以上的县级市。北京卫视覆盖可接收人口已突破8亿人。从2006年开始，全新亮相的北京卫视开始了全国化扩张战略，提出“立足北京、面向全国”和“传播北京、视听全球”的战略口号。另外，北京电视台还包含一个专门播放动画的卫视频道——BTV卡酷，该频道于2004年9月10日开播，是国内首家动画专业频道，24小时不间断播出。北京卡酷动画卫视的基本思路是立足北京，涵盖沿海，辐射全国。

2008年，北京电视台将原有的9个频道分别改为BTV北京、BTV文艺、BTV科教、BTV影视、BTV财经、BTV体育、BTV生活、BTV青少、BTV公共、BTV卡酷（见附表1）、高清频道、国际频道，以及两个数字付费频道：京视剧场频道和爱家购物频道。

另外，为了获得更好的品牌认知，北京电视台在国家广电总局批准之后与2009年1月启用了新的台标，新台标以北京电视台的英文缩写BTV（Beijing Television）为主要设计元素，图形简约，含义简洁，更具现代感、更加国际化。在主体色彩上，北京电视台台标采用故宫的宫墙红色和汉白玉的白色为主色调，新的设计希望庄重、现代、国际化的整体感与北京电视台自身形象能够完美结合。

1.2.2　北京地区观众的收视偏好

在北京地区前二十受欢迎的节目中，新闻/时事类节目有9个，占了近一半，而这9个新闻类节目中，有两个来自于中央电视台。其中，《新闻联播》节目北京电视台也进行转播。总体看，在北京地区新闻节目比较受观众的喜爱。北京作为新闻的主要发生地和策源地，加之良好的收视传统，新闻类节目受欢迎也在情理之中，而这无疑也是北京台的优势所在。这9档新闻类节目，除了三档常规日播节目（《新闻联播》《北京新闻》《特别关注》）之外，其余全是以特别节目的形式出现的，这表明除了正常节目之外，特别制作播出的节目更受观众的青睐。有鉴于此，北京电视台正在考虑对重大事件以直播或特别节目的形式在北京卫视播出，以此扩大影响力。北京观众对于新闻节目的偏爱也从中国人民大学舆论研究所所做的一个调查中体现出来（如图2-1所示）。

除了新闻节目，娱乐类节目有8个上榜。但这8个节目当中，只有2个

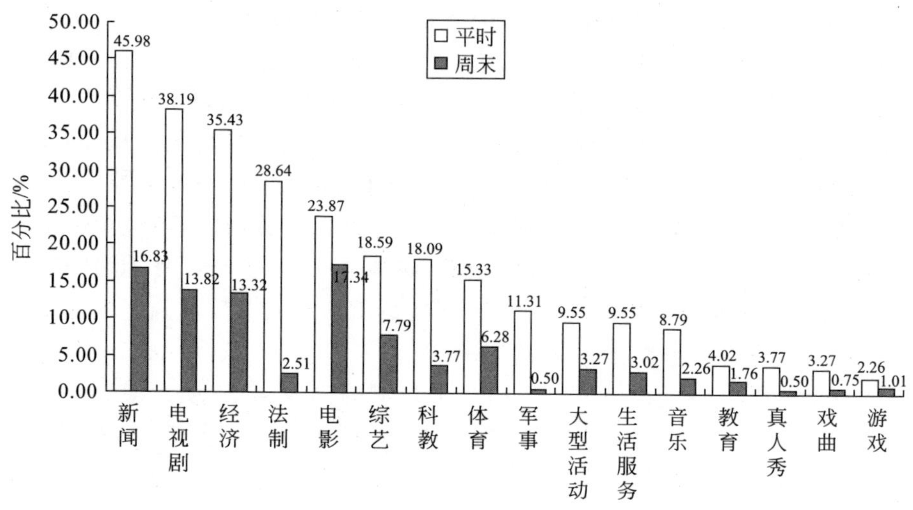

图 2-1　观众最喜欢的节目类型

数据来源：经春. 北京电视台的品牌建设研究[C]. 北京：北京航空航天大学，2009

节目是由北京台制作的，说明北京电视台在这类节目中并不具有突出的优势。在跟湖南台的较量中也充分反映了这一点。北京电视台若想在娱乐节目上有所表现，需要借鉴湖南电视台的操作经验和模式，进行娱乐节目的创新。

其余 4 个节目来自于体育类，而这 4 个节目都不是由北京电视台制作的。体育类节目一直是观众比较喜欢的节目类型，但北京台无一节目上榜。

总体看，在北京地区，新闻、电视剧、经济、法制、电影等类型的节目最受欢迎。如果定位于新闻节目，北京电视台需要对原有新闻节目进行调整和改进，加强新闻节目的播出频次和力度，使新闻节目的影响力不仅仅在北京地区产生，更应该有全国范围甚至全世界的影响。

调查显示，在卫视频道的各类节目中，观众最喜欢的节目类型首推电视剧，喜爱率达到 64.3%；其次是新闻报道类，喜爱率为 63.4%；娱乐类、电影类、法制类、气象报道类节目的喜爱率也均达 20%以上。2008 年，新闻报道类节目在卫视观众中的喜爱状况有所升温，喜爱比例较去年增加 1.6 个百分点；相比之下，其余各类电视节目的喜爱程度则均出现下滑，其中以电影与电视剧类节目较为显著，喜爱比例下降幅度均超过 4%（如图 2-2 所示）。

电视观众喜欢的节目类型因性别、年龄、教育程度、生活环境等不同而

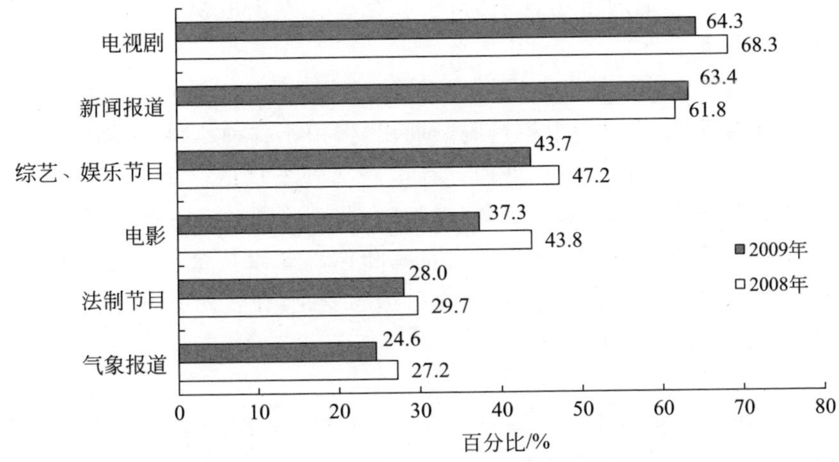

图 2-2　卫视频道观众 2009 年与 2008 年最喜爱的前五位节目类型

存在较大差异。分析发现，女性较爱看电视剧、综艺娱乐等节目，男性则偏爱军事类、新闻类及财经等节目；12～19 岁观众较爱看音乐类、少儿类、综艺娱乐类节目，50 岁以上观众则爱看气象报道、新闻类、戏剧类节目；初等文化观众较多集中在农村，他们更偏向对农业、农村类节目及气象等节目的收看；高等文化观众则青睐财经类、体育类与文学评论类节目。

1.3　北京电视台的节目播出现状

（1）北京电视台的电视栏目

北京电视台的栏目众多，但特别突出的栏目并不多。当然北京电视台也有一些有影响力的栏目，其中部分新闻栏目曾享誉全国，一度领全国新闻报道形式的风气之先。在成功的栏目中，《北京新闻》《法制进行时》《特别关注》《第七日》等栏目都是在全国有一定影响力的节目。其中，《法制进行时》大获成功之后，同样的制作班底又运作出三个新栏目《治安播报》《大家说法》《现场说法》，不仅丰富了“法制”品牌系列，而且也带来了规模经济效益和社会效益，目前这四档节目成为科教频道收视前四名。但《法制进行时》的成功模式目前只是一个个案，在北京电视台内部并没有进行很好的总结、复制以及推而广之。相对于这些名牌栏目，北京电视台大多数栏目标志性的节目较少，观众一般只能从栏目名称上区别各栏目的不同，很多栏目没有太多的品牌内涵，比如《身边》《音乐风云榜》《城市》《名人之后》等栏目，节目制作者也没有有意识地去强化品牌的定位。北京卫视在栏目方面虽然也具备一定的市场竞争力，但收视率比湖南卫视、上海东方卫视和安徽卫视要差。

2007年下半年，北京电视台启动了《爱看电视》活动，向社会征集优秀电视栏目创意，最终有十个栏目脱颖而出，但由于种种原因，时隔一年多了，这些节目至今还没有和观众见面。在电视飞速发展的今天，一年的时间足以让原本先进的东西变成落后的"鸡肋"。北京电视台有一批名牌栏目由于收视率趋减，被匆匆换掉。《荧屏连着我和你》《北京特快》《世纪之约》等一些具有品牌优势的老节目，随着观众口味的变化，在收视率表现上非常不理想，也进入了淘汰行列。

(2) 北京电视台的节目主持人

北京电视台现有主持人一百多人，而出现在荧屏上的没几位，真正让观众记住的更少，这一点是与北京台的地位不相符。主持人在一定意义而言是电视台的代言人，是电视台的"名片"。北京电视台目前面临最大的问题就是主持人缺乏个性，有的时候主持人就是一个"文字传声筒"。此外，北京电视台尽管原则上不允许主持人跨界主持，但由于优秀的主持人太少，跨频道、跨栏目主持的现象还是时有发生，这种做法虽然对主持人是个锻炼，但却不利于主持人的定位。

在全国各卫星频道主持人竞争力排行榜中，央视一套、二套、三套分列前三名，湖南卫视位居第四，其他频道在主持人方面尚未形成比较明显的竞争力。央视各频道仍是对优秀主持人最具有吸引力的频道，央视也因为优秀主持人的加盟而增强了自身的品牌影响力，巩固了自己在市场竞争中的优势。湖南卫视通过灵活的激励机制，吸引了一批有朝气、有个性、深受年轻观众喜爱的主持人。同时，湖南卫视非常注重对主持人的包装，使其具有一定的影响力和号召力，从而增强了频道自身的市场竞争力。而反观北京电视台，有个性、有号召力、有影响力的主持人寥寥无几。一名优秀的电视节目主持人不但可以提升电视台的品牌形象，更是节目收视的保证，例如《法制进行时》的主持人徐滔，以首席记者的身份纵横于演播室与案发现场之间，成为该品牌不可分割的标志。《首都经济报道》的主持人潮东和长盛轻松幽默的主持风格，在很大程度上成就了《首都经济报道》的成功。用于聘请名人、明星方面的投入是可以用于培养自己的明星主持人的。

(3) 北京电视台的大型活动

2006年10月北京电视台启动"红楼梦中人"这个项目。"红楼梦中人"选秀自北京赛区开始，也确实以其不俗的"挟巨著以令天下"的气势以及选手们良好的整体素质引起广泛关注，一度走势看好。在北京地区的收视率一度达到14%，在选秀类节目中仅次于2005年度的“超级女声”(16%)，在全国范围内也达到了1.7%。然而，由于北京电视台没有拿出全国统一的活动方案，只是在选秀标志、冠名、分赛区参加全国决赛的名额上做了要求，北京台也不提供活动经费，松散的合作关系决定了北京台对各赛区电视台不具备约束力，客观上导致了各分赛区赛制的混乱。也就是说有想法没做法，创意是好的，但具体落实到操作层面上就完全走样了。不仅如此，该项活动的市场推广也很不成功，一方面，没有形成轰动效应，节目影响力不够，没有达到收视预期，可谓“雷声大雨点小”。

此外，在广告赞助方面，独家冠名的“江中亮嗓”，虽然通过这次活动销量增加了30%，但与蒙牛酸酸乳(与湖南卫视“超级女声”合作)创造的市场垄断根本没法比。由于签约仓促，北京台自己都没有定下合作细节，所以基本是上走一步算一步，致使广告商在这次合作中很失望。相比湖南台，业内人士这样总结：湖南台对赞助企业的服务意识太周到了，不断插播企业宣传语来强化。

当一个活动或者栏目的策划方案出台之后，成功的关键在于推广和执行，而这方面无疑是北京电视台的软肋，因为同样的问题，仍然出现在了此后举行的《龙的传人》活动中。

大型活动竞争力是通过调查观众比较喜欢看哪个频道举办的大型活动而得出的，它反映各频道在大型活动方面的竞争力。在举办大型电视活动方面，央视三套和湖南卫视表现比较突出，超过20%的观众认为他们举办的大型电视活动比较好看；中央一套、二套、五套处于第二梯队，竞争力在10%～20%之间。尽管目前各个卫视不断加大在电视活动方面的投入，但是观众对大部分频道在电视活动方面的认可度相当低，目前能够形成竞争力的主要是中央电视台三套、一套、二套、五套和湖南卫视等频道。2008年，北京台靠两个大型活动《红楼梦中人》和《龙的传人》跻身十强，但和湖南卫视的影响力相比，差距巨大。

1.4　主要竞争对手的品牌形象和品牌联想

(1) 中央电视台

中国中央电视台是中国的国家电视台，目前共开办25套开路电视节目，分别为综合频道、财经频道、综艺频道、中文国际频道-亚洲、中文国际频道-欧洲、中文国际频道-美洲、体育频道、电影频道、军事・农业频道、电视剧频道、纪录频道、纪录频道-英语、科教频道、戏曲频道、社会与法频道、新闻频道、少儿频道、音乐频道、高清综合频道、5＋体育频道、英语新闻频道、西班牙语国际频道、法语国际频道、阿拉伯语国际频道和俄语国际频道，内容几乎涵盖社会生活的各个方面。目前全台栏目总数为400多个，日播出量达270小时，其中自制节目量约占总播出量的75.31％，使用中、英、法、西班牙、阿拉伯、俄六种语言和粤语、闽南话等方言向国内外播出，全国人口覆盖率达90％，观众超过11亿人。目前中央电视台在中国的新闻资讯发布方面代表中国官方，具有绝对的权威性。中央电视台的10个频道收视率都高于北京卫视，品牌价值是所有媒体品牌中最高的。

(2) 凤凰卫视

凤凰卫视是少数几个获得中国大陆地区落地权的境外媒体，更是首家获准在中国合法播出的海外电视台。1996年凤凰卫视开播以来，在中国多个城市的酒店和高级住房以及政府办公室播出。目前，在很多中国大陆城市(例如中国的各大省会城市)都可通过有线电视网络接收凤凰卫视节目信号，这使得凤凰卫视在中国大陆的影响力日益增强。目前，该电视台形成了《时事直通车》《凤凰早班车》《相聚凤凰台》《锵锵三人行》《时事开讲》等精品节目，造就了一大批受到观众喜爱的主持人。凤凰卫视的独占优势是能够从中国以外的全球视角来看待整个华人世界，这有利于形成媒体独立和公正的形象，也成为除中国官方媒体之外的重要资讯来源。资讯丰富的品牌形象使凤凰卫视在中国市场上独树一帜。目前，凤凰卫视在电视媒体的品牌价值排名仅次于中央电视台。

(3) 湖南卫视

湖南卫视2005年与蒙牛集团携手举办的“超级女声”在全国范围内进行了歌唱选秀活动，并通过鼓励参与的方式吸引了大量观众，一举缔造了“娱乐”为主导的品牌形象。之后，湖南卫视持续几年举办类似的选秀活动，均吸引了较高的关注度。目前湖南卫视形成了《快乐大本营》《智勇大冲关》等名牌娱乐栏目，提出“锁定娱乐、锁定年轻、锁定全国”的发展目标，逐步形成了“以竞争为主轴，以品牌为统帅，以创新为动力”的品牌营销策略。目前，湖南卫视的品牌价值排名仅仅次于中央电视台和凤凰卫视。

(4) 安徽卫视

近年来，安徽卫视牢牢占据了全国传播平台重要位置。安徽卫视于2002年推出“八大剧场”成型之后，适时推出“打造中国最好的电视剧大卖场”的口号。并以“剧行天下”取代“电视剧大卖场”，创造性地将晚间强档

《第一剧场》调整为三集连播，以播出独家剧、首轮剧为主，将电视剧从量上向质上转变，并逐步深入地控制电视剧产业链上端，形成了安徽卫视独特的核心竞争优势。目前安徽卫视的收视率排名在北京电视台之前。

(5) 东方卫视

东方卫视在改版之后，创造性地提出了"第一财经"的概念，这一概念不但是观众非常关注的内容，而且也与上海是金融中心的地位相吻合。现在的"第一财经"已经不仅仅是电视品牌，以"第一财经"命名的报纸、杂志也在全国有很高的知名度，这就形成了立体的品牌形象。另外，东方卫视采用了灵活的媒介组合宣传其品牌形象，并出版了《东方卫视现象》《文明守望者》《东方夜谭》《东方封面》《深度 105》等书籍，并制作了"我型我 SHOW"节目精选典藏影碟进行二次传播和频道文化的有效渗透。同时，东方卫视非常注重提升主持人知名度和推广品牌，塑造了一批与频道定位相符合的主持人。目前，尽管东方卫视的品牌价值排名在北京电视台之后，但其上升势头是非常迅猛的。

1.5　北京电视台品牌建设的内部讨论

北京电视台品牌建设的内部讨论主要聚焦在以下几个问题上，目前尚未形成统一意见。

(1) 聚焦当地发展还是面向全国发展?

第一个争论的问题是北京电视台应当更好地服务于当地还是要走全国化的道路。一部分管理者认为应当聚焦于服务北京当地而将全国市场拓展放在次要地位，原因如下：①北京电视台的主要资源条件集中在北京当地，14 个电视频道中只有 3 个电视频道向全国播出(包含高清频道)，可以播放的时间和内容都很有限，无法支撑整个品牌建设的目标。而且目前的竞争如此激烈，能够保持住在北京地区 40%的收视占有率已经是非常艰难的事情。②北京电视台在北京地区覆盖的人口是 2500 万人，这么大的收视覆盖规模有很多细分市场需要去满足，如何做好这些市场才是企业生存的保证，服务好这部分人群也是进一步全国发展的基础，目前不应当将摊子铺得太大。③立足于北京当地与北京电视台坚持"突出北京特色、展现首都风采"的办台思路，体现"贴近实际、贴近生活、贴近群众"总要求是完全吻合的，这符合企业品牌建设的目标。④如果面向全国发展，必然与中央电视台这样的重量级媒体竞争，这样操作有着非常大的风险。

不过，另一部分人提出了不同意见，他们赞同应当立足北京市场，但是也应当积极拓展全国市场,主要有以下几个方面的原因:①电视媒介资源具有垄断性,这是全国拓展的基础。中国的电视台并不向所有投资者开放,加上中央电视台的20多个频道,向全国覆盖的频道总共也就50多个(每个省一家),对于13亿人口的中国,完全可以容纳50多家电视台,只要有好的定位一定可以获得成功,其市场覆盖规模及影响力是仅仅局限于北京当地发展无法比拟的。②已经有成功的先例。目前中国市场已经有相当多成功的先例,比如以娱乐为主的湖南卫视、浙江卫视和江苏卫视,以电视剧为主的安徽卫视收视率均高于北京的卫视台;凤凰卫视在十几年前才仅仅是一个播放肥皂剧的小台,而它目前在中国的影响力已经是北京电视台望尘莫及的了,这些成功的案例说明中国的市场还有很大的空间塑造新的品牌形象。③如果仅仅聚焦于服务北京当地,怎么才能够实现"把BTV建设成为与首都地位相适应的电视台"的目标?北京是中国的首都,是中国的政治、经济、文化中心,有着全国最为丰富的人力资源、人文资源、政治资源和经济资源,如果北京电视台不能在如此丰富的资源条件下建设成为全国性的大台,那很难说得过去。

(2)应当选择怎样的品牌形象,在观众心目中树立怎样的品牌联想?

北京电视台曾经提出"从首都看中国,从北京看世界",提倡"大""深""远"的业务思路。所谓"大",就是要有大国之都电视台的气派和风范,大制作、大策划、大活动、大影响、大选题、大手笔;所谓"深",就是节目要有独特的创意、很强的想象力,追求深度、深刻、深邃、精深,要培育对节目深加工的能力;所谓"远",就是目光远大、善于策划、独辟蹊径,以全球视野实现北京电视台的业务设计。但是在实际的操作中还是需要一些具体的节目方向作为支撑。

在讨论中出现了不同的意见,第一种是北京电视台应当贴近百姓的生活,应当从百姓的视角进行节目制作,而且从历史角度而言北京百姓的生活内涵也是非常丰富和精彩的。北京电视台的《七日》《法制进行时》《首都经济报道》等栏目正是由于贴近百姓而获得了巨大的成功。第二种意见是北京电视台应当从新闻和资讯的角度出发建立品牌形象,因为从以往的运营结果看,北京电视台收视率较高的电视节目大多是"新闻/时事"类,而且观众的调查也显示这类节目是相当受欢迎的。而北京作为政治、经济和文化的中心也有这样的资格和条件。第三种意见是依托已有的节目建立品牌形象,例如"法制"节目在北京地区获得极大成功,其中《法制进行时》一个30分钟的在北京地区播放的节目其广告可以卖到1亿元左右,显示这类节目有很大的空间，而且以往的运营经验也非常丰富。另外，北京聚集了最高人民法院、最好的法律专业大学（中国政法大学、北京大学、中国人民大学、清华大学）等资源，对建立这类品牌形象非常有利。第四种建议是遵循“文化品位·大家风范”的北京电视台定位，从这个角度进行品牌形象的定位，目前已经播放了《这里是北京》《国家大剧院》《天下收藏》等一些节目，有一定的基础，尽管部分的节目收视情况并不是很好。

(3) 如何操作才能建立一个全国性的品牌形象和品牌联想？

在如何建立品牌形象和品牌联想方面，分成两种观点。第一种观点认为，在建立品牌联想时应当抓住关键的节目或活动，在以往北京电视台的营运过程中体现了这种特征。例如，以北京台“红楼梦中人”大型电视活动为例，报名人数突破 45 万人，远远高出其他选秀节目参与人数总和，网站累计访问量突破 3115 亿。“红楼梦中人”北京赛区总决赛直播收视率高达 9.12%。新浪网网民对红楼梦大型电视活动的点击和注意远远超过了对其他任何电影大片和同类活动。而湖南卫视之所以获得了巨大的成功，也是依赖于其在“超级女声”“快乐男声”等一系列年度活动的优异表现；而近期浙江卫视崛起也是由于“非诚勿扰”的征婚栏目，因此，如果能够抓住一些关键的节目或者活动，就可能产生轰动效应，从而树立品牌形象。

另一种观点认为，建立一个品牌是一个长期艰苦的工作，需要从整体角度不断规划和投入。尽管一些轰动性的栏目或活动能够获得很好的效果，但并不一定与我们所需要的品牌联想一致，比如近期的一些唱歌选秀活动已经受到国家相关部门的批评，这不但不利于品牌的建设，而且不利于整个电视台经营的稳定。当然，如何在长期投入品牌建设和快速获得经济收益之间平衡是非常困难的，这需要加强投入，包括在创意开发、节目制作、主持人聘请等各个方面加大力度。

1.6　北京电视台品牌建设面临的选择

依托北京的资源、地位和条件，实现“把 BTV 建设成为与首都地位相适应的电视台”“（将北京电视台）发展成为在全国传媒界有影响力的大台”的目标看起来并不是非常遥远，但实施操作又显得并不容易。

面对不同的观点，北京电视台的管理层必须进行进一步的决策，到底是不断加强北京当地的市场，还是将大量的资源投放至全国的市场？如果要针对全国市场的品牌联想塑造和品牌形象建设，采用怎样的品牌形象和联想是合理的？怎样进行操作才能够更好地建设好北京电视台的品牌形象？

1.7 附录

表 2-1 北京电视台的频道及栏目

子频道	频道宗旨	栏目
BTV 北京(卫视)	以新闻节目为主体,汇集全台精品节目的综合频道	北京新闻、北京您早、特别关注、新闻晚高峰、晚间新闻报道、这里是北京、五星夜话、人民记忆、档案、天下收藏、真情耀中华、电视先锋榜、中华文明大讲堂、500 强在北京、国际双行线、环球冲浪、真情
BTV 文艺	感受恒久文化魅力,彰显经典文艺精神	每日娱乐播报、百姓秀场、光荣绽放、影视风云路、神州音话、星夜故事秀、喜来坞、天天影视圈
BTV 科教	集合法治、科教、健康、人文栏目,汇集最尖端的科学技术和最先进的文明成果	法治进行时、大家说法、现场说法、警法目录、魅力科学、成长在北京、科学实验室、非常网络、非常说名、非常接触、非常夫妻、非常父母、非常女人、健康北京、养心堂、养生堂、寻秘、晚晴、传奇、星月剧场、魅力剧场、传奇中国、真品档案、魅力自然
BTV 影视	以播出影视剧为主体的频道	家和剧场、情景剧场、下午剧场、英雄剧场、黄金剧场、明星剧场、午夜剧场
BTV 财经	以传播财经知识、解析经济热点、服务观众为特点的专业财经频道	首都经济报道、城市、天下财经、天下收藏、天天理财、经济法眼、北京议事厅、财智人物、数说北京、环渤海新视野
BTV 体育	权威报道体育新闻,体现时效性、独特性、重大性的特点	体育新闻、天天体育、快乐 08 大赢家、京彩时刻、篮球风云、各就各位、桌上运动、足球世界波、快乐健身一箩筐、足球 100 分
BTV 生活	以生活服务资讯、生活服务技巧和情感话题三大板块为主体格局,展示北京的时尚感、都市感和现代感	7 日 7 频道、生活面对面、食全食美、大城小事、你该怎么办、快乐生活一点通、心灵密码、猜猜女人心、我爱我车、时尚装苑、生活+、生活秀、健康生活、明天我要嫁给你、第七日、生活大调查

续表

子频道	频道宗旨	栏目
BTV 青少	以“新北京、新青年”为频道口号，定位于“立足教育、弘扬公益、重在参与、时尚创新”	北京青年、北京男孩、八区故事、SK 状元榜、探索、谁在说、情感部落格、八区活动、帮帮忙、悦读会、第八区、八区主打星、替身、八区论坛、八区博客、八区商铺
BTV 公共	关注公共利益，服务百姓生活	红绿灯、四海漫游、故事汇、这里是北京、我的父母亲、京郊大地、手机江湖、好戏周周看
BTV 卡酷	国内首家动画专业卫视频道	

资料来源：BTV 在线网站。

表 2-2　2009 年 BTV 收视人群特点　%

<table>
<tr><td>频道</td><td>年份</td><td colspan="2">时间</td><td colspan="2">全部个体</td><td>4～14 岁</td><td>15～24 岁</td></tr>
<tr><td>BTV1-10</td><td>2007 年</td><td colspan="2">02:00:00～25:59:59</td><td colspan="2">5.62</td><td>4.11</td><td>3.92</td></tr>
<tr><td>25～34 岁</td><td>35～44 岁</td><td>45～54 岁</td><td>55 岁以上</td><td>小学</td><td>初中</td><td>高中</td><td>大学</td></tr>
<tr><td>3.67</td><td>4.76</td><td>8.14</td><td>9.52</td><td>5.29</td><td>7.36</td><td>5.54</td><td>4.34</td></tr>
<tr><td>男性</td><td>女性</td><td colspan="2">收入 1000 元以下</td><td colspan="2">收入 1000～1999 元</td><td colspan="2">收入 2000 元以上</td></tr>
<tr><td>5.25</td><td>6.02</td><td colspan="2">4.69</td><td colspan="2">6.69</td><td colspan="2">5.49</td></tr>
</table>

数据来源：经春. 北京电视台的品牌建设研究[C]. 北京：北京航空航天大学，2009.

表 2-3　2009 年上半年北京地区收视率前二十名节目

序号	节目主要描述(群组)	频道	节目类型	收视率/%
1	中国中央电视台 2008 春节联欢晚会	CCTV1/中央一套	娱乐	26.59
2	北京新闻(18:30)	BTV1/(综合频道)	新闻/时事	10.01
3	2008 京电视台春节联欢晚会	BTV1/(综合频道)	娱乐	9.60
4	转播中央电视台新闻联播(19:00)	BTV1/(综合频道)	新闻/时事	9.41
5	大家说法(12:30)	BTV3/(科教频道)	新闻/时事	7.28
6	法治进行时(12:00)	BTV3/(科教频道)	新闻/时事	7.03
7	法治进行时国际禁毒日特别节目	BTV3/(科教频道)	新闻/时事	6.92
8	中央电视台 2008 年元宵晚会	CCTV1/中央一套	娱乐	6.73

续表

序号	节目主要描述(群组)	频道	节目类型	收视率/%
9	直播周末-足球之夜-2010年世界杯亚洲区预选赛(中国队VS卡塔尔队)	CCTV5/中央五套	体育	6.55
10	足球之夜-2010年世界杯亚洲区预选赛(中国队VS伊拉克队)	CCTV5/中央五套	体育	6.53
11	治安播报(12:00)	BTV3/(科教频道)	新闻/时事	6.38
12	拉萨3.14打砸抢烧暴力事件纪实	CCTV1/中央一套	新闻/时事	5.90
13	新年星夜喜乐会-7天大胜	BTV2/(文艺频道)	娱乐	5.57
14	特别关注(12:30)	BTV1/(综合频道)	新闻/时事	5.08
15	中国中央电视台2007年春节联欢晚会	CCTV3/中央三套	娱乐	4.70
16	法治进行时春节特别节目-追问	BTV3/(科教频道)	新闻/时事	4.58
17	欢乐今宵-2005年春节晚会小品集锦	CCTV3/中央三套	娱乐	4.52
18	第四届CCTV相声大赛颁奖晚会	CCTV3/中央三套	音乐/艺术	4.33
19	欢乐今宵-2006年春晚精彩集萃	CCTV3/中央三套	娱乐	4.30
20	李宁黄金赛场-2008年女子足球亚洲杯半决赛(日本队VS中国队)	CCTV5/中央五套	体育	4.14

数据来源：经春. 北京电视台的品牌建设研究[C]. 北京:北京航空航天大学,2009.

表 2-4 全国50卫星频道栏目竞争力排行 TOP 20

排名	频道名称	栏目竞争力/%	排名	频道名称	栏目竞争力/%
1	中央电视台一套	39.0	11	中央电视台八套	4.6
2	中央电视台五套	30.9	12	上海东方卫视	4.1
3	中央电视台三套	30.8	13	安徽卫视	3.8
4	中央电视台二套	18.9	14	北京卫视	3.1
5	湖南卫视	17.4	15	中央电视台十套	2.4
6	中央电视台十套	10.1	16	凤凰卫视中文台	2.2
7	中央电视台新闻频道	9.6	17	重庆卫视	2.2
8	中央电视台四套	8.1	18	江西卫视	1.9
9	中央电视台十二套	7.4	19	山东卫视	1.8
10	中央电视台六套	4.8	20	云南卫视	1.7

数据来源：经春. 北京电视台的品牌建设研究[C]. 北京:北京航空航天大学,2009.

表 2-5　全国 50 卫星频道主持人竞争力排行 TOP 20

排名	频道名称	主持人竞争力/%	排名	频道名称	主持人竞争力/%
1	中央电视台一套	22.8	11	安徽卫视	1.4
2	中央电视台二套	22.5	12	央视十二套	1.3
3	中央电视台三套	18.6	13	江西卫视	1.1
4	湖南卫视	14.9	14	中央电视台八套	1.0
5	中央电视台五套	6.5	15	云南卫视	0.9
6	中央电视台四套	2.8	16	中央电视台六套	0.8
7	央视新闻频道	2.6	17	中央电视台七套	0.8
8	中央电视台十套	2.2	18	凤凰卫视中文台	0.8
9	北京卫视	1.6	19	央视少儿频道	0.6
10	上海东方卫视	1.6	20	重庆卫视	0.6

数据来源：经春．北京电视台的品牌建设研究[C]．北京：北京航空航天大学，2009.

表 2-6　全国 50 卫星频道大型活动竞争力排行 TOP 20

排名	频道名称	活动竞争力/%	排名	频道名称	活动竞争力/%
1	中央电视台三套	24.0	11	中央电视台十二套	1.5
2	湖南卫视	20.2	12	中央电视台八套	1.5
3	中央电视台一套	14.3	13	云南卫视	1.4
4	中央电视台二套	12.6	14	中央电视台六套	1.0
5	中央电视台五套	11.3	15	中央电视台新闻频道	1.0
6	上海东方卫视	2.7	16	凤凰卫视中文台	0.8
7	中央电视台十套	2.0	17	江西卫视	0.7
8	中央电视台四套	1.8	18	河南卫视	0.6
9	安徽卫视	1.8	19	重庆卫视	0.5
10	北京卫视	1.7	20	浙江卫视	0.5

数据来源：经春．北京电视台的品牌建设研究[C]．北京：北京航空航天大学，2009.

表 2-7 《中国 500 最具价值品牌》传媒业排名前十三位

届别 / 媒体	2009 年第四届		2008 年第三届		2007 年第二届	
	排名	品牌价值/亿元	排名	品牌价值/亿元	排名	品牌价值/亿元
CCTV	第 3 名	654.34	第 4 名	622.90	第 3 名	619.70
凤凰卫视	第 29 名	233.56	第 24 名	231.90	第 24 名	231.70
人民日报	第 106 名	58.19	第 102 名	55.90	第 121 名	48.00
参考消息	第 110 名	57.97	第 110 名	52.10	第 116 名	50.90
广州日报	第 115 名	55.30	第 115 名	48.68	第 123 名	47.60
羊城晚报	第 116 名	55.29	第 116 名	47.98	第 135 名	44.70
新民晚报	第 125 名	48.63	第 128 名	45.60	第 131 名	45.20
湖南卫视	第 133 名	45.94	第 209 名	30.65	第 257 名	25.54
江苏广电	第 140 名	43.50	第 158 名	38.86	第 222 名	29.50
南方日报	第 143 名	43.32	第 151 名	39.68	第 233 名	27.80
深圳特区报	第 147 名	42.65	第 152 名	39.50	第 168 名	36.90
经济日报	第 152 名	41.72	第 150 名	40.32	第 183 名	34.60
北京电视台	第 164 名	39.87	第 144 名	40.99	第 147 名	40.50

数据来源：世界品牌实验室网站。

2 案例使用说明

2.1 教学目标与用途

（1）案例适用范围

本案例主要适用于 MBA 和工商管理专业本科的市场营销学、营销管理学、品牌管理等课程，另外本案例也适用于传播学课程。

（2）案例适用对象

本案例的适用对象主要是 MBA、工商管理学科本科生以及有工作经验的培训对象。

（3）案例教学目的

通过案例的讨论学生可以理解品牌建设的两大要素品牌知晓和品牌联想（Keller，1993 年），并通过与其他成功电视台类比的方法让学生了解如何构建一个有效的品牌联想。

2.2　启发思考题

通过案例的启发思考题，能够让学生思考如何建立一个强势的品牌。

(1) 为什么在国内首屈一指的政治、经济、文化和人才资源背景下，北京电视台的品牌排名并不理想，甚至落后于多个省份的电视台？

(2) 构建一个强势品牌应当从哪几个方面入手？

(3) 依据北京电视台目前的资源条件，应当向全国发展还是仅仅聚焦于北京当地？

(4) 北京电视台应当选择什么样的品牌形象，建立什么样的品牌联想？

(5) 应当如何操作才能够更好地建立所选择的品牌形象和品牌联想？

2.3　分析思路

第一，对北京电视台目前的状况进行全面的了解，并分析北京电视台在有利的资源条件下没有超越一些省级电视台的原因，列举相关的原因。

第二，分析北京电视台是聚焦于当地市场还是向全国发展，列举出各自的优缺点、内外部资源条件以及与企业战略方向的匹配度。

第三，从理论角度讨论应当如何建立一个强势的品牌，并以 Keller(1993 年)的框架为基础讨论建立品牌的思路和要点。

第四，在理论框架下分析进一步分析如何使北京电视台成为一个强势的品牌，特别是讨论北京电视台应当选择什么样的品牌联想作为其品牌形象的基础，列举各品牌联想的优缺点以及与“北京”本身的联想是否能够相匹配。

第五，探讨如何进行电视台品牌联想的实际操作。实际分析中应当将凤凰卫视和湖南卫视的品牌联想打造作为一个参照来思考如何建立北京电视台的品牌联想。

第六，讨论案例的意义和启示，特别是在中国当前普遍品牌较弱的情况下如何采取有效的步骤建立强势品牌。

2.4　理论依据与分析

2.4.1　理论依据

本案例主要依据 Keller(1993 年)所提出的框架进行分析(如图 2-3 所示)。这一分析框架实际上建立在知识结构的理论基础上，该理论是 Peter

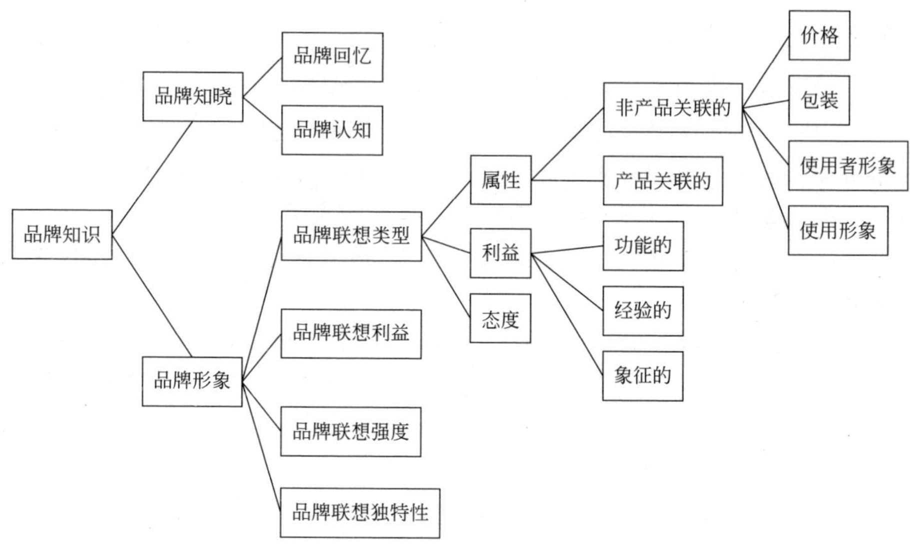

图 2-3 构建消费者品牌知识的框架体系

资料来源：Keller(1993 年)

和 Olson(1987 年)首先引入消费者行为领域的，这两位学者认为，消费者品牌层面的知识结构在信息加工和决策过程中特别重要，因为消费者一般不会关注产品的属性，而是根据产品或品牌的使用结果来看待产品。消费者对知识的组织呈现一种联想网络结构，品牌熟悉程度较高的消费者将能够更好地组织已有的知识结构，从而建立更加紧密和精细的品牌与产品类别之间、品牌与品牌属性之间的联系。

在 Keller(1993 年)的框架中对品牌知识结构理论进行了具体的划分，认为消费者品牌知识的建立需要从两个方面入手，即建立品牌知晓和建立品牌形象。首先，从建立消费者的品牌知晓角度看，包括构建品牌回忆和品牌认知。这时最为重要的是构建能够产生品牌回忆和品牌认知的记忆线索，这些线索可以包含与品牌相关的任何内容，甚至一些与品牌内涵不相关的内容(例如"蓝瓶的")，其主要目的是从纷繁复杂的信息中使消费者能够快速认知和回忆品牌信息。其次，是建立品牌形象，其核心内容是构建消费者的品牌联想，它是指从消费者角度看品牌与什么样的感知或概念联系在一起。要构建一个合理的品牌联想，需要关注品牌联系的类型(到底希望获得怎样的联想)、品牌联想的利益(这种联想给消费者带来了什么)、品牌联想的强度(希望获得的联想是否能够与品牌之间建立很强的关联)、品牌联想的独特性(是不是能够与竞争对手的品牌联想区分开)。因此，能否建立独特的、可操作的、消费者认可的品牌联想是在品牌知晓之后的关键，而要建立有效的品牌联想必须考虑品牌联想的独占特征和光环效应。其中，独占特征是指在构建品牌联系时需要与竞争对手区分开来，因为竞争对手已经占据的品牌联想是很难被挤出的。光环效应是指只需要做好一个消费者关心的属性并保持其他属性达到平均水平就有可能获得全面优秀的评价。

另外，在选择向全国市场发展还是聚焦于北京当地市场时可以采用GE矩阵分析(戴维，2006年)，这一分析方法主要包含两个维度，一是市场本身的吸引力，二是企业自身的实力。其中，市场的吸引力主要指市场规模、市场增长率、政府管制、产业周期、竞争结构、进入壁垒、行业盈利能力、技术状况、劳动力可得性、环境问题等方面的因素；企业自身实力主要指品牌形象、市场份额、销售力量、营销、顾客服务、财务资源、产品线宽度、质量、管理能力等方面的因素。但是，也可以选择其他的分析框架进行相关的分析(例如，波特的五力分析、SWOT分析、市场环境4C分析等)。

2.4.2 案例分析

(1) 聚焦于北京市场还是向全国发展

本案例首先将讨论是聚焦于北京市场还是向全国发展，两种策略实际上各有利弊。但是其中非常关键的要素需要考虑几个方面：①是否与公司管理层所提出经营目标和战略方向相符合；②市场是否有足够的吸引力；③企业是否有足够的实力。表2-8对这三个问题进行了描述。

实际上两种战略方向并不是完全冲突的，而是有可能兼顾的，但是这需要企业的管理层将一部分的精力转移到全国市场中，目的是将“BTV北京”频道做大做强。因此，可能选择的方向是：将“BTV北京”作为面向全国市场的窗口，通过“BTV北京”建立北京电视台的全国性品牌形象，与此同时继续保持面向北京市播出的12个频道的节目和质量，从而保持北京电视台在北京市场的地位。

如果选择这一经营方向，非常重要的是将“BTV北京”与北京电视台的其他频道区分开来，将独特的品牌联想赋予“BTV北京”。而目前北京电视台在经营过程中并未赋予“BTV北京”独特的品牌联想，这使北京电视台仅仅具有地方品牌特色。

表 2-8 北京电视台的当地和全国市场比较

优缺点	聚焦于北京当地市场	面向全国市场
目标和战略的匹配度	符合"突出北京特色、展现首都风采"的办台思路，体现"贴近实际、贴近生活、贴近群众"总要求	符合"大""深""远"的思路；符合管理层提出的"把 BTV 建设成为与首都地位相适应的电视台"和"(将北京电视台)发展成为在全国传媒界有影响力的大台"的目标
市场吸引力	① 北京电视台在当地可以覆盖2500万人口，市场规模相当庞大，足够企业生存 ② 还有很多当地的细分市场未被满足 ③ 外地卫星电视台的播出时间有限且无法针对北京的细分市场(例如北京当地百姓的生活)，因此应当继续巩固相关的优势	① 全国市场有13亿人口，这个观众规模是北京当地市场没法比拟的 ② 面向的是全国的企业，而非那些对北京市场有兴趣的企业，潜在的广告收益是北京市场没法比拟的 ③ 电视媒体是政府管制的，有很强的进入壁垒。目前北京电视台已经有两个频道可以全国播出，这是其他地方台很难做到的(一般只有一个频道)
企业实力	① 竞争对手非常强大，如果不努力聚焦于北京当地市场，有可能两边都做不好 ② 如果面向全国市场，必将投入较大的资源，有可能挤占现有面向北京市场的资源 ③ 北京电视台作为地方电视台是很难获得全国性认同的，做好当地市场是正确的选择 ④ 北京电视台虽然有14个频道可以全方位覆盖市场需求，但还是需要集中精力才能够击败竞争对手	① 北京作为中国的政治、经济、文化和人才中心有着太多可供选择的品牌形象，不必担心仅仅是地方台的形象 ② 北京有着丰富的各类资源，包括人力资源、政治资源、文化资源和经济条件，完全可能进行全国性拓展 ③ 北京电视台的频道资源就足以吸引各种资源，目前已经面向全国播出，只要有很好的节目制作和品牌内涵，就可以做好，不必担心资源不足 ④ "BTV 北京"是一个独立的频道，运营也是独立的，挤占其他频道资源较少

(2) 北京电视台应当选择怎样的品牌联想

以往的研究中并没有构建品牌联想统一的分析框架，不同的学者和教师有着不同的看法。在本案例中我们给出一个简洁的3C的品牌联想分析框架，包含顾客（customers）分析、竞争者（competitors）分析和内在特征分析（characteristics）三个角度的分析（如图 2-4 所示）。

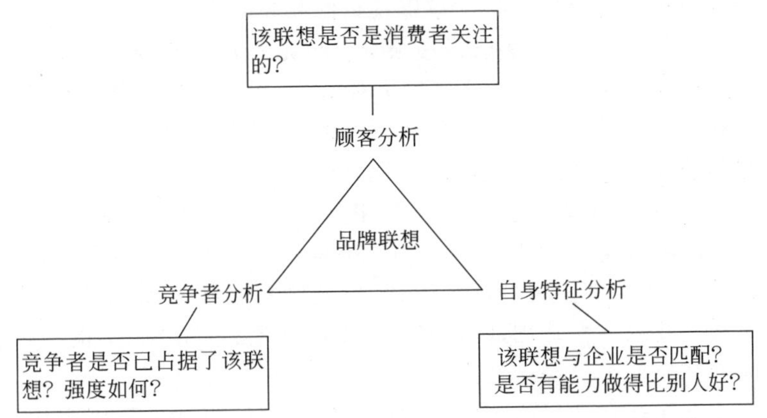

图 2-4　品牌联想选择的 3C 框架

在分析消费者时，主要关注所选择的联想是否是消费者长期关注和认可的（例如服务质量），在很多情况下企业并没有选择消费者长期关注的品牌联想，这将不利于企业的长期品牌构建。在分析竞争对手时，重点关注竞争对手是否已经构建了强势的品牌联想，如果竞争对手已经占据了消费者的某一品牌联想（最具有创新性的电子产品品牌：苹果），要颠覆是非常困难的，除非竞争对手的品牌联想强度不断下降。因此应当尽可能寻找与竞争对手不同的品牌联想。在进行自身特征的分析时主要看企业自身是否具备构建所选品牌联想的条件，产品特征是否匹配（例如，国内电子企业要选择"创新"作为品牌联想，那么就要问自己是否真的有创新的能力和条件，原有产品的创新程度是否足够，原有产品已经形成了什么样的品牌联想等），是否有能力构建并防御。

根据上述的品牌联想分析框架，北京电视台在选择品牌联想时需要注意的是以下几个方面的问题：①是不是能够真正代表"北京"的内涵（自身特征的匹配）？②是不是观众比较喜爱的类型（例如新闻资讯、电视剧）（顾客关注）？③是不是竞争对手已经占据的品牌联想（竞争者未涉足）？

首先，应当关注的是"北京"的城市联想是什么。人们将会自然地将北京的联想与北京电视台的联想联系起来，这是其他省份电视台所不具备的，这样将有利于北京电视台建立独特的品牌联想。当人们提到北京，自然会联想到的内涵是：①政治中心。中国政府所在地，各大部委所在地。②经济中心。各大金融、经济监管机构所在地、中国人民银行所在地，五大行中的四大行总部所在地、多家跨国公司总部所在地……。③科技、文化和教育中心。中国历史上的古都、故宫所在地、中国高校实力最强的城市……。这些北京的联想均有可能成为北京电视台的品牌联想。

其次,该联想是否能够获得观众喜爱也是非常关键的。案例中的图 2-1 和图 2-2 显示了观众喜爱什么样的电视节目,居于前列的分别是新闻资讯、电视剧和电影、综艺、经济、法制,北京电视台应当在这些栏目中进行选择品牌联想似乎才有可能获得较高的收视率。

最后,要看竞争者是否已经占据相关的品牌联想。目前一些观众最喜爱的栏目已经被竞争者所占据,其中,新闻和资讯是中央台和凤凰卫视,综艺是湖南卫视、浙江卫视和江苏卫视,电视剧是安徽卫视,电影是中央台电影频道和一些数字台。因此选择案例原文中图 2-1 和图 2-2 的栏目作为核心的品牌联想似乎已经存在问题。

在北京电视台选择品牌联想时应当特别关注央视的品牌定位,这是由于北京作为中国的首都,其城市的品牌联想在很大程度上会转移至央视这样的官方媒体,特别是很多媒体在描述政府及政府政策时会直接提及首都而非国家。因此,在选择北京电视台的品牌联想时应当首先回避央视的品牌联想。表 2-9 中所描述的"北京"的城市联想中有部分已经被央视所占据。

表 2-9　北京电视台可以选择的品牌联想

北京的联想	BTV 可选择的联想	对该品牌联想的评价
政治中心	新闻资讯	中央电视台已获得了国内权威资讯的品牌联想,全球视野的资讯则被凤凰台占据
	法制	已有成功经验,但与"北京"的联系较弱,品牌联想的可防御性差,联想强度较弱
经济中心	权威财经	中央电视台已有专门频道,东方卫视也拟借助其金融中心地位树立"第一财经"品牌联想,可操作性下降
文化中心	文化弘扬和传播	目前尚未有电视台占据该联想,但各个电视台有一些节目涉及该联想
其他	百姓生活	只能够在北京地方操作,无法变成全国性的品牌联想
	科技与教育	与中国教育电视台的品牌联想冲突

从央视各频道的品牌联想角度看，“新闻资讯”“综艺”“财经”“体育”已经形成较为强势的频道品牌联想，由于品牌联想的独占性，北京电视台不应当选择央视已建立的“新闻资讯”“财经”“综艺”“体育”等品牌联想。图 2-5 显示，“文化中心”相关的品牌联想尽管央视有较强的能力，但是尚未形成强势频道，有构建相关品牌联想的可能性。

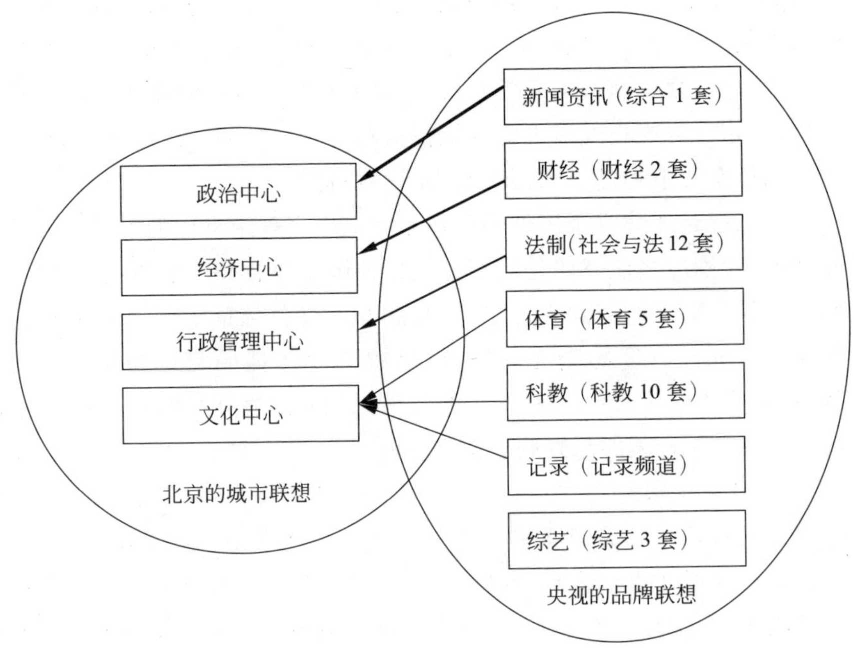

图 2-5 央视的品牌联想

注：线条越粗表示联想强度越强

在本案例说明中，我们推荐的品牌联想是“文化弘扬和传播”，人们提到文化中心时自然会提到北京。通过选择文化弘扬和传播作为品牌联想，北京电视台就可以将自己与北京联系起来。这一品牌联想目前尚未有电视台涉足，而且当前中国市场的节目品位不断下降，这导致文化类节目不足，出现了市场空缺。近期国内的媒体行业也正在进行反低俗的活动，这都为北京电视台的品牌联想构建创造了条件。不过该品牌联系与案例中观众喜爱的节目似乎并不是非常一致，这一问题我们将在后面进一步讨论。

(3) 如何进行北京电视台的品牌塑造

① 品牌知晓

品牌知晓主要通过整合营销传播的方式进行。当BTV北京的品牌联想确定之后,就可以有针对性地进行各种类型的营销传播活动。这种类型的活动在东方卫视上线时实施过,当时东方卫视除了一直在自己的频道上保持较高密度的自身广告外,还通过中央电视台、《解放日报》等媒体开展了声势浩大的品牌宣传。同时,东方卫视还利用地铁、空港巴士、街道两旁的灯箱和广告牌、户外电视屏幕等户外广告进行立体的宣传攻势。除了营销传播之外,东方卫视还通过书籍和影像材料进行品牌的二次传播(见案例),这些活动使东方卫视的品牌形象获得了快速提升。

北京电视台在建立全国性品牌形象时也应当采用类似的方式提升品牌的知晓度,特别应当注意的是应当建立品牌认知和品牌回忆的线索,缩短观众的品牌信息加工时间。除此之外,品牌知晓度传播的另一个重要目的是为建立长久的品牌联想服务。因此,品牌知晓传播的目的包括:①提升BTV北京品牌观众的认知和第一提及率比例;②建立品牌认知和回忆的线索;③为建立长久的品牌联想奠定基础。

② 品牌联想塑造

建立观众认可的品牌联想并非一日之功。在本案例分析中,我们采取类比的方法探讨北京电视台的品牌联想建立,我们给出两个成功建立品牌联想的例子,一个是凤凰卫视,另一个是湖南卫视,表2-10描述了两家电视台的节目构成。

当我们询问谁是最好的资讯电视台、谁是最好的娱乐电视台时,大多数人可以回答出凤凰卫视和湖南卫视的名字,但这背后是一个品牌联系构建体系。

凤凰卫视的"资讯"联想构建在其资讯的深度和广度上,其品牌联想并非一个点或一个维度构建的,而是多点、多维度的品牌联想体系,包括:①时间维度:历史的资讯、热点资讯、时事资讯;②地理的维度:全球、大中华(台湾、大陆、香港);③主持人维度:胡一虎、石齐平、邱震海、窦文涛、赵少康、陈文茜、何亮亮、阮次山、马鼎盛、曹景行;④对象维度:人物对象(访谈类节目)、财经对象、文化对象;⑤节目维度:一虎一席谈、凤凰大视野、凤凰早班车……;⑥活动维度:凤凰台的全球系列活动(参见表2-10)。

表 2-10　凤凰卫视和湖南卫视的节目

电视台	节目
凤凰卫视	1. 评论类节目：①财经点对点；②骇客赵少康；③解码陈文茜；④时事亮亮点；⑤时事辩论会；⑥时事开讲；⑦新闻今日谈；⑧一虎一席谈；⑨震海听风录；⑩石评大财经 2. 历史人文类节目：①世纪大讲堂；②文涛拍案；③腾飞中国；④筑梦天下；⑤走读大中华；⑥智慧东方；⑦中国记忆；⑧社会能见度；⑨凤凰大视野；⑩风范大国民；⑪我的中国心 3. 资讯类节目：①今日看世界；②金石财经；③华闻大直播；④凤凰全球连线；⑤军情观察室；⑥有报天天读；⑦港股直通；⑧凤凰早班车；⑨凤凰资讯榜；⑩股市风向标；⑪环球直播室；⑫投资收藏 4. 访谈类：①风云对话；②冷暖人生；③鲁豫有约；④名人面对面；⑤锵锵三人行；⑥财经·正前方；⑦问答神州 5. 娱乐时尚类：①大剧院零距离；②凤凰太空站；③健康新概念；④美女私房菜；⑤完全时尚手册；⑥娱乐大风暴；⑦音乐中国风
湖南卫视	1. 日常娱乐类：①快乐大本营(综合娱乐)；②挑战麦克风(卡拉 OK 类)；③勇往直前(竞赛类娱乐)；④以一敌百(问答类娱乐)；⑤天下女人(娱乐名女人的访谈)；⑥智勇大冲关(竞赛类的娱乐)；⑦艺术玩家(文化类娱乐)；⑧步步为赢(户外挑战节目)；⑨娱乐无极限；⑩我是冠军(户外竞技类娱乐)；⑪天天向上(访谈搞笑类的娱乐)；⑫无敌一号(丑女无敌的演员筛选)；⑬国球大典(乒乓球相关) 2. 大型活动：①超级女声；②快乐男声；③2008 跨年度演唱会；④舞动奇迹；⑤快乐青春风；⑥快乐向前冲；⑦瘦身魔方；⑧丑女无敌；⑨节节高声；…… 3. 电视剧：①百万新娘；②爱情需要奇迹；③新进职员；④出逃的公主；⑤公主小妹；⑥达子的春天；⑦翻滚吧！蛋炒饭；⑧传闻中的七公主

湖南卫视的品牌联想是娱乐。从表 2-10 湖南卫视的节目可以看到除了其招牌的选秀活动和几个金牌栏目之外，所有的节目都围绕“娱乐”展开，即使是新闻节目也注重其娱乐性，播放的电视剧也很少是严肃题材的内容。其娱乐的联想构造体现在以下几个方面：①观众的参与：按照社会参照理论，电视节目中的人可以作为观众的参照，互动的节目往往能够引起观众的关注，因此娱乐节目的核心之一是观众参与。②明星效应：娱乐节目缺少不了娱乐明星，湖南卫视经常有歌友会等节目，这提升了其品牌价值。③轻松而诙谐：娱乐节目本身是使人轻松，湖南卫视所有的节目都是以轻松诙谐的

面目出现的,很少制作真情类节目。④人群定位清晰:主要观众对象是年轻人,特别是12～34岁的人群。

从两个成功的电视台看,一个电视台的品牌联想需要多方位、多角度和长期的努力,仅仅依靠某一个节目或主持人是很难建立整体的品牌联想的。这一思路也为北京电视台的品牌联想构建提供了参考策略。

按照前述的分析,如果BTV北京的品牌联想定位于"文化弘扬和传播",所存在的问题在于观众可能并不非常关注文化类的节目。但是,"文化弘扬和传播"实际上可以采取任何节目形式,例如北京电视台的"天下收藏"节目以观众参与的方式进行,取得了很好的互动效果。

图2-6给出了一个北京电视台品牌联想构建的示意图,它包含以下几个方面的特征:①多维度和多角度特征。这一特征与凤凰卫视的操作方式类似,而且这种操作方式是非常适合于构建"文化弘扬与传播"这一品牌联想的。②采用不同的节目形式,特别是观众喜闻乐见的一些形式,例如新闻和资讯、综艺节目、电视剧等,只要节目的内容与"文化弘扬与传播"相关都可以操作。③立足中国,放眼全球。北京作为中国的文化中心是有资格放眼全球的文明和文化的,北京电视台可以依托"北京"这一资源建立全球的文化与文明视野。

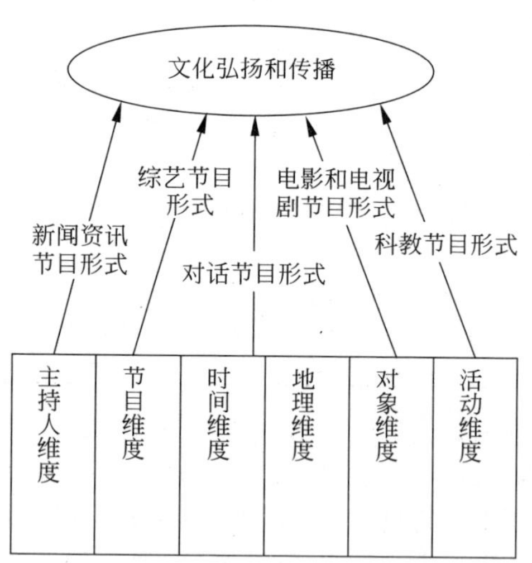

图2-6 北京电视台的品牌联想构建示意图

(4) 案例数据分析说明

案例中给出了一些数据,这些数据可以在案例分析过程中加以应用,具体参见表2-11。

表 2-11　案例数据分析指导表

序号	数据内容	分析指导
1	图 2-1 观众最喜欢的节目类型；图 2-2 卫视频道观众 2009 年与 2008 年最喜爱的前五位节目类型(%)	图中的分类统计给予学生一个通常的电视台品牌联想选择方式，不过在最后的分析中我们从政治、经济、文化的视角讨论品牌联想，这实际上给予学生关于品牌联想多元性的新思路
2	2008 年不同属性观众与喜爱的节目类型对应分析	从对应分析可以看到，与文化相关的一些节目类型并不是非常明确。高等文化、男性、收入较高的人群倾向于与文化相关的内容(纪录片、文学评论等)，这一人群与北京文化中心的特征是对应的
3	北京电视台的频道及栏目	该表用于与“案例使用说明”中凤凰卫视和湖南卫视的节目表对照，突显出 BTV 北京目前尚没有合理的品牌联想及节目体系，需要重新进行品牌形象塑造
4	2009 年 BTV 收视人群特点(%)	该表显示 BTV 的收视人群与“文化中心”所需要的人群之间有一定的差异
5	2009 年上半年北京地区收视率前二十名节目	用于分析选择哪些品牌联想具有可能的市场潜力，同时用于分析央视当前各频道的品牌联想强度
6	全国 50 卫星频道栏目竞争力排行 TOP 20	用于分析央视的各频道品牌联想强度，同时展示竞争频道的市场地位
7	全国 50 卫星频道主持人竞争力排行 TOP 20	从主持人角度分析央视的各频道品牌联想强度以及竞争频道的市场地位，在分析时可以列出各频道的招牌主持人
8	全国 50 卫星频道大型活动竞争力排行 TOP 20	从大型活动角度分析央视的各频道品牌联想强度以及竞争频道的市场地位，在分析时可以列出各频道的招牌主持人
9	《中国 500 最具价值品牌》传媒业排名前十三位	展示当前北京电视台的品牌地位
10	—	展示当前 BTV 北京的市场潜力，该潜力可以用于未来的全国发展
11	—	整体描述北京电视台的频道定位

在数据分析时，应当重点考虑竞争者、观众和自身特征等品牌联想选择的3C问题，其中需要注意以下几个问题：①如果按照通常的分析方法（例如将节目类型划分为新闻、电视剧、经济、法制、综艺……），学生是很难正确选择合理的品牌联想的，只有突破现有的品牌联想类型的模式才有可能获得有效的品牌联想，这也说明品牌联想的分析可以是多角度和多维度的。②当前观众的人群特征与未来所选择的品牌联想可能并不是匹配和一致的，需要进行重新调整。分析过程中应当避免根据现有的人群特征来确定未来的方向。③从节目类型、主持人和大型节目角度看BTV北京均处于劣势，从多角度进行品牌建设是必然选择。④品牌联系的构建是多维度和多角度的，所有的产品都有类似性，但是电视台在多维度和多角度方面表现得尤为突出，这在数据分析时是一个重点。

2.5 参考文献

[1] KELLER K L. Conceptualizing, measuring, and managing customer-based brand equity [J]. Journal of Marketing, 1993, 57(1): 1-22.

[2] PETER J P, OLSON J C. Consumer behavior and marketing strategy[M]. Homewood, IL: Richard D. Irwin, Inc, 1987.

[3] 弗雷德·R.戴维. 战略管理：概念与案例[M]. 第10版. 北京：清华大学出版社，2006.

[4] 经春. 北京电视台的品牌建设研究[C]. 北京：北京航空航天大学，2009.

案例三
渠道跨界经营冲突：维康药业[①]

窜货和跨界经营在中国市场中是很难杜绝的现象，任何公司在进行渠道管理时都必须考虑如何面对这类渠道冲突。一般认为，企业可以采取严厉的手段杜绝跨界经营行为，但是在实际的操作之中要解决这一问题并非易事。维康药业的案例展示了一个积极进取的经销商拓展邻家空白市场的事件，在这一渠道冲突中，企业面临着两难的境地，处罚会打击经销商的积极性，不处罚会影响整个管理体系。如何解决这一问题将展现公司的管理智慧。

1 案例正文

1.1 引言

2012年的春天来了，北京的万物开始复苏，三环路上绿化带里的迎春花开得格外鲜艳，路旁的树木也不甘落后，都吐出了新芽，但是对于如此明媚的春光，维康药业公司的销售总监刘成却没有心思去欣赏。在主路上，他把车开得飞快，仿佛是要努力甩开一些东西。

将车停在公司地下停车场，刘成径直走到了办公室，而不是像往常一样到隔壁的咖啡店去买他最喜欢的拿铁。坐在柔软的真皮办公椅上，他思考着近日以来广西南宁和柳州经销商的冲突事件，这件事已经在公司内部产生了很大的分歧，各方对冲突的解决办法各持己见，久久没有给出一个合理的处理方案，而各个地区的经销商又非常关注事情的处理结果。他想，是时

---

① 本案例由北京航空航天大学经济管理学院的黄劲松、邓清清、庄丽撰写。

案例来源：中国管理案例共享中心，并经该中心同意授权引用。

本案例获得了2012年全国百优案例。

候开个会讨论一下公司的渠道管理问题了。

1.2 维康药业公司简介

维康药业公司隶属于维康商贸集团，是一家民营医用生物材料高科技公司。从2005年成立至今，公司的员工数量每年都在增长，现在已经达到300人，销售区域遍及全国各地(具体销售区域分布见附录1)，产品甚至还出口到国外很多国家，每年的营业收益达到8588万余元。维康药业生产的第三代可吸收多功能止血材料(TISTAT)在中国医院手术止血耗材领域取得了非常骄人的销售业绩，销售量已经超过了300万片，市场占有率达到80%。

公司在过去的3年中，销售额平均每年增长130%，净利润平均每年增长80%。目前，市场情况呈现快速增长的趋势。客户对于公司产品的需求越来越大。公司将市场聚焦于医学手术外科市场，并采取专业化服务的方法来保持他们独特的优势，由此成为手术外科止血防粘连领域的佼佼者。公司的主要销售模式主要是通过各地区经销商对其产品实施终端医院的销售和推广。

公司的核心产品泰绫(TISTAT)可吸收性止血绫是由天然植物纤维经特殊工艺，并经精密编织而成的水溶性、可完全被体内吸收的止血产品。该产品从20世纪60年代开始研发，集北京纺织科学研究院三代人的智慧和心血而成，取得了6项国内发明专利、1项美国发明专利和1项日本发明专利。泰绫于2006年8月正式注册上市并通过美国FDA认证及欧盟CE认证，并出口到美国、墨西哥、欧洲、东南亚等20多个国家和地区，在国内目前有800多家医院正在使用，广泛用于普外科、妇产科、心脏外科、胸科、骨科、神经外科、泌尿外科等科室手术中。其主要作用为止血、防止术后粘连、促进组织愈合三个方面，使用安全可靠，得到了众多医生和患者的认可。

维康药业实施高品质、高服务、高定价的策略，渠道设计时采用一级代理模式，通过精细化招商、直供经销商、统一招投标、不赊货销售等方式经营。公司以医院或小区域为单位，寻找选择最具有医院推广能力的耗材经销商，在经营时还会协助进行产品的区域推广和宣传。在管理经销商时，主要通过小范围授权、现款现货、预收保证金、实施奖励政策等方式进行，更多的是依靠当地经销商的能力进行终端推广。公司在营销传播时主要采用的方式是渠道推广为主，终端拉动为辅；产品宣传为主，公司形象宣传为辅；利益推动为主，学术支持为辅等的策略。

1.3 事件回放

李忠是维康药业医疗器械公司在柳州市的独家经销商，这是一个热情、睿智并且极具野心的北方汉子。这个北方汉子在这个南方城市混得风生水起，在医药销售业界具有良好的口碑。到 2011 年年底的时候，柳州市能够独立进行手术的 200 家医院中，有 100 多家的医院使用止血材料，其中几乎 60%的医院使用的都是他代理的维康药业产品，年销售量接近 4 万片，实现了年销售额 1300 多万元的可观业绩。

然而，李忠仔细分析过柳州市场之后认为，生物止血材料在柳州的市场已经被自己挖掘得所剩无几，而与之仅隔一个来宾市的广西首府——南宁市却是一个触手可及的大市场。

柳州和南宁位于广西壮族自治区，同属中国华南地区。其中南宁是广西壮族自治区首府，广西第一大城市，同时是国家级经济区——北部湾经济区建设的核心城市，位于广西中部偏南，总人口为 666.16 万，其中市区人口为 344 万人，下辖 6 区 6 县，面积达到 22112 平方公里，2011 年 GDP 为 2211.51 亿元。

南宁与柳州两个广西最大的地级市之间仅仅隔着一个小小的来宾市。根据有效统计，三个地区现有医疗机构数量分别为南宁 2631 家，柳州 1165 家，来宾 386 家。也就是说南宁作为省会城市拥有了比柳州市两倍还多的医疗机构，是整个广西壮族自治区市场潜力最大的区域。对于李忠这样一个拥有远大抱负的经销商而言，柳州的市场容量已限制了自己施展能力的空间，于是，他将目光首先投向了咫尺之远却无比诱人的南宁市场。

为此，李忠专门派人打探南宁经销商孙强的经销情况，结果发现在南宁的很多地方存在着维康止血产品的空白，尤其是紧挨着来宾市的南宁大型三甲医院之一——南宁第二人民医院使用的是竞争对手强生(中国)医疗器材有限公司的止血产品。该医院是一所集医疗、急救、教学、科研、预防、保健、康复为一体的大型综合性医院，医院年门诊量 60 多万人次，年住院病人 1.5 万人次。这样的大客户落到竞争对手手里，着实让李忠觉得可惜，于是他开始着手想以这家医院为突破口挤进南宁市场。不过，竞争对手强生(中国)医疗器材有限公司是一家跻身于国际 500 强的医药科技公司，强生的医疗器材及技术在中国获得权威认证，无论是生产标准还是产品质量上均获得医患的一致好评。同时，该公司拥有强大而专业的销售及营销团队，是行业公认的领导者。面对如此强劲的竞争对手，想要挤进这家医院的确不是一件很容易的事情。

不过，李忠也有其自身的优势。他在广西有着通达的关系网络，而且在多年的销售工作中积累了极强的交际能力。于是，他通过朋友引荐，找到了南宁市第二人民医院的器械科主任。初次见面，李忠并没有过多积极地推销自己的产品，而是详细问了一下医院对于止血产品的一个使用情况，以及现在医院的主要供货单位。他了解到现在医院的同类止血产品进价是 350 元，而维康药业的孙强也找过他们，销售价格也是 350 元。孙强来过几次均被拒绝后就再未谋面了。临分手时，李忠与器械科主任约定了下次拜访时间及地点。几天后，李忠再次来到南宁市第二人民医院，此次他做了充足的准备，向器械科详细地介绍了维康产品的特点和性能，尤其是与强生产品对比的优势，并提出自己愿意以 330 元的价格向该医院供货（该价格低于了维康药业为经销商制定的标准，但公司以经销商的年终销售额作为考核指标，所以只要销售额大幅度提升就可以通过年终的奖励弥补亏损）。尽管李忠的价格有着一定的优势，但是要撼动强生的客户难度还是非常大的。因此，在余下的日子里，李忠积极对主管副院长开展工作。半年之后，维康的止血产品终于挤进了南宁第二人民医院。

成功的李忠开始盘算，南宁市第二人民医院每年的手术近 7000 例，保守估计一年使用的产品数量至少为 7000 片，这将给李忠带来 200 多万元的业绩。如果能够以此为样板拿下南宁的其他空白市场，业绩大幅增长是可以预期的。

正在李忠沉浸在成功的喜悦之中的时候，第二人民医院进货的消息却不胫而走，自然也就传到了南宁经销商孙强的耳朵里，面对自己久攻不下的医院竟然被自己公司的其他经销商抢占，孙强非常气愤，于是，他找出同维康药业公司签订的经销协议，直接将电话打到了华南大区经理谢坤那里，投诉柳州的经销商无视经销协议的规定，给他带来经济损失的同时，搅乱了他的市场经营，并要求严肃处理李忠这种越界经营行为。两周后，孙强又直接将李强的越界经营行为投诉至公司的销售部，并将事情告知了许多与其关系较好的经销商。

1.4 会议过程

刘成仔细理了一下南宁和柳州经销商的冲突，觉得有必要深入讨论一下当前的渠道管理问题，毕竟这件事公司内部和经销商都非常关注，于是他命令召集各个区域的经理和销售部经理就这一主题开一个讨论会。

维康药业公司的会议室今天格外热闹，七大区的经理和四个销售部经理代表出席了这次会议，会议由销售总监刘成主持。刘成首先简单地介绍了南宁和柳州经销商纠纷的整个过程，并且强调要给出一个合理的解决方案，进而把寻求意见的眼光投向了在座的经理。

尽管大家都对这件事有所耳闻，并且也都持着不同的意见，但是在这样的一个场合下，大家还是谨慎地保持了沉默。于是，刘成点名主管广西的销售经理马杰做起始发言。

广西的销售经理马杰首先亮明观点应当严格控制这种窜货行为。因为柳州经销商的行为不仅严重侵害了当初公司与经销商签订的经销协议的权益，而且已经扰乱了南宁市产品的价格体系。因为柳州的产品价格略低于南宁既定的市场价格，有可能让南宁的产品销售出现一定的困难，产生客户流失的风险。如果南宁出现互挖墙脚，互相采取低价倾销策略就可能让公司的现有价格体系出现混乱，恶性的竞争会给公司其他地方销售造成不良影响，紧接着就可能波及其他省市。马杰谈到了昙花一现的“旭日升”冰红茶事件，2001 年，旭日升的市场份额迅速从最初的 70%跌至 30%，其中最大原因就是窜货。该公司曾做过一个大型促销活动：每进 30 件冰红茶赠一辆价值 180 元的自行车；每 50 件赠价值 300 元的人力三轮车；不足 30 件的则赠购物卡，同时允诺年底完成销售额 100 万元的，奖松花江汽车一部，价值 3.6 万元。政策一出台，立刻收到了前所未有的效果，某些县进货竟达 1 万件，并在极短的时间内把 1 万件货迅速出手，并要再次进货。可事实上，这 1 万件冰红茶本地很难消化，只能通过更低的价格销到外地。由于经销商都把车款或促销费打进价格里，到最后，旭日升的低价策略变成了价格大拼杀。促销期过后，旭日升就会在这一地区周边滞销，因为二级批发商手中的货压得太多了。当时，冰红茶的价格一度跌到了 33 元 1 件，而出厂价却在 40 元以上！讲到这里，马杰痛斥了窜货对公司价格和销售体系的巨大危害，主张公司应当严格处理柳州供货商的行为，没收其违规所得，尤其是公司的年终提成，责令其退出南宁市场，没收越界经营所得来补偿南宁方面的损失，以安抚南宁的经销商孙强。

听到这里华南大区经理谢坤提出了反对意见，他说南宁和柳州同属于他的管辖范围，自从柳州的李忠开辟南宁的空白市场以来，华南地区的销售业绩开始出现增长的苗头，这样的结果不仅对于柳州的经销商是有益的，对于公司也同样是有利无害或者是小害的，因为公司的总体销售业绩是上涨的，即使将来有一些南宁的客户倒向柳州的经销商，转来转去都是在销售公司的产品，增加的还是公司的利益。况且柳州经销商的市场开拓业绩极大地激发了其他地区经销商开发空白市场的积极性，如果贸然给予严厉打击，势必对公司经销商的积极性造成打击，损失的还是公司的销量。他举例说市场上也有一些公司对窜货和越界经营睁只眼闭只眼，但也做得非常好，比如曼秀雷敦。他强调供应商之间的合理竞争对激发供应商的积极性和开拓新市场的作用。这也是他收到孙强的投诉而迟迟不肯给出处理方案的原因所在。

同样受到窜货之害的华东大区经理陶然显然不同意谢坤的意见，他认为如果任由柳州经销商这种行为的发展，一方面会激化柳州经销商和南宁经销商的矛盾，如果南宁的经销商与其他经销商联合起来反抗，对公司的整个经销体系的打击是毁灭性的；另一方面如果等柳州的经销商控制了过多的市场，就会形成过强的议价能力，那时他们甚至可能联合医院与公司抗衡，以退出经销等名义威胁公司，届时公司就会陷入投鼠忌器的境地，这将会很不利于公司的经销商管理，并造成大量经销商流失。

作为广西的邻省——广东的销售部经理苏嘉心里认为柳州经销商是没有错误的，在听了两方的观点后他也忍不住发言了。他认为是南宁的经销商能力差，放着南宁这么好的市场却出现空白，给了柳州经销商钻空子的机会，而且他还听说南宁经销商居然有销售竞争产品的行为，尤其是对南宁市第二人民医院这样的重点大客户不尽力争取是重大的失误，这说明南宁经销商的经销能力或敬业度未达到要求。柳州经销商的行为虽然在一定程度上违反了区域经销协议的规定，但是他为公司开拓市场做出了重大贡献，如果南宁的经销商没有能力做好，由别人来取代他是无可厚非的，况且柳州市占领的是南宁市的空白市场并不是抢占了南宁经销商的现有客户，公司完全可以根据经销商的能力重新划分他们之间的销售范围，进而扩大公司的销量。对于这种行为，我们睁一只眼闭一只眼即可，如果重处柳州经销商，恐怕也会打击其他经销商开拓市场的积极性。

话音刚落，四川省的销售部经理杨锐就立刻反驳：柳州经销商虽然没有抢占南宁市经销商的现有客户，但是据说南宁的一些医院已出现价格松动的倾向，这种行为势必引起公司经销商内部的同室操戈现象。如果任由这种现象发展，势必引起经销商之间以及经销商与厂商之间的冲突，这不仅会加大公司的管理难度，更是让各位销售经理处于水深火热之中，在开拓新的市场和经销商选取问题上面临很大的困境。另外，销售竞品与窜货是两个不相关的问题，可以分别加以处理而不能够混为一谈。

一样面临着管理困难的西北大区经理黄兴马上附和销售部经理杨锐的意见并且指出如果公司不严格控制这种行为，那么一旦经销商之间形成一股钻营的邪气，对公司的危害是不可估量的，尤其是如果经销商之间串通起来套取公司的提成，或者以竞争为借口肆意压低公司产品的价格，那将会给公司的业绩和市场声誉造成重大影响。同时，窜货还会导致销售计划制订困难，而且会导致某些大区很难完成计划，这将产生区域发展不平衡，出现更多市场空白。

然而，湖南省销售经理李洋反对处理柳州经销商，他提出了另外两个方面的理由，一是有些经销商是不能够得罪的，比如柳州的经销商每年给公司贡献了很大的销售额和利润，而且又这么积极主动，这种经销商如果流失了公司将会产生巨大损失。窜货对某些产品的经销体系的损害很大(例如冰红茶这样的快速消费品)，但是对本公司产品的经销体系的损害实际上没有那么大，因为公司的产品主要面对医院市场，客户之间界限清晰，信息沟通也没有那么快，产品也很难在客户之间流动，因此没必要严厉处理。

看见大家争得不可开交，区域相对太平的华北大区经理刘星显然想缓和一下气氛，他说良性的窜货对于培养经销商的危机意识、激发经销商的积极性、开拓空白市场具有一定的作用，但是恶性窜货竞争的确会对公司的价格和销售体系造成打击并加大管理难度，应该采取措施控制。他接着说，对于空白市场较多的区域，公司可以派人员进行指导和监督，各地区的销售经理也应当积极分析本地区出现市场空白的原因，并提出相应的对策。他认为对于这件事，不论是单纯的严惩还是漠视处理方式都不利于公司未来的发展。

刘星的观点显然没有说服各位销售经理，但公司出现市场空白和渠道冲突行为不仅仅是经销商的问题，公司的各个区域销售经理都是脱不了干系，而且现在这件事变成了受大家关注的热点问题，对于柳州和南宁这两家经销商究竟如何处理事关重大，似乎谁也不敢轻易地给出一个定论。

对于这样的讨论结果，刘成基本还是满意的，尽管仍然没有得出一个确定的答案。于是，他责成公司相关人员用问卷调查一下经销商和公司销售人员对窜货和越界经营的处理意见，在一周之内提交一份详细的调查报告。

1.5　调研报告和刘成的沉思

经过一周的耐心等待，刘成终于拿到了调研报告，他迫不及待地打开看了起来，时而面色凝重，时而眉头紧皱，看来真的是需要好好考虑一下这件事，现在公司的销售渠道确实存在一些问题，面对窜货和越界经营这样一个难题，公司到底应该如何进行管理呢？他陷入了沉思之中……

1.6 附录

附录1 维康药业的销售区域分布

各销售区域所辖范围如下：

华北区：北京、天津、河北、山西、内蒙古

华东区：上海、山东、安徽、江苏、浙江、福建、江西

华南区：广东、广西、海南

西北区：陕西、宁夏、新疆、青海、甘肃、西藏

东北区：辽宁、吉林、黑龙江

西南区：重庆、云南、贵州、四川

华中区：湖南、湖北、河南

附录2 维康药业经销商和产品销售情况

表3-1 各区域经销商的情况

销售区域	所辖范围	经销商数量
华北区	北京、天津、河北、山西、内蒙古	6
华东区	上海、山东、安徽、江苏、浙江、福建、江西	10
华南区	广东、广西、海南	10
西北区	陕西、宁夏、新疆、青海、甘肃、西藏	20
东北区	辽宁、吉林、黑龙江	10
西南区	重庆、云南、贵州、四川	25
华中区	湖南、湖北、河南	10

表3-2 柳州经销商客户数量及各个产品的销售额

客户分类	数量	产品名称	产品销售额
重点客户	9	泰绫、速即纱、明胶海绵	700万元/年
大客户	10	泰绫、速即纱、明胶海绵	400万元/年
普通客户	25	泰绫、速即纱、明胶海绵	200万元/年

表 3-3　南宁经销商客户数量及各个产品的销售额

客户分类	数量	产品名称	产品销售额
重点客户	7	泰绫、速即纱、明胶海绵	500 万元/年
大客户	9	泰绫、速即纱、明胶海绵	250 万元/年
普通客户	25	泰绫、速即纱、明胶海绵	150 万元/年

附录 3　经销商和销售人员对窜货处理的意见(节选)

一共调查了经销商中的 43 个,其中包括公司的大、中、小经销商,回收问卷 41 份,回收率为 95%。另外,公司还对 40 名内部销售人员进行了调查。结果显示,经销商和公司销售人员的观点有一定的差异,不能够形成统一意见。总体看,经销商希望息事宁人,强调和平解决和自行协商解决的超过 50%,而公司内部销售人员倾向于处罚当事经销商,其中,选择经济处罚和解除合同选项的相加占比超过 50%(如图 3-1、图 3-2 所示)。

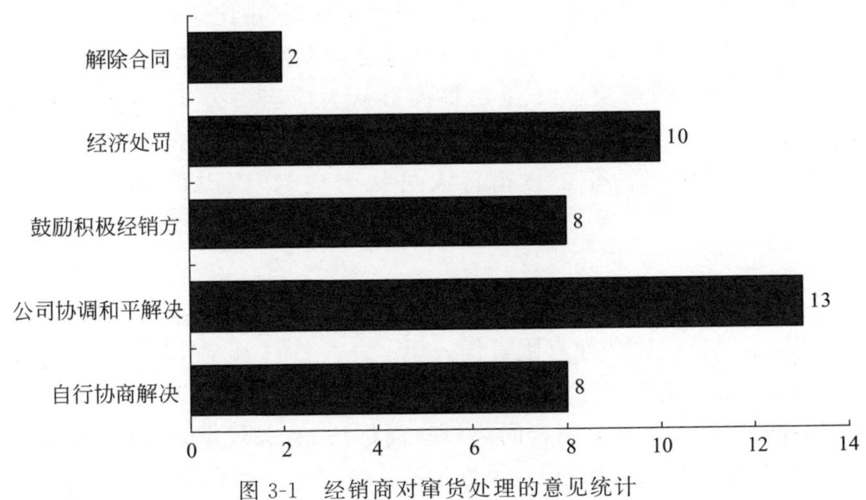

图 3-1　经销商对窜货处理的意见统计

解除合同：2 位经销商认为应当解除合同,占比为 4.9%;

经济处罚：10 位销售人员认为应当经济处罚,占比为 24.4%;

鼓励积极经销方：8 位经销商认为应当积极鼓励,占比为 19.5%;

公司出面协调解决：13 位经销商认为应当由公司出面协调,占比为 31.7%;

自行协商解决：8 位经销商认为应当自行协商解决,占比达到 19.5%。

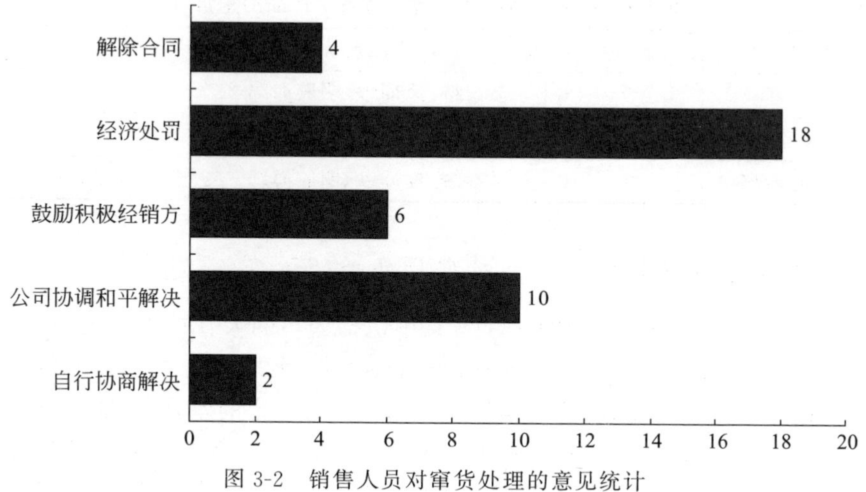

图 3-2　销售人员对窜货处理的意见统计

解除合同：4 位销售人员认为应当解除合同，占比达到 10%；

经济处罚：18 位销售人员认为应当经济处罚，占比达到 45%；

鼓励积极经销方：6 位销售人员认为应当积极鼓励，占比达到 15%；

公司出面协调解决：10 位销售人员认为应当由公司出面协调，占比为 25%；

自行协商解决：有 2 位销售人员认为应当自行协商解决，占比达到 5%。

附录 4　产品经销协议书(节选)

甲方：北京维康药业有限责任公司

乙方：广西南宁飞达商贸有限公司

根据《中华人民共和国合同法》和《商标法》有关规定，并由双方经过友好协商，在互惠互利的基础上，甲方与乙方自愿签定本合同。

第一条　甲方指定乙方为甲方生产的泰绫、速即纱、明胶海绵等产品在广西壮族自治区南宁市经销商。甲方授权乙方在合同期内合法经营甲方拥有的上述产品。指定区域为广西南宁市范围内。

第二条　合同期限为 2009 年 5 月 6 日至 2014 年 5 月 6 日。

第三条　甲方的权利

甲方有权管理和监督乙方对甲方生产的各类产品的经销情况，甲方有权在乙方经销区内发展二级经销商签订合同后交乙方管理。

甲方有权要求乙方不得在合同指定范围以外地区从事与合同事宜雷同的经营活动。

甲方有权对乙方的不正当经营方法予以警告，严重者取消经销资格，并追究其法律责任。

甲方对乙方在合同以外的经营活动及违法活动不负法律与经济连带责任。

甲方有权对乙方的正常运作中各经营项目的实施情况进行核实（特别是产品的批发，零售价格及库存）。

甲方有权要求乙方遵循甲方统一的经营管理模式及标准（仅限特许专卖）。

第四条　甲方的义务

甲方有义务协助乙方在本合同指定区域内建立完整的经销网络体系。

甲方向乙方提供符合国家规定的标识产品及标准并协助乙方培训网络销售人员。

甲方在乙方区域中的各类宣传活动应在相关方面体现乙方的名称、标识、地址，依靠品牌日益提升的企业形象树立提升乙方的知名度及企业形象。

甲方承担产品质量责任，实行因产品质量问题的包退、包换政策。

甲方以不断完善和先进的资讯手段为乙方提供相关信息的服务。

甲方视乙方在经销地区的具体发展情况予以适度的广告等方面的支持及派市场管理人员到乙方所在地协助开展相关工作。

甲方竭诚为乙方提供市场支援和管理调控及对外协调支持。

合同一经双方盖章签字后生效，甲方将授予乙方授权经销书与经销牌。

第五条　乙方的权利

乙方有权依照甲方有关规定统一在广西南宁市内为发展甲方产品分销网络而开发终端经销商，推广系列产品。

乙方有权要求甲方对未经甲方许可窜货至广西南宁市的经销商加以约束和管理。

乙方有权获得甲方的资讯系统的支持。

乙方有权获得甲方在产品经销及市场宣传广告上的规定的统一支持。

乙方有权要求甲方在日常管理中的专业服务。

针对指定区域内的具体情况，乙方对甲方有关经营管理制度规范有调整建议权。

第六条 乙方的义务

乙方经销产品的时间，必须在本合同签订后10天内开始。

乙方须遵守甲方的有关销售制度及规章，接受甲方的监督。

乙方确保有关人员及资金等经营条件投入的稳定与持续。

保护甲方的品牌形象、商标及其经营管理制度和规范不受侵犯，在发生此类现象和行为时，协助甲方完成法律和其他形式的措施办法。

未经甲方许可，乙方不得将经销权及甲方的产品提供给第三方或以外其他行业。

乙方只能在授权地区使用、销售带有标识的各种宣传品及产品。

乙方须定期准确、全面地向甲方提供产品及其他促销品的进、销、存报表及其他市场信息。

乙方不得经营与甲方同类，价格大致相同的竞争性产品。

乙方只能在经销区域内销售甲方产品，不能跨区域销售甲方产品，并保证年销售额不少于人民币500万元。乙方日常存货量不低于进货的50%。若乙方违反本合同相关条款，甲方有权取消乙方经销权，同时收回经销牌及有关证书，乙方不得有异议并于当月结清与甲方之所属债权债务关系。

第七条 结算及发货

乙方根据市场销售情况通过传真、信函、电邮提前十日向甲方订货，甲方接到乙方订单三个工作日内答复，并有计划地迅速组织按日期将货物通过火车、货运等方式发往双方协定的乙方目的地，其运费由乙方负担，保险费由甲方负担。

乙方向甲方要求订货时，在将货款总额的80%付给甲方后，甲方予以发货。余款在七天内全部付完，如乙方不能在规定时间内付完货款，甲方有权拒绝发货。乙方收货后，应对货物品种、数量进行验收，如有异议应在收货后两日内以书面形式通知甲方，以便及时处理，否则视为无异议。

（下略）。

2 案例使用说明

2.1 教学目的与用途

（1）适用课程：营销管理、市场营销学、渠道管理。

（2）适用对象：本案例主要为MBA和EMBA开发，适合有一定工作经验的学员和管理者学习。本案例可以用于工商管理各本科专业的相关课程，也可以用于国际学生深度了解中国市场的渠道管理特点。

（3）教学目的：本案例的教学目标是要求学生掌握：①中国市场中可能出现的经销商越界经营和窜货问题，以及它对企业所带来的影响；②不同产品类型和市场类型情况下经销商越界经营和窜货对企业影响的差异；③经销商越界经营和窜货的解决方案比较。

2.2　启发思考题

（1）根据案例中经销商跨界经营和窜货的特点，结合会议中的争论，思考经销商越界经营和窜货对企业经营的利弊。

（2）请分析公司销售团队出现意见分歧最根本的原因是什么？结合案例中的情景，进一步分析中国市场环境下经销商越界经营和窜货的各种起因是什么？如何解决？

（3）不同类型的产品（高市场壁垒产品和低市场壁垒产品）和不同类型的市场（消费品市场和组织市场）产生的越界经营和窜货冲突对企业的影响是否一致？

（4）如果您是公司的销售团队管理人员，您将采取什么措施解决此次南宁经销商与柳州经销商的冲突？为什么？

（5）如果您准备在将来避免类似的冲突，您将会采用哪些方法？如何在经销协议中体现解决问题的思路？

2.3　分析思路

教师可以根据自己的教学目标（目的）来灵活使用本案例。以下提出本案例的分析思路，仅供参考。

（1）分析渠道冲突的类型。

（2）依据案例讨论会的内容分析经销商越界经营和窜货对企业经营会产生哪些利和弊。

（3）分析不同类型的市场和不同类型的产品产生的越界经营和窜货有何差异。

（4）分析经销商越界经营和窜货产生的一般原因和一般解决方案。

（5）比较分析本案例中解决两地经销商冲突的可能方案。

2.4 理论依据与分析

2.4.1 理论依据

(1) 渠道冲突的类型

渠道冲突的类型可以按照渠道层次、成员间的关系和成员间的竞争状况来划分。一般而言,渠道冲突可以分为水平渠道冲突、垂直渠道冲突和多渠道冲突(卜妙金,2001 年)。水平渠道冲突是由同一渠道某个环节上同类分销商之间的利益矛盾引发的渠道冲突。这种冲突主要发生在同一渠道的经销商之间。例如,维康药业在广西的某些经销商可能会由于该区的其他经销商在产品定价上太低而产生渠道冲突。垂直渠道冲突来自同一渠道上的前后环节(层次)之间关系的不协调,例如,生产商与经销商之间、批发商与零售商之间、零售商与消费者之间的利益矛盾与冲突。多渠道冲突是指一个生产商建立了两条或两条以上的渠道向同一市场出售其产品时引发的渠道冲突。

窜货主要包括两类,第一类是价格驱动型窜货。它是指在公司经营过程中存在着区域间的价格差异,从而带来了窜货行为。第二类是关系驱动型窜货。它是指一个区域的经销商通过客户关系销售而产生的窜货行为,这类窜货销售一般面向组织市场,产品具有高价值和专业性的特点。

总体而言,价格型窜货对企业的危害较大,因为它可能导致价格体系混乱,经销商失去信心,严重时可能导致整个渠道体系崩溃。但关系型窜货对企业的影响较小,因为此类窜货行为壁垒较高,与市场中的其他部分区隔较为清楚,市场间不易产生相互影响。因此对价格型窜货应当严格管理,但对于关系型窜货需要视情况加以管理。

(2) 窜货产生的一般原因

价格驱动型窜货产生的原因如下(权永林,2004 年):①直接价差。包括地区价差,大卖场异地开店;季节价差;调价前后价差;大小客户价差等。②管理不当。例如经销商感到任务完不成而产生的窜货、贴现;经销商为了拿奖励窜货(奖励按照层级提高);奖励货物,而区域市场饱和,只能够窜货贴现;年底区域经理要求经销商销货,以其他促销支持为条件,第二年经销商无奈窜货(顾客货物积压)。③经销商主动窜货。由于地区价差,经销商低价出货拿不费力气的利润;资金困难需要套现,低价倾销带来窜货(流向外地);换货:几个产品组合换另外区域的组合,导致其中一些产品窜货;经销商即将倒闭而低价倾销等。

(3) 窜货的一般防治手段

窜货管理的一般手段可以划分为以下几个方面(权永林,2004 年)：①货物流向管理。搞清楚流向,准确的进销存账目;数据管理;调查员走访。②合理划分区域。根据商圈而非行政区划分。例如河北涿州属于北京的商圈,信阳应属于武汉的商圈;根据经销商实力划分势力范围;按照渠道划分经销商。③合理激励政策。返利不以层级方式增长,且应当低于 5%;多用过程返利,少用销量返利,比如铺货率、安全库存、守约条款、配送积极等;年终不奖励货物;激励不以降价为手段;不让经销商直接进行广告,防止降低费用。④合理的价格。尽可能全国统一价,对重点市场采取其他措施而非直接的价格;统一零售价和出货价;杜绝调价前的囤货、要求统一价格;不搞降价促销。⑤合理的目标任务。任务有科学依据,年终不强调压太多货。⑥窜货保证金制度。⑦产品标记(例如条码)。⑧市场秩序奖励基金。⑨监控和举报制度。⑩处罚。经济处罚;取消经销资格。⑪教育和疏导。⑫控制评价产品的流向(如向农村市场的药品)。

(4) 不同市场和不同产品类别的渠道冲突

我们将产品划分成高介入品和低介入品,将市场划分为消费品市场和组织市场,这样我们就可以将渠道的冲突划分为图 3-3 所示的四种不同情况,分别是消费品市场低介入品、消费品市场高介入品、组织市场低介入品和组织市场高介入品。这四类情况带来的渠道冲突及其对企业的危害是不同的。

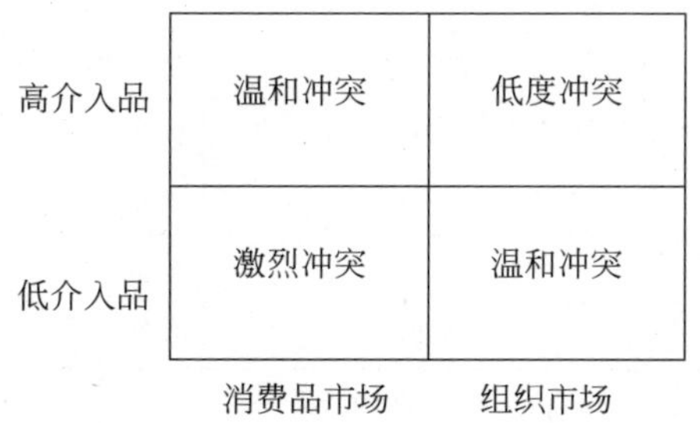

图 3-3　按产品类型和市场类型划分的渠道冲突

我们根据 Lewicki 和 Saunders(1999 年)提出的渠道管理的难易程度指标对四种情况加以分析,可以得到表 3-4 的结果。在表 3-4 中我们可以看到,消费品市场中的低介入品(例如饮料)如果出现窜货等行为将会产生很大的影响,可能出现价格体系混乱和崩溃的情况,因此快速移动消费品应当严格控制窜货。消费品市场中的高介入品(例如家用电器)窜货带来一定的损害,但比快速移动消费品要低很多,原因是这类产品必须在合适的场所销售,而销售场所一般是有限的(例如电器专卖店)。对于组织市场中的低介入品(例如办公用品),窜货也是经常发生的,但是由于这类产品的顾客是组织而非个人,产品销售有一定的进入壁垒,组织之间转卖的可能性较小,因此窜货发生的冲突是有限的。对于组织市场中的高介入品(例如专业器材),由于组织购买过程中是趋于理性的,此时市场壁垒是较高的,每个组织购买产品时的价格不同也是非常正常的,窜货或越界经营对整个体系所带来的危害较小。

表 3-4 四种情况下的渠道冲突特点及其影响

项目	消费品市场 低介入品	消费品市场 高介入品	组织市场 低介入品	组织市场 高介入品
产品示例	饮料	电器	办公用品	专业产品
特点	价格较低、信息透明度高、市场进入壁垒低	价格较高、信息透明度高、市场进入壁垒适中	价格较低、信息透明度高、市场进入壁垒适中	价格较高、信息透明度低、市场进入壁垒高
争论的问题	原则性问题	原则性问题	可分解问题	可分解问题
风险大小	结果影响很大	结果影响较大	结果影响较大	结果影响不大
双方依赖度	正变数和	正变数和	零和游戏	零和游戏
相互作用连续性	多次交易	一次性交易	多次交易	一次性交易
双方组织结构	松散型	严密型	松散型	严密型
第三方卷入	无中立第三方	无中立第三方	有中立第三方	有中立第三方
对冲突的感受	受严重伤害	受伤害	受伤害	受伤害
对经销商的影响	影响很大	影响较大	影响较大	影响较小
采用的管理手段	严厉控制	控制	控制	温和控制

注:根据 Lewicki 和 Saunders(1999 年)整理。

(5) 解决渠道冲突的办法和相关理论

在解决渠道冲突时可以采用两种方法(李飞,2006 年),分别是信息密集型(information intensive)和信息保护型(information protecting)方法。信息密集型方法的基本方式是进行渠道成员之间充分的信息沟通,达到相互理解的程度，最终使渠道成员之间在认识上趋于一致。具体的方法是公共关系活动、人员交流、联谊等。信息保护型方法的特点是将渠道成员视为独立的利益体，因此不宜进行大量的信息沟通，而是采取调节和仲裁的方式解决问题。采用信息密集型方法的主要优点是能够很好地增进冲突双方的了解，为解决冲突提供便利，但是它的主要缺点是由于存在大量的信息交换，伴随而来的是大量的风险。采用信息保护型方法的优点是能够低风险地解决冲突，但缺点是双方沟通较少，隔阂没有消除，可能会产生进一步的冲突。

冲突的解决结果可以参照 Peterson 的研究（布雷姆等，2010 年），该研究将冲突的解决结果划分为五种可能性，分别是结构性改善、协调一致、让步、支配和分离（如图 3-4 所示）。结构性改善指冲突双方形成了稳定的、紧密的和双方承诺的关系，在本案例中这种情况出现的可能性比较小；协调一致指冲突双方形成合作关系，行动协调一致，在本案例中这种情况出现的可能性也比较小；让步指冲突双方各让一步，形成合作关系，本案例出现这种情况有一定可能性；支配指一方获得胜利，而另一方损失，本案例出现这种情况有一定可能性；分离指双方相互指责，不肯让步，冲突无法协调，本案例出现这种情况有一定可能性。

2.4.2　维康药业案例的具体分析

（1）案例中渠道冲突的类型

在本案例中，冲突主要来源于柳州经销商与南宁经销商之间的水平渠道冲突，但是由于公司未能及时地对该渠道冲突进行解决，也产生了公司与南宁经销商之间的冲突，如果维康药业在处理本次冲突时不处理柳州经销商，还将加剧公司与南宁经销商之间的垂直冲突；但如果处理柳州经销商，也会产生公司与柳州经销商的垂直冲突。因此，本案例的渠道冲突不但包含水平冲突，也包含垂直冲突。

（2）本案例中的窜货特点分析

按照前述的理论，案例中柳州经销商的窜货行为属于关系导向的窜货，尽管产品价格有所下降，但并非非理智的恶意窜货。这种窜货的特点是有较高的客户进入壁垒，客户相对比较独立，适合进行一对一的个性化营销，对整个体系的破坏作用也是较小的。从案例的描述中我们也可以看到，柳州经销商进入的是南宁经销商努力之后没有进入的市场，这种行为并没有对南宁经销商产生实质损害，但这种行为侵犯了南宁经销商的经销权，对南宁经销商未来的经营有着很大的威胁，如果任其发展对整个经销体系也会

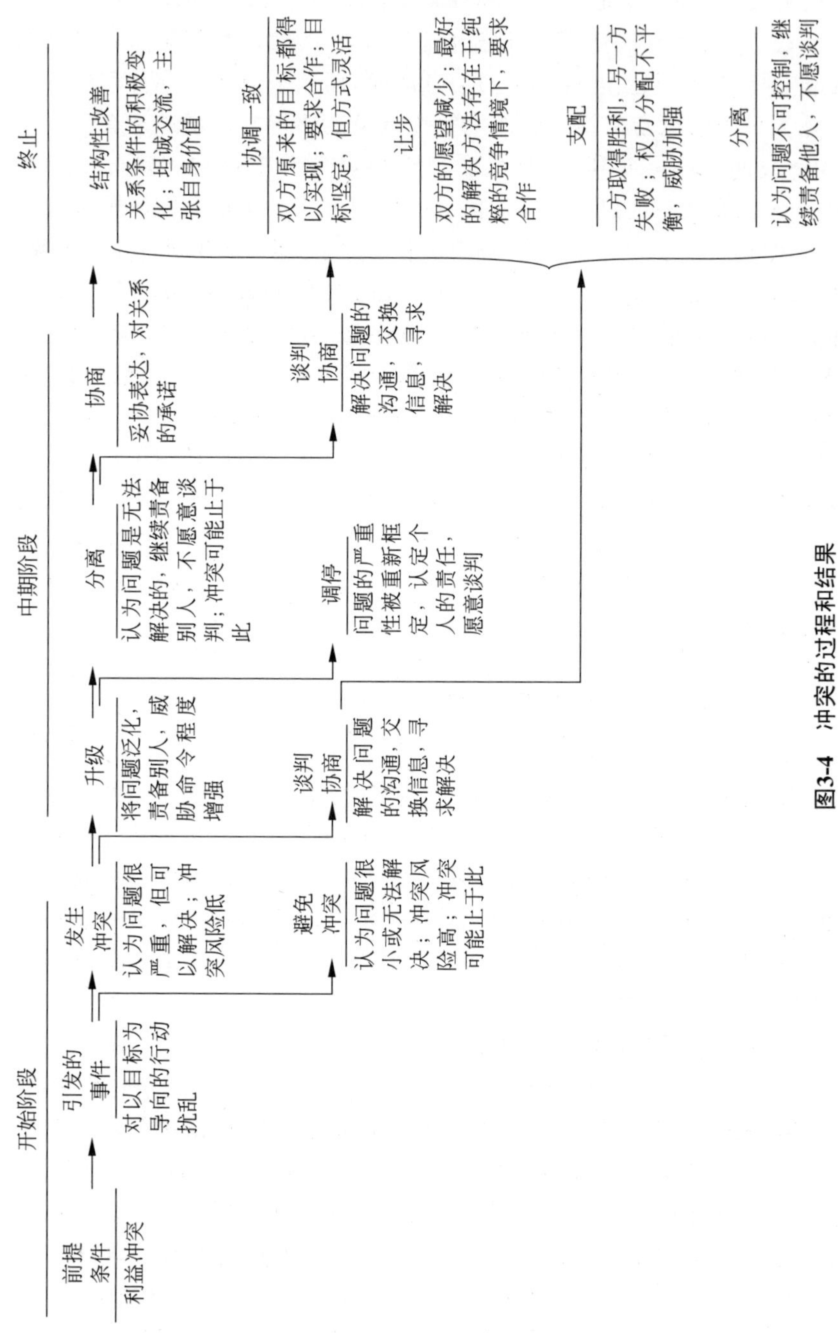

图3-4　冲突的过程和结果

箭头表示可能产生的结果，以及避免冲突或终止冲突的五种方式

资料来源：布雷姆等（2010年）

产生非常坏的示范效应。

从窜货产品和市场进行分析，本次窜货的产品是一种组织市场的高介入品，这种产品的特点是进入壁垒高、销售的难度较大、价格等信息透明度低、需要一对一管理，在这种情况下窜货对企业的影响较小，但由于是零和市场且客户数量有限，因此管辖区经销商的威胁感受将较为强烈，冲突升级的可能性也较大。

总体看，柳州经销商的窜货行为还是可能对整个经销体系产生一定的危害的，但这种危害程度是较低的。

(3) 对柳州经销商惩处与否的利弊分析

本案例显示，是否对柳州的经销商进行处罚存在着两种不同的观点，表 3-5 对这两种不同的观点进行了汇总整理。可以看到，如何进行处理需要非常谨慎，因为处罚或者不处罚柳州经销商均可能带来负面的影响。

表 3-5　维康药业公司窜货事件处理方法利弊分析

严厉惩处(弊端)	反对惩处(利益)
(1) 造成价格混乱，最后损害整个经销体系，例如经销商流失 (2) 如果任由窜货和跨界经营，可能会使某些经销商做大，公司将来没法进行控制 (3) 经销商之间，以及经销商与厂商之间的冲突很激烈，导致公司不够和谐，怨气较大，管理难度也很大 (4) 经销商是见风使舵的，公司如果不进行严格管理，可能形成一股钻营的歪风邪气，例如串通损害公司的利益 (5) 窜货会导致销售计划制订困难，而且会导致某些大区很难完成计划，这将产生区域发展不平衡，出现市场空白	(1) 南宁经销商经销能力有限，一直没有进入这家重点客户，整个区域的销售状况也不好，柳州经销商的行为打开了缺口 (2) 如果严肃处理柳州的经销商将打击那些积极做市场的经销商，到时候会损害整个公司的销量 (3) 都是卖公司的产品，经销商之间进行竞争反而可以激发大家的积极性，谁卖出去谁得利 (4) 柳州的经销商每年给公司贡献了很大的销售额和利润，这种经销商如果流失了公司将会产生巨大损失 (5) 由于本公司产品的特点，窜货对本公司产品的经销体系损害很小，不会带来大面积的问题

(4) 针对维康药业渠道冲突的可能解决方案

从中国医药行业的惯例来看，企业一般是严禁窜货的，如果发生窜货行为一般会将窜货方的业绩划给管辖区域的经销商，并对窜货的经销商处罚。但是，在很多其他的行业是完全不管甚至欢迎越界经营的(例如房屋中介)，在组织市场-高介入品下(例如工程机械，如图 3-3 所示)，在销售过程中越界经营的概念也是模糊的，因为每一个客户都可能是定制的，窜货带来的损害较低。因此在讨论本案例时，我们需要讨论可能存在的冲突解决方案，以便学生深入了解中国市场的经销区域管理问题。

假设我们不考虑医药业的行规，那么维康药业公司本次窜货事件可以采用前述所提出的信息密集型方法和信息保护型方法。在信息密集型方法下，又可以分为公司与各经销商一对一协商交流和三方直接交流两种方式。在信息保护型方法下，主要通过公司管理层进行裁决的方式处理。在解决冲突时可以预见的结果主要包括结构性改善、协调一致、让步、支配和分离五种情况（如图 3-4 所示），按照前述分析，出现让步、支配和分离三种情况的可能性最大，而出现“分离”的结果是公司最不愿意看到的，因为这意味着恶性渠道冲突，因此公司应当将本次冲突控制在让步和支配两种情况。由此我们可以得到表 3-6 的结果。

表 3-6　维康药业的渠道冲突的两种可能解决方案的比较

	让步型方案	支配型方案
描述	两经销商各让一步，形成合作关系	依据经销协议处罚柳州经销商，整肃销售渠道
操作方法	信息密集型方法，先进行一对一沟通，之后三方沟通	信息保护型方法，直接进行处罚
基本思路	根据协议可以使柳州经销商成为南宁经销商的二级经销商，业绩由双方共享，并允许柳州经销商作为二级经销商拓展南宁市场，由此柳州经销商获得了新的销售区域。南宁经销商可以获得了新的业绩，但也面对新的威胁，特别是 2014 年可能的经销商更换	处罚柳州经销商，将跨界经营业绩划归南宁经销商，并向公司经销体系公告
优点	形成良性冲突，便于扩大销售	符合行规，利于经销体系整肃
缺点	不利于统一管理，破坏行规，可能出现不良后续影响	柳州经销商可能与公司激烈冲突，柳州市的销售可能出现危机，南宁市新获得的客户可能无法维系

如果企业采用让步型方案，为了消除后续的影响，可以将整个事件向所有经销商通报，并制订新的经销商管理制度严格限制经销商的越界经营，同

时，允许经销商申请作为其他区域的二级代理商，并由公司统一管理。

在本案例中，公司与经销商签订经销协议时有以下几个方面需要注意：①允许公司发展二级代理商（甚至一级代理商）。这一条款对于更换不满意的经销商极为重要，可以保证企业在销售体系不受到很大冲击的情况下实现平稳过渡。②需要设定各个区域的最低市场销售量等业绩指标，以及覆盖率、新增顾客数等过程指标，便于在将来对经销商进行管理（包括经销商的更换）。③在协议中明确经销商的销售区域，并不允许越界销售。

在本案例中，我们看到渠道出现冲突时很难有完美的解决方案，这也是渠道冲突的特点。企业需要根据管理制度、产品和市场特点、危害性和冲突各方的情况综合分析加以处理，同时参照图 3-4 所示的逻辑尽早发现冲突并加以处理。

本案例也可以从渠道治理角度引导学生展开讨论，并从公司的营销目标、营销战略与渠道管理的高度进行案例内容的组织和教学安排的设计。

2.5　参考文献

[1]　罗兰·米勒. 亲密关系[M]. 王伟平，译. 北京：人民邮电出版社，2010.

[2]　李飞. 分销渠道设计与管理[M]. 北京：清华大学出版社，2006.

[3]　卜妙金. 分销渠道决策与管理[M]. 大连：东北财经大学出版社，2001.

[4]　权永林. AMO 化妆品营销渠道管理中“窜货”问题研究[C]. 西安：电子科技大学，2004.

[5]　LEWICKI, ROY J, DAVID M. Saunders. Negotiation[M]. 3rd ed. The Mcgraw-Hill Company, 1999.

案例四 东西方管理模式冲突：中国招标网[①]

中国的创业团队在起步阶段大多采用情义为主导的东方管理模式。但是，随着企业逐渐发展壮大，情义为主导的东方管理模式将会逐渐不适应其发展要求。这时，很多创始人会走向另外一个极端，即采用完全西方化的规则管理模式，但是这一转变往往又会带来较大的问题，如何进行管理模式的调整往往是创业企业必须解决的问题。

1 案例正文

1.1 引言

《人在囧途之泰囧》这部成功的贺岁影片上映半个月依旧座无虚席，满座观众都被剧情所引、笑得酣畅淋漓之时，樊客的脸上却目光呆滞，丝毫没有笑意，恍惚了几分钟，他站起身微躬着一边向路过的人致歉一边迅速小步移出座位，径直走出了放映厅。星巴克的影院店里多是等待下场开演的男男女女，樊客点了超大杯美式咖啡，一边喝一边权衡思量着接下来公司的管理模式到底应该是继续制度条例化的规范流程，还是回归到之前的兄弟情分、为理为义的信任模式；抑或两者并用，又该孰重孰轻，拿捏分寸。即便想清楚这个问题，又该如何对倾向不同模式的管理层做工作，避免不必要的摩擦呢？他试图在餐纸上写下各种决策的利弊，希望可以一目了然地做出决定，随便涂鸦了几笔又继续不下去了，这涉及人的观念和权益的判断，又岂

① 本案例由北京航空航天大学经济管理学院的胡咏、黄劲松撰写，胡咏为中国招标网高管。

案例来源：北京航空航天大学硕士论文《中国招标网中西管理模式冲突的案例研究》(2015 年)，作者胡咏，指导教师黄劲松。

是简单的多少好坏能一言以蔽之的。

樊客在 2005 年破釜沉舟建立的中国招标网，如今已是招投标信息资讯类网站内数一数二的民营企业。运用现代信息手段，发挥网络媒体的作用，为招投标的供求双方提供最佳资讯。通过网站运营模式使招标采购商机更加广布、信息交换更加迅捷、招标操作更加规范、采购过程更加透明，从而进一步发挥招投标机制优化资源配置的作用。推行分级会员制，以电话销售为主的营销策略，针对企业的不同需求提供信息和服务。覆盖 1000 多个行业、用户数量 300 多万、每日访问量达百万、信息资讯丰富，真正成为在招投标行业内利用线上网站为主导向企业提供更多商业服务及资源的中间平台。在招投标信息资讯行业内综合排名稳居第一位并实现了 O2O 的整体运营。

樊客放下纸笔，长叹一口气向椅背上靠了下去，喝了一口咖啡，顺势回想起自己这七年来的管理之路，似乎也像这口美式咖啡一样，虽有苦涩更有甘甜，纯粹的味道却回味悠长……

1.2　机缘巧合的狭路相逢

“创业需要大的规划，但不可能计划地非常周密，要做的就是不断地寻找机会，超越自我。”

2000 年前后计算机是个绝对热门的专业，樊客也在潮流中顺水漂浮了 4 年，毕业后顺利地找到了北京一家 B2B 商务集团公司从事校园网络普及推广工作，带着技术投身了销售业务。在两年的全国各地的奔走洽谈磨炼中，樊客的业务能力和销售水平都达到了一个绝对的高点。他在考察和总结的同时也新奇地发现互联网在中国将从一个进入阶段迅速攀升到活跃并广泛应用的节奏，能够抓住这个机遇做些事情似乎成功的几率更高。大学同寝室的好兄弟驰牧毕业后一直在招投标行业做技术工作，这家企业从事机电审批的实体业务，同时招募会员提供国内招投标行业信息资讯。驰牧这个人没有当官做管理者的愿望，玩心重，只希望不受人管制，来去自由。一顿随意的晚餐中，驰牧跟樊客哭诉了自己的公司以及他简单机械、朝九晚五的工作，樊客听起来提供信息资讯这块服务还是比较简单、容易操作的，利用电话进行销售也节省了很多业务开支，便跟驰牧详细了解了一番。

回去后樊客左思右想、前后规划着这个事情应该如何开展。首先注册资金不需要很大，以网络营销为主的业务属于高新技术产业，还可以申请到一些税收扶持政策，网络营业许可也不需要特殊审批。创业的前提还是相对轻松的。这个业务的核心是资讯的全面、及时、准确，如何获取信息尤为重要。另外，整个网站的搭建、维护，之后业务如果扩大，对网络要求的提升都需要一个技术上过硬的人员支持。这两个支撑模块解决后就是前端销售团队的组成了，为了熟悉电话销售的技巧、用户的心理以及业务的模式，樊客辞去了薪金丰厚、时间自由的工作，托朋友介绍进了百度，借机学习人家的模式。在百度的一年时间里，摸爬滚打确实收获了宝贵经验，更重要的是结识了几位业务骨干，樊客相信年轻的他们在未来定会有所成就，出类拔萃。一年后，所有的想法都在脑袋里过了不知多少遍，樊客找来驰牧整个吐了个干净，驰牧正因为每天干得乏味而苦恼呢，能和好兄弟一起做一番事业也不浪费一腔热血啊。在他的日常交往中，恰好有这么两个人可以弥补樊客之前顾虑的两方面，首先是驰牧的小领导哈秋，这是个技术过硬、踏踏实实的女孩，没有过多的追求，只希望有时间相夫教子；另一个是市场拓展部一个被压制、一身武艺无用武之地的许冠，他一直负责信息的挖掘和拓展，但始终不得领导赏识。这两个人可堪一用。樊客和驰牧越聊越觉得时不我待，当下决定，驰牧回去向哈秋和许冠渗透想法，探探口风，樊客联系注册、办公地及销售队伍的招聘。

1.3 “一句话一辈子一生情一杯酒”奏出的好声音

1.3.1 画张谁都爱吃的大饼

“如果你想造一艘船，先不要雇人去收集木头，也不要给他们分配任何任务，而是去激发他们对海洋的渴望。”

哈秋和许冠并没有如驰牧预期的那样情绪高涨地准备加入，他们对行业的前景和互联网线上企业的发展是很看好的，但哈秋顾虑的是自己打算要孩子了，在原来公司对怀孕及哺乳期间更有保障；许冠担心的是新公司若是发展不起来，耽误的时间和精力是一方面，还要再去找新工作还不如在原公司等待机会靠谱。

樊客了解驰牧的能力有限，决定亲自去邀请下两位，并画好了一张可以满足大家胃口的大饼来打动他们：首先，既然决定一起创业了，就当成一家兄弟看待，在二位不投入一分钱的情况下，直接分干股，哈秋 20%，许冠 25%，每年年底盈利分红都按照干股比例执行；其次，如果公司头两年亏损，损失不需要二位背负，第三年持续亏损的话，股东商议是否持续经营。这两条都在股东协议书上做明确说明；最后，公司的四位股东都享有正常的五险一金，从公司盈利开始再根据个人意愿增加商业医疗补充保险，每年定期体检，不规定具体年假时间，有特殊情况的话，四个人工作互相协调下自行处理。如此一来，哈秋和许冠是既拿了好处又不担风险，彻底排除了两个人的心患，也感到了樊客确实想做点事业的一片赤心。既可以做自己熟悉的工作熟悉的领域，还可以独掌一面做回老板。在这样的条件和诚意下，不同意都有违常情。

二人很快办了离职，哈秋结合大家的想法参考原公司的模式，半个月内搭建了公司的主营网站；许冠延续原有的数据采集方式，迅速低成本雇佣了采编团队，并制定了产品清单，将会员产品初步定为两类：标准及高端。中国招标网已初具模型，等待上线投入运营。

1.3.2　投其所好

“要想活得不苦就少懒惰，要想活得不悔就少鲁莽，要想活得不累就少攀比，要想活得不烦就少计较。”

驰牧对投资进公司没有异议，和樊客的股东比例按投资分就好。樊客明白他的实力和心思：不想多干活还想能多分点。都是兄弟，又是人家找来的点子，那就让他负责财务、人力、行政这些小事，干股给 25%。公司成立运转起来是关键，不去太多计较你得我失。

如此，2005 年樊客生日这天，中国招标网正式成立，在五道口一间只能容纳 25 个人的办公室里开始了工作。大家都是工位隔断，没有独立经理办公室，也没有特殊的布置待遇，一切从简。

1.3.3　用心和精神带队伍

“你花六块八买个便当，觉得很节省，有人在路边买了个七毛钱的馒头吞咽后步履匆匆；你八点起床看书，觉得很勤奋，上微博发现曾经的同学八点就已经在面对繁重工作；你周六加个班觉得很累，打个电话才知道许多朋友连续工作很多天。如此，你还需要更加努力和勤奋。”

樊客出生在军队大院，爷爷是老红军，爸爸是参加过抗美援越的解放军，他由于身体原因没能进入军校，但从小受到的影响让他的言行都有军人的影子。他规划公司的主要人员配置和盈利部门都设计在销售部，计划先招 8 个人，再陆续扩编，8 人中有两人作为团队主管，分两个组 1 拖 3 地开展业务。虽然只是初创阶段，但樊客规划好了持续经营状态下他负责的模块编制：三大系统编制——销售部、市场部和客服部。销售部以 8～10 人为一团队,设团队主管,2～3个团队设一经理,理想状态下6个团队共同完成业绩,以电话销售为主向潜在用户推荐会员产品;市场部负责配合完成产品开发,并研究业务相关拓展可能;客服部应对售后用户的回访、疑难解答及其他客户相关问题,并负责已签约用户的续约。看着自己的宏伟蓝图,他希望在即将面试的人中能培养出可靠忠诚、有能力的业务骨干重点培养,为今后的三大系统负责人做准备,他相信能和公司经历过初始阶段、不成熟阶段到最后留下来的才能理解公司、理解他、理解业务,并真心地成为一分子,为公司鞠躬尽瘁。筛选了两周,8个人的编制大致定下来了,但人员的素质和能力却让樊客大失所望,也怪自己能提供的薪金待遇竞争力不足,只能慢慢培养了。

人员上岗后,樊客没有着急让他们直接做业务,而是对他们进行了一周的培训,培训的内容、文案和授课全部由他一人负责。他将在百度的经验融汇在招标网的产品中,从如何与客户建立有效沟通,如何进入推广,如何有效销售,如何分析揣摩用户心理等和盘托出;并告诫大家不要为了挣钱而努力推高级会员,一定要结合用户的需求、能力和意愿来帮助他们选择会员级别。另外最重要的一点是在销售的过程中,尽可能地多了解用户还需要哪些招投标的信息、资讯,还需要哪些类别的服务,进而完善公司的产品服务项目。

每天早上樊客比其他人来得都早,分配当天的电话清单;销售员工作过程中他也不时地出现在他们周围,平复他们的紧张情绪,纠正他们的措辞用句,缓解他们遭恶语相击时的委屈,帮助他们整理更有说服力的语述;午休期间,樊客也是和销售团队一起吃盒饭,边吃边探讨上午的收获、经验及教训;每天下班前半小时大家开会分享当天的成果:是否有意向用户、是否有签单的可能、用户的关注点在哪里,还需要增加什么改善什么;下班后,樊客留下来陪加班的业务员,他相信即便是笨鸟,多努力也会飞上枝头。虽然公司的盈利很少,但每个月都会集中给大家过生日,订个大蛋糕,一起唱个KTV,樊客认为销售员的压力必须要有个释放的出口,这个钱花得有价值。对于考勤,他也是如军令般要求每天必须准点上班,当天任务量必须完成,但谁有个情况早点走他还是能理解的。将心比心,大家也感受到了樊客的关怀,虽然公司规模小,收入少,但却能像兄弟一般拧成一团,在成立的第一年里没有亏损,这已经是相当不错的成绩了。创业公司都有句公认的话“头三年不赔便是赚”,樊客对公司的未来信心满满。

“你对别人好,在别人看来就像吃了一块糖,会持续回甜;你对别人不好,在别人看来就像一个疤痕,留下就永久在。”

在一年的接触中，樊客对三个人关注比较多，想放在他蓝图中的三个系统部门做经理：赵亮、晴晴和燕萍。赵亮业务能力很突出，签单率一直是名列前茅的，电话销售的技巧总结掌握得也优于他人，适合销售部的经理职位；晴晴大学毕业就来公司了，要求不高就想磨炼磨炼自己，钻研能力很强，许多产品中的不足和改进方法都是她提出的，形象上也算不错，做市场部经理似乎更有发展；燕萍是个相貌身材都有些说不过去的女生，年纪也不小了，但声音温婉悦耳，耐心十足，只想踏踏实实地工作，没有更多的追求，客服部经理非她莫属。

一年后业务部门扩充到 15 人，网站每天的访问量由每天不到 10 次增长到平均一天 30 左右，销售员忙于发展新客户，对上一年积累下的老客户亟须尽快成立客服部来进行用户续约。樊客找来燕萍，把自己的规划和对燕萍的安排想法通通介绍了一番，本想燕萍会兴奋地接受，可看到的却是她低头抽泣，原来燕萍是意外怀孕，她男朋友也刚认识没多久，工作很不稳定，她担心对方不同意结婚，更担心一个新成立一年的公司不会接受怀孕的女职员。这是樊客怎么也想象不到的，在他的规划中，公司的员工都或是年轻，或是单身，谈婚论嫁都提不上日程，更别说生儿育女了。怀孕 10 个月就要特殊照顾，生孩子休假又要 4 个月不在岗，后边哺乳啊、孩子生病啊，事情多得多，哪还有心思在工作上，更何况是现在这么重要的一个岗位。燕萍表示她很喜欢公司的氛围，很想在这里一直工作下去，也很想能够带领客服部给公司创收，但她也理解公司的难处，如果公司决定开除她，希望可以等她处理完这个意外再离开。樊客把这个情况讲给了哈秋，哈秋说燕萍年纪大了，不要孩子的话一方面伤身体，以后可能也不太好怀孕，但从公司的角度出发，燕萍同意离开也是件好事，不然公司为此付出的人力和财力都是额外的开支。樊客听后几天都徘徊不定，虽然他自己没有结婚没有孩子，但想想这种打击发生自己身上都不知道该如何面对呢，更何况是朝夕相处了一年多的好同事。他决定扛起这份责任，让燕萍继续负责客服部，暂不成立市场部，晴晴辅助燕萍，产品开发自己和许冠分担了。他侧面了解了燕萍的男朋友并不是个不可靠没本事的人，只是工作不稳定，怕承担不了一个家，樊客便托朋友在离公司不远的一家企业帮他找了一份技术工作，朝九晚五地没有波动，就近还方便照顾燕萍，并鼓励燕萍尽快结婚，公司会保留对她的职位安排。燕萍夫妇十分感动，在婚礼现场泪流满面地感谢公司感谢樊客，到场的同事无不敬佩樊客的所为。客服部顺利成立，半年完成 67%的续约，并接受客户回访、问答，整理了一套客服问答一百句，方便新员工使用。燕萍怀孕 7 个月早产，孩子只有 2 斤 4 两，公司决定让她休假一年，樊客和哈秋也代表公司送去了慰问津贴，晴晴接替燕萍负责客服部。但燕萍每周都和晴晴电话沟通一个小时，了解客服部的状况，共同解决问题，年底返回公司几天做客服部的总结规划。转年年初便把孩子托付给父母，重返工作岗位。这一年公司没有因为对燕萍的工资、福利和津贴付出而影响收益，反倒因为客服部的贡献，在成立的第二年实现收益。

“每一个优秀的人都有一段沉默的时光，那一段时光，是他付出了很多努力忍受孤独和寂寞，不抱怨不诉苦，日后说起连自己都被感动的日子。”

第三年，为了公司的跨越式扩充，樊客拿出家底续投了 50 万元资金，更换了办公场所，新办公区除了有单独的经理室、财务室、会议室、采编部、技术部外，大厅全部留给业务部门，这次可容纳 100 人。樊客正式带着他管辖的三大盈利部门开始了大刀阔斧的招兵买马，并给赵亮、晴晴和燕萍分别下达了年度指标。这一年重心在赵亮的销售部，他需要协助樊客尽快将销售队伍扩充到 50 人，除这三人外的另外五位销售元老，都晋升为销售主管，负责各自 10 人组的搭建和培养。樊客与许冠研究了两个月，将会员体系重新分为三个层级，并对各个层级做了产品细分，让市场部配合完成制定传达，市场部也开始承接新员工培训工作，各大模块的功能更为明显。

樊客对赵亮一直是青睐有加的，一方面能力上无可挑剔，二来忠诚度绝对高。樊客计划慢慢将销售部全部交给他，自己负责公司其他盈利项目的开发。半年过后，销售部的指标进度才只有 30%，樊客不理解的是：主管的能力是他认可的，新员工到位流失率也很低，培训的效果也比较明显，在每次与赵亮的谈话里也没听出销售部哪里有什么问题，为什么就是不出业绩呢？樊客想从侧面了解下，约了五位主管吃晚饭，刚开始大家还都平平静静，樊客几句推心置腹的话一说，几杯酒一下肚，大家话匣子就全开了：自从赵亮结婚后，脾气很暴躁，有时对销售人员破口大骂，和几位主管也不像之前那样亲密，经常呼来喝去，有时还会情绪很激动，说几句就痛哭流涕，搞得大家都很紧张，工作状态一直不好，下班就都立马走人，生怕被赵亮瞧见不是骂一通就是哭一通的，哪还有之前那股下班都恨不得再出几个单的精神头啊。樊客大为吃惊，难道是赵亮的精神状况出了问题，既然是结婚后异常的，一定和他的家庭有关。樊客约赵亮到酒吧小聚，好让他彻底发泄出来，借着酒劲赵亮委屈得号啕大哭，镇静后告诉樊客：他爱人是家里给找的农村媳妇，想着农村人能吃苦能干活，可他媳妇看到这两年赵亮干得不错了，吵着让赵亮租个大房子，把她家里人都接来北京城里过。赵亮安顿好了没多久，他媳妇又说想要孩子要买个自己的房子，赵亮家里也是河北城郊的普通人家，东拼西凑地弄点首付也就勉强支付得起在燕郊买个两居室的小房。买了房，他自己每天要挤公交车单程赶 50 多公里上下班，吃点苦倒没什么，他媳妇三天两头数落他，嫌房子小，又在郊区，家里人住得不方便，孩子要是以后上学也没有好学校。还带动一家子人逼他，动辄就要离婚分家，搞得赵亮快要崩溃了。樊客再想帮忙也干涉不了人家家务事，他琢磨了几天决定，再招一组销售，让赵亮做主管，一方面他做销售经理也有心无力了，另一方面销售经理拿的是死工资，而主管的薪金是靠业绩提成累加的，销售员团队业绩加主管个人业绩，做得好的销售拿到过月薪过万，主管的就更加可观了，这样也能让赵亮多攒点钱下来。樊客自己扛下了销售经理的职务，各主管们也能舒舒服服工作了，对于赵亮本人的状态，樊客每周都会找一天同他一起吃午饭，开导开导他，再安排一天主管们共同聚餐，让大家了解到赵亮的苦闷，体谅他的同时恢复原来亲如兄弟的氛围。销售团队的干劲再度饱满，年底销售业绩超额完成了 20%，用户签单率 33%以上，也就是说平均每个销售打出三个电话就有一个成功签单的，这是行业内相当了得的数字，年度冠军销售和销售组都落入赵亮团队。

1.4　空头兵唱响最强音

1.4.1　新鲜血液供给强健体魄

“不管你做得多么好，做得多么到位，永远应该想着踏踏实实地归零，修好心态。”

公司在第三年营业收入达到 500 万元，销售人员 70 人，网站 PV 5 万，信息资讯 7000 条每天，运作看似上了轨道，樊客总觉得缺点什么。对于今后的发展，他也只局限在业务部门的新规划上，对于公司整体的战略部署摸不着头脑，哈秋和许冠都热情专攻于自己的部门，驰牧就更不用指望了。原来公司的老领导在组织的一次聚会中，向樊客介绍了一个人，管理学硕士毕业，管理经验也很丰富，之前为企业还筹集到一笔不小的融资，现在被小人算计，在公司待不下去了。樊客觉得这人就是他的春风沐雨啊，即刻安排了会面。两人在咖啡厅就谈得相当投机，都是想努力做点事业的人，年纪相差不多，生活阅历也有些相同。樊客正式邀请他加入中国招标网做 CEO，此人名叫梁松。

梁松初到公司的一个月，每天兢兢业业，加班司空见惯，这一个月里他翻阅了公司的所有文件了解公司的整体运营，学习国家的相关政策、国外类似企业的优秀经验，分析同行业竞争对手的优劣势，整理了亟待执行的改革方案和战略规划的几个方向给樊客。

首先，梁松认为，公司在头三年的初始阶段完全靠情感在管理，忽略了制度化、标准化、流程化、规章化这些提升效率节约时间的有效管理方法。公司需要依次制定各部门各岗位的规章制度，制定业务人员的标准流程、规范用语、参考话术等一系列有依有据的资料，还应该进行电话录音，对客户的订单跟踪做详细的记录，对客户的划分做明确的解释，对员工工资和薪金做全面的细化并具体到岗位等。沟通中樊客认识到公司最近的人员流失率很大，相应对工作交接、客户承接、订单备份等还真都没有约束，造成的损失估算下也着实不小。另外，业务人员的工作也确实没有具体标准，八仙过海各显神通，看起来也不规范，经常遇到撞单抢单的事情，内部不好解决，客户感觉上也不正规。对于薪金计算这块就更为头疼，人力财务也时有抱怨，之前樊客总以为是公司在扩大的原因，现在看来都是制度不完善造成的啊。

其次，四位股东各司其职，但沟通很少，只是私底下的个人交流，不能通观全局，建议每周必须召开一次股东会议，大家坐在一起总结经验，讨论规划。公司成立时的股东协议和章程都是网上下载简单改编的，应该根据公司的实际状况做修订重新上报。

再次，制定每个岗位的岗位责任书，明确权利义务，对每一位员工的劳动合同都要认真修正符合岗位状况。公司的薪酬制度也要做详细明确，目前公司的业务薪金在同行业都偏高，但并不很合理。业务部门的岗位工资和奖金应阶梯细分，跨多档位逐级提升，一来有利于区分业务能力，二来对公司的开支压力也有减轻。对新业务员的考核要求应做适当调整，主管的薪资计算应重点在团队业绩上，不然主管只专心做自己的订单，没有心思再去带队伍，业务员的能力提升就更慢。客户的划分也应该由销售部以外的部门负责，可以排除争抢优质客户的情况。对于撞单也要做明确的划分规则，先来先得，还是认领客户再跟单。建议樊客还要在销售部加一个自己的助理，平时的小事情都让助理来依照规章处理事情，遇到特殊情况再找樊客甄断。

最后，公司的战略规划方面，梁松认为有几个方向：对销售部做行业划分，方便用户积累和经验总结，还可以做出行业优势；线上的销售模式虽然新颖、成本小，如果可能再辅助线下实体业务更为稳固；还可以再扩大销售队伍及客服，市场部可以联系参加些展会，拓展声誉；还可以成立个会务组，借助梁松的一个上层关系，做强势行业的论坛会议，创名声的同时增加收益。

梁松和樊客介绍了他这些想法的基本思路都是源自西方的科学管理知识。利用了 CRM 客户关系管理的思维模式；突破以产品和营销为导向的经营哲学，核心定位于相关利益者建立良好关系的关系营销思想带动的组织结构变革；提高“客户让渡价值”来维持客户群，增加竞争力；理性主义者创新战略涉及的 SWOT 分析和波特五力模型；通过绩效评估进行考核及绩效规划；公平的基本薪资计划及带动效益的激励薪资制度；权变模型与路径目标理论下的领导位置；金字塔式差异化战略制定思路等。听到这些新鲜的词汇，樊客觉得自己知识匮乏得可怕，也感叹找到梁松这样的好帮手。

按照梁松的方案，公司从上到下实施了大的变革，各类规章制度健全，全部岗位都有参照依据，薪金发放也在满足员工的需求基础上为公司节省了大笔开支。原来的几位销售主管都晋升为资深经理，培养了新一批主管带领团队。樊客也听取了梁松的意见雇佣了助理，从销售前端抽身出来，有更多的时间专注于其他项目的开发，陆续为公司带来直接经济效益 300 多万元，而且配合线上的业务又开设了实体招标公司，更全面地服务于招投标用户，完成了 O2O 的互补格局。中国招标网在发展阶段采用了梁松西方的科学管理实现了同行业综合排名第一的大跨越，并连续三年利润增长超过 20%。在 2010 年年底销售收入达到 3000 万元，网站 PV 20 万，签约客户 2 万，注册客户 150 万，续约率 45%，公司前景一片乐观。

1.4.2　拿起武器保护自己

“一个人，敢听真话需要勇气；敢说真话需要魄力；想要优秀就要接受挑战；不逼自己一把，你根本不知道自己有多优秀，成长必须经历磨炼。”

到了 2011 年年底公司的业务团队已拓展到将近 250 人的规模，会员等级也细化到五级，产品范围几乎覆盖全行业。但随之而来的员工流失率上升也成为了樊客关注与头疼的问题，好不容易培养起来的业务员，转身就离职，重新招聘又要重头再过一遍，尤其是到了年初又会有部分员工没有回岗，年初的人力和培训部门压力和工作量都超过全年任一时段。

放在头几年樊客会认为“员工离职最真实的两点原因：一个是钱没给到位，一个是心委屈了。人家临走还费尽心思找靠谱的理由就是给你留面子，不想说穿有多失望”，可是学习了西方管理理论后，他明白了这是对于他们这种业务人员普遍学历不高，对初始薪金福利感觉不优厚，向往更有利环境的心理下的正常表现。尤其这几年国内遇到的用工荒、招工难的普遍现象在中小型企业尤为严重。避免不了的情况下只能尽量降低成本。可年中出现了一次整支销售组集体陆续辞职的恶性事件,樊客不再认为是公司资源没有留住员工,而是存在外部因素。他通过多方渠道了解发现行业内有家创立了一年的招投标网站,完全照搬了中国招标网的网站界面及内容,这次又是他们挖了墙角,找了公司的三个销售主管,提高薪要他们带整组人马跳过去,目前这组是已经谈妥了的,另外两位主管还在动摇中。樊客跟梁松商量后一改往日感情交流、谈心的风格,而是参照西方管理的法理管理经验,拿起劳资合同的法律武器跟决定离职的主管和员工谈判,根据公司改版后的劳动合同,规定员工尤其是主管及以上级别人员从公司离职三年不得从事同行业相关工作。看到利害关系及对两面公司的实力分析,几个人都担心会得不偿失,随即坚决表态留在公司不离开。樊客又一纸文书递到对方公司老板处要求面谈,否则将进行法律诉讼。对方负责人看到自己计谋没有得逞,始终避而不见,也不敢再挖墙角。樊客又告知行业内几家正规的排名靠前的企业此公司的行径,在网站内部宣传提醒用户这种恶意模仿给客户带来的不安定及经济损失。不到半年这家企业就从招投标资讯行业销声匿迹,中国招标网不但留住了自己的老员工,在行业内得到了实力认可,同时收获了倒闭公司的部分员工、客户和信息资讯,在这场竞争中实现了完胜。

1.5 民族与美声的 PK

1.5.1 到底谁当家

“心平才能气和,气和才能人顺,人顺才能做事。”

公司正如樊客期望的态势良性运作发展着,梁松起草了一份股权修改协议,鉴于四位股东的分工权重、投资比例、贡献多少、对公司发展的重要性,为公司创造的实际及未来价值,建议将樊客、驰牧、哈秋和许冠的股权及分红比重调整到45%,20%,13%,22%。哈秋这几年生了两个孩子,经常为了孩子不来公司上班,网站维护也由下面两个技术人员完成,她只处理些临时故障或重大事故等问题,工作量很小,她认为分出部分股份也是合理的;许冠的工作热情始终很高,他很满足于有一份自己努力经营创造的事业,在信息开发这重要环节上找到了许多新渠道,还节省了不少成本,而且很多产品相关工作他也参与完成。他认为当初自己空手过来樊客就让了那么多股份,足见其诚信,这些年一起奋斗下来,他们也越来越像一路兄弟,他对樊客的人品、能力都深表赞许，对于股份让出3个点，他认为理所应当；只有驰牧心怀怨恨，毕竟这个想法是他介绍给樊客的，他也投了初始成本20万元，虽说这些年基本没什么贡献，但总不能过河拆桥吧。他不怨恨樊客，他明白没有樊客，他赚不到钱，不会有这么悠闲的工作，不能每年一趟一趟地出去玩。他怨恨的是梁松，都是他带来的一套一套的规章改革，把自己逼到要无端端分利益出来。大家都表决同意修改，樊客心里感激又欣慰，感激股东对他的认可和支持，欣慰梁松的公正公允。但此后驰牧却对梁松经常没有好脸子。

按照梁松规划的方向，公司成立了会务组，会务这块业务由驰牧全权负责，包括会务组员工招聘、任务的分工、会议专题和流程的制定、会场的安排、嘉宾的邀请、参会单位的招募、媒体、赞助商的选择等，但第一次召开的水处理行业研讨会已经临近，嘉宾还没有人选，参会单位也寥寥无几，更没有做除网站外的宣传，赚钱是不可能的了，赔多少也都要把会议如期正常举办。樊客和梁松出面邀请了嘉宾，包括知名大学专业教授、国家政策相关负责人、行业顶尖企业代表等，市场部联系多家媒体做了相应的宣传，销售部销售人员向相关会员单位联系参会事宜。就这样勉强完成了一届会议。会后总结会议上，梁松对驰牧的领导能力提出了强烈的质疑，希望驰牧可以吸取教训准备好第二年的方便食品行业分会，驰牧对此耿耿于怀。第二年的会议准备提早了许多，但驰牧还是要求市场部来做媒体及宣传，销售部负责参会单位招募，会务组只分管赞助商、嘉宾和参会单位收款。大家更是不满，会议是会务组的专职工作，市场部和销售部有自己的事情，为什么要替会务组分担，而且驰牧并不是他们的直接领导，凭什么分发任务下达命令给大家，大家怨声载道。梁松也认为时间如此充足，会务组完全可以自行完成，而且在组织体系内不要做跨权分工。但时间一天天过去，最后为了不影响会议效果，还是由市场部和销售部分担了工作使得会议顺利召开。这次由于行业优势，会议效果明显好于第一次，但仍旧没有盈利。梁松在总结时有些质问的语气对驰牧说：业务部门赚的钱这两年被会议吃掉了近30万元，如果会务组能力有限，那就解散，把这些成本分摊给其他几个部门效果或许更好，要不就暂停会议项目，等到公司发展更为成熟再做。驰牧不同意，感觉这些年公司逐步扩大，但自己并没有什么话语权，让了股份不说，掌管了个可能盈利的部门又要被裁掉，坚决不允许，执意要继续。樊客缓解了下局面，商量让驰牧出一份详细的第三届会议规划、预算及投资回报，合理可行的话继续，否则就暂缓。一周后，驰牧交出的东西既不专业又看不到希望。梁松坚决表态根据公司的战略规划部署，会议业务头两年可以不盈利，但也要在声誉方面在会议对应行业内起到推进作用。这块业务容不得半点应付和马虎,不专业只会适得其反,延缓公司发展的步伐,这样的话就应坚决暂停会议业务。驰牧找到樊客说明自己能力是一般,但他很想努力把这块业务做好,也想为公司创收并带出一个添彩的队伍。又说起他们同学一场一起创业何等的缘分,如何的不容易,这兄弟般的情谊,不是一个外来的人可以理解、破坏和干扰的,还警示樊客小心梁松篡位。

1.5.2 五虎抵一将

“上不了好大学我们怪家庭教育不当,找不到好工作,我们怪大学不够务实,上班迟到我们怪公交系统,谈恋爱失败我们怪对方自私。责备他人是很简单的事,人人都会,但成功的人,都会认为自己是唯一责任人。”

中国招标网在招投标资讯行业综合排名连续几年都是第一,樊客跟梁松商议如何让公司更具竞争实力及发展前景,他们将关注点放在了最难实施的销售部门改革上,现在的销售部门 24 个小组,6 个团队,不分行业不分地区,由数据中心每月在用户信息三个级别的池子中,每池随机抽取固定用户数再分派到各组组长下放到销售人员进行具体接洽。从数据反馈信息来看,业务量始终稳定随季节性固定周期变化,收益基本都按照年初既定目标完成或超额。这种划分方法相对公平但并不是很合理专业。梁松建议根据科学的管理方法进行的销售划分应有明确的标准,即区域或行业,鉴于中国招标网的销售队伍人数较大,也为今后在具体行业的专攻深挖能力和明显优势创造,应按行业进行销售组划分。一次性地调整恐怕动作太大影响面太广,应选取几个重点优势行业做试点。樊客选了污水处理和建筑工程两块,让在这两个业务模块经验丰富的销售主管在所有销售人员中选本行业成绩最好、阅历最深的销售员成立新的销售组独立出来开展业务,并让赵亮作为资深经理监管。梁松向销售部公布此消息后,另外五个团队的资深经理坚决反对,这两个行业是公司目前的明显优势行业,出单量始终高于其他行业,现在把这两块业务剥离,他们无法保障任务的完成。新销售组还要在各组中挑选这两个行业的优质业务员,既抢业绩又抢人,他们怎么活。自打梁松来公司以后,三天两头搞制度修改、规章拟定、部门调整,他们都配合了,这次动到他们自己了,他们可不会袖手旁观。五个人集体找上樊客,要求保留原有划分方法,这方法适用了这么多年,各团队几乎没有什么冲撞和意见,大家各自完成各自的任务,互相还能打个配合,工作一直很顺手。这次一调整，给他们剩的都是烂茄子，那还不都想办法抢占优质客户信息资源?!原来的一团和气就会变成每天的你抢我夺，明争暗斗，如果这样他们宁可辞职，也不愿意看到本是同根生，相煎何太急的场面。梁松认为资深经理们是因为动了他们自己的利益，才会如此强烈反对。公司这两年业绩好了，他们都比以前轻松了许多，自己做不了几单，多数收益都是来自销售组的业绩提成，如今的业务哪有创业时候难做啊，现在这样调整只不过他们又要努力带队伍，花心思签单，悠闲的养老生活又变成之前的奋斗生涯了。这对公司是再好不过的事情，元老们恢复干劲，队伍只会越带越好，再过一两年再干出几个突出行业，公司岂不是能力更强，而且战斗力始终不减。退一步说，我们从收益的角度考虑，根据 20/80 的原则，这两大块行业专攻深挖的产出是会弥补调整初期不稳定的效益的。樊客凭借这些年来自己的学习，不能否认梁松理论的正确性。但是从创业就在一起拼搏的兄弟难道就因为一次业务调整而分道扬镳吗？最初把酒言欢、无话不说的亲密无间就这样形同陌路了吗？

销售部的乱麻还没解开，梁松又提出要把燕萍降职处理，因为客服部的续费业绩半年同比下降了 25％，下半年的预测情况更不乐观，这一年客服部恐怕很难完成既定目标。根据公司新制定的岗位责任制，部门整体任务未按目标完成的，扣除部门经理年终奖金；整体任务未达到目标 70％的，扣除部门经理浮动工资；整体任务未达到目标 50％的，部门经理降职为副经理或主管，岗位竞聘新部门经理。梁松对客服部的评估分析后觉得超过 50％的可能性很小，下半年是业务的重点，现在提出对燕萍的降职决定，让新的竞聘经理各自发挥，对下半年的业绩提升会是个转机，况且，燕萍这半年的表现很不好，经常请假，部门例会也总是由副经理主持，这样下去对客服部门的影响很大。樊客没有表态，找燕萍了解情况发现，燕萍的孩子由于早产始终身体状况不好，上幼儿园之后都是燕萍的父母帮助照顾，现在眼看要上学了，但是燕萍的母亲又患了肺癌，她老公刚刚升职派到上海分公司培训，老老小小的让她分身乏术，确实疏忽了工作。她也有关注业绩的不理想，但确实力不从心，对于公司要求降她职位的决定，她虽有难处也表示理解。不过她老公下半年就回北京了，她还是希望在下半年能带领客服部发发力，冲一把的。梁松坚持要尽快竞聘，为了长远考虑他也建议换掉燕萍，毕竟她的家庭包袱比较重，公司不开除她就是一种照顾了，不能拿公司利益冒风险。晴晴、赵亮他们听说了梁松的想法恨得牙根痒痒，一边给燕萍打抱不平，一边联合着另外五个资深老经理处处和梁松对着干，一团和气的氛围眼看着变成分帮结派，互相厮杀啦。

1.6 如何指挥最美和声

“人生漫长，为了生存，我们从一个环境投入到另一个环境，从一种状态投入到另一种状态，我们不得不面对一些事或告别一些人。路都是靠自己一步步走的。真正能保护你的是你自己的每一次选择。”

聚沙成塔，集腋成裘，中国招标网近半年的业绩首次没有实现同比增长，看似正常运转的业务，却只维持了上一年的同期水平，预计的2200万元却只做了1750万元。看似人人都埋头工作，心里打着什么算盘恐怕只有樊客看得最清楚，梁松和中高层管理者之间的矛盾就像颗定时炸弹，蓄势待发。是坚持创业时的人心所向，还是维护促成招标网大发展的科学管理，如何才能完成最美和声的指挥，樊客陷入了混沌黑洞……

2 案例使用说明

2.1 教学目的与用途

（1）适用课程：组织行为、战略管理、人力资源管理。

（2）适用对象：本案例主要为MBA和EMBA开发，适合有一定工作经验的学员和管理者学习。本案例可以用于工商管理各本科专业的相关课程，也可以用于国际学生深度了解中国市场的管理特点。

（3）教学目的：本案例的教学目标是要求学生掌握：①中国民营企业的发展路径；②中国式企业经营模式和西方式企业经营模式的转换过程；③中国民营企业如何进行东西方管理模式的融合。

2.2 启发思考题

（1）简述中国招标网的企业性质及发展过程。

（2）比较分析中国招标网在采取中国式管理与西式管理阶段的管理特点和优劣势。

（3）创立三年后的中国招标网在管理上出现哪些冲突？这种现象暗含了什么管理问题？

（4）结合案例分析中小型互联网企业在选择中西管理模式时需考虑哪些因素？

（5）案例中，中西管理模式的选择和转换进程中起重要作用的因素是什么？揭示了什么理论问题？

（6）中国招标网的管理模式应如何改进来解决现存的矛盾冲突？

2.3　分析思路

案例分析思路与步骤如图 4-1 所示。首先熟悉中国招标网企业是互联网线上资讯民营企业的特殊性质和其发展历程；再比较中西不同的文化下造就的不同的管理思维，以及由此形成的不同的管理风格和模式以及其优劣势，结合案例分析这两种管理模式在企业发展不同阶段存在的条件，找到单一制度下的冲突根源；而后，具体到案例中描述的冲突出现的必然性，找到管理中的问题；之后由案例企业的管理模式进程的具体分析，研究如案例

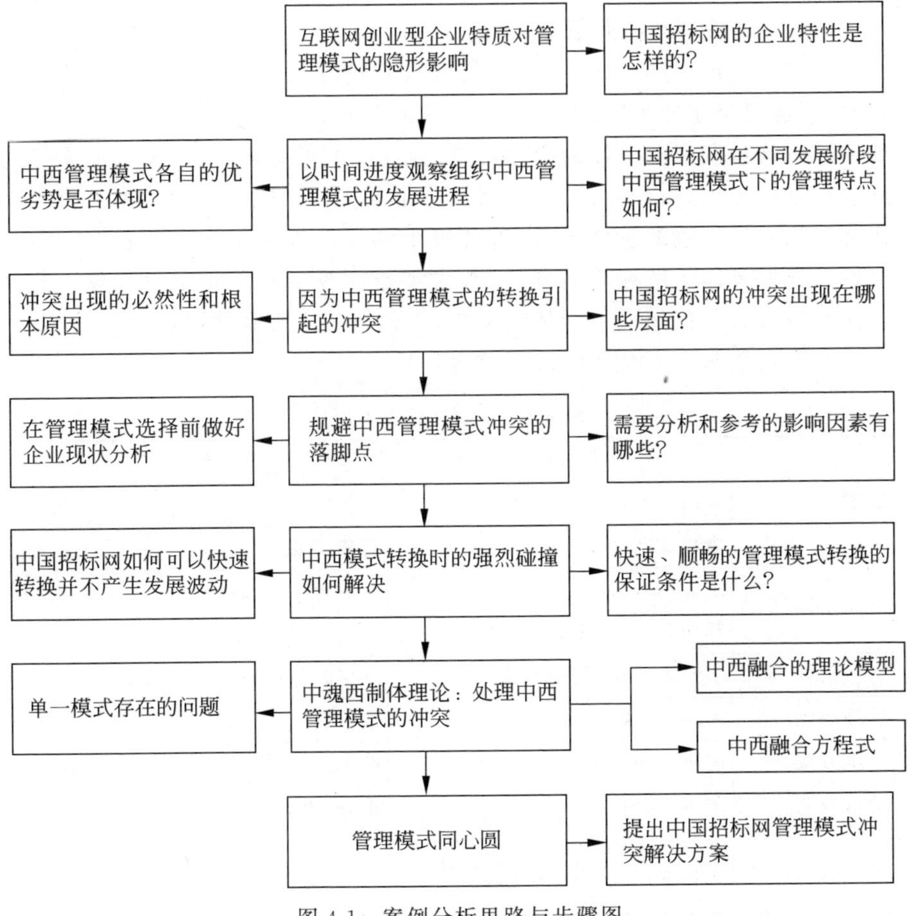

图 4-1　案例分析思路与步骤图

特性企业选择何种管理模式应考虑的因素；案例中中西两种模式的快速切换和适应的关键因素在于主人公强大稳定的领导力，对其个人领导力在不同管理模式、不同管理思维下发展的过程中不断地变化和提升的具体分析，更容易找到解决问题的方法；最后根据上述研究，得出结论中国招标网现阶段中西两种管理模式单独存在症结严重，两种模式融合创新才是适合发展的，根据理论依据在中西模式合璧后为中国招标网构建管理模型，解决矛盾冲突，实现战略发展。

2.4 理论依据与分析

2.4.1 理论依据概述

(1) 中式管理与西式管理

中式管理即中国传统管理，它与西式管理并没有绝对的先进和落后的划分，就像黑格尔所说"现实的就是合理的"，两种管理方式的存在都有其出现、发展、演进和自成一体的必然过程，是在不同的地域、不同民族的人类对其生存环境适应选择和生产力发展要求下产生的。归根结底是东西两种文化背景的差异导致的管理模式、管理思维和管理方法的不同。要想对中西管理差异做具体了解和明确划分，首先需要比较东西方文化的差异。此处对比的东方文化仅指代中国传统文化，不包含日本等其他民族文化。

东方文化与西方文化的浅显差异对比见表 4-1。

表 4-1 东西文化差异对比

	东方文化	西方文化
起源	黄河	爱琴海
文明	农耕文明	狩猎文明
文化精神	天人合一，群己合一，中庸平和，强调礼让、无争、淡化竞争	天人二分，物我二分，人我二分，情理二分，追求竞争
宗教信仰	多宗教并存，信仰淡化	基督教信仰强烈
法理观念	人治	法治
思维方式	阴阳意向思维	因果逻辑思维
价值取向	求善，和谐	求真，正义
民族文化性格	以礼抑情，乐天安命，忠孝两全	独立自由，开拓冒险，理性生存，平等民主，开放尚争

深层次理解来看，东方文化即大中华的传统文化是一种伦理文化，而西方文化发展过来体现的是一种文化的认知，即认识文化。而由此不同的文化基础所逐渐发展的管理也必然朝着管理伦理和管理哲学以及管理科学和管理经验两个维度蔓延。

中式管理与西式管理的差异对比见表4-2。

表4-2　中式管理与西式管理差异

	中式管理	西式管理
主体核心	人	科学试验，逻辑推理
表现	人际化、关系化	工具化、数据化、单一性应用模块
管理思想	以人为本	主客二分、还原论、静态分析、孤立实证
价值标准	重义轻利	利益最大化
管理目标	太和	发展
评价体系	中庸	系统、指标、绩效、个人单位
管理模式	人企合一	组织结构、竞争
管理工具	人本管理	规章制度、法律法规、契约
优点	重视人在管理中的能动作用，各管理要素协调平衡，善于从长远目标出发，凝聚力强，多元化	善于运用科学技术的最新成果，逻辑和试验基础上严格的控制和管理，具有竞争机制，提高管理效率，根据管理实践结果创新，充分利用法律和契约在管理中的作用
缺点	与科学技术脱钩，缺乏市场机制，没有系统的科学形态，各种思想混杂	不灵活，不具备普适性，忽视人的主观能动性，无视人的精神和思想，管理机械化

（2）中魂西制体

“中国式管理科学基础研究”这一国家级研究项目在对改革开放后中国企业30年搏击的总览报告中提到，中国企业要做大、做到全球化，符合国情的创新管理仍是重要因素，由此提出“中魂西制”的概念。“中魂”指中国的魂，涉及的是管理中社会性的一面，用一个带有我们民族特色的中魂来更多地反映对人的行为的激励、整合、调节的侧面。这个是不可少的，是企业的脊梁、命脉。“西制”指西方的如组织管理等的科学的管理制度，涉及的是技术性的一面，用西方成熟的、具有普适性的管理方法解决企业中“事”的问题的一面。“西制”的鲜明特征是科学化的方法、理性化的组织系统、合法化的职能规范以及效率化的目标完成。将二者结合形成独具中国特色

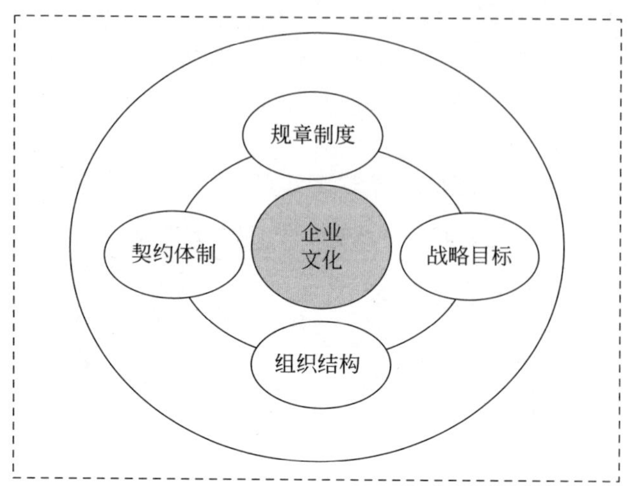

图 4-2 中魂西制管理模式同心圆

的管理方法。

二者融合的尺度依据企业的个体差异做到“合情”“合理”“合适”。融合的管理模式可以用一个同心圆来形成基础框架，如图 4.2 所示，以企业共同价值观为灵魂的文化精神在稳固不变的中心；规章制度、战略目标、组织结构和契约体制是相对稳定的层面，在大原则不变的情况下和没有企业再造的形势下作为根本不动摇，但在特殊形势下还是可以做适度调整的；外圈的部分是灵活性很强、随阶段调整的部分，包括人、财、物各方面的资源配置相关内容，也包括生产、供销链条的各个环节，还包括管理控制的方法手段以及根据环境和市场机制所做的协调动作。同心圆的不断扩大代表中西融合的中国化管理模型空间的无限延伸和扩张性，随着企业的前行动态发展。

2.5 案例的具体分析

2.5.1 简述中国招标网的企业性质及发展过程

中国招标网成立于 2005 年，是在有关部门和权威专家的指导下，致力于为企业提供招标、采购、拟在建项目信息及网上招标采购等一系列商务服务的民营企业。它为各级政府采购、招标代理机构、招标企业、供应商提供强大的专业招标采购信息查询和相关服务，由年轻的创业者看准商机寻找合作伙伴迅速搭建而成的，所以首先这是一家以提供招投标信息咨询为主的民营合伙企业。

中国招标网是中国招标采购领域的最佳资讯和交易网站，运用现代信息手段，发挥网络媒体之优势，以先进的网络技术大幅度提高招标采购部门的工作效率，极大地方便采购单位及供应商查询有关招投标信息，有效地降低采购成本。推行分级会员制销售模式，为广大用户创造一个“公平、公开、公正”的市场环境。使招标采购商机更加广布、信息交换更加迅捷、招标操作更加规范、采购过程更加透明，从而进一步发挥招投标机制优化资源配置的作用；并在分级会员的基础上，以企业的需求为中心、以信息质量和服务质量为基本点，发展成为企业提供更多商业服务及资源的中间平台。也就是说这也是一家以推行会员制为盈利模式，以网站为主体营销的 B2B 互联网企业。

中国招标网自 2005 年创立起，经过 3 年的初创阶段，3 年的发展阶段，到案例描述的 2012 年进入成熟阶段，形成一套完整的组织架构、会员体系和相关制度，公司收益和发展状况参照附录。

2.5.2　中国式管理与西式管理阶段的管理特点和优劣势

为了更清楚地分析中西管理模式的不同，还是要先从中西文化的差异角度出发。引用黑格尔的话：“地方的自然类型和生长在这土地上的人民的类型和性格有着密切的联系，这个性格正是各民族在世界历史上出现、发生的方式和形式。”而管理本身就是人的活动的集中表现，管理模式的不同也理所当然地有其地方特色。中西文化是两大异质文化，他们之间激烈的碰撞必然引起中西管理模式的激烈冲突。

中国招标网在案例描述中可以分为三个阶段来对其管理模式进行分析（如图 4-3 所示）。

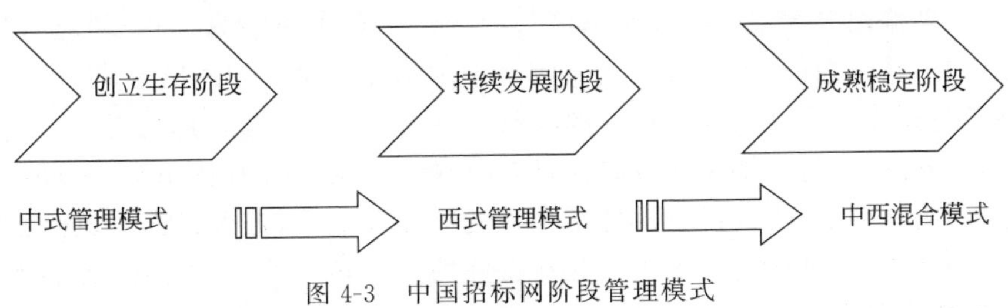

图 4-3　中国招标网阶段管理模式

（1）创立生存阶段。2008 年前的中国招标网在创立生存阶段，那个年代正是互联网快速发展的知识经济时代，基于网络营销的企业商机层出不穷，应运而生的线上民营企业如雨后春笋比比皆是，线上企业介入的门槛低，如何生存下来才是困难的关键问题，面对众多此消彼长、起起落落的互联网企业，拥有自己的技术、自己的用户、自己的资源才是优势。这个阶段管理的价值观胜于制度论，重情重义的“中魂”在管理方法上占绝对优势，管理者靠对员工的感情投放，依靠道义来创造企业价值。对于中国招标网来说，这个阶段似乎并不是刻意地在管理模式上追求中式管理，而更多的是由管理者个性主导而走向的中式管理。

中式管理的思想前提即管理人性论，认为人性善，人性可塑，儒道法三家思想整合的管理框架，实现“修身、齐家、治国、平天下”的管理目的，其主要原则就是“修身”和“安人”。在案例中，这两大原则充分地体现出来，樊客在看准商机之后，成立公司的前提是将驰牧、许冠和哈秋拉入公司，三人个性不同，各有心思，樊客在给他们画饼的时候并不只是充饥，而是确实以三人的立场出发考虑他们的现实和长远利益。这正符合儒家的以己之心度人之心，像对待自己一样地对待他人(《论语·雍也》:“夫仁者，己欲立而立人，己欲达而达人。”)的观点。在带团队的时候，这种中式管理就更为突出，拉队伍本身就是一种“安人”策略，以稳定的人心换取坚固的成长地基，才能使得公司发展得更为坚实。重视人才、崇尚贤者的“尚贤”思想在樊客身上表现为对主管人员的储备，对赵亮、燕萍特殊情况的处理，他在修身的同时，认识到公司的效益取决于内在每个员工的行为，必须重视和依靠每一位员工，对后备的管理人员更是“民为贵，社稷次之，君为轻”的理念，同时“老吾老以及人之老，幼吾幼以及人之幼”(《孟子·梁惠王上》)的管理道德本性也在燕萍的事件中表现出来，最重要的是在资金紧张的时候能够重义轻利，将仁义价值观表现得淋漓尽致。

总结来说，中式管理在这个阶段的特点就是“以人为本”的本质，通过“重民”“恤民”“善民”“安民”“惠民”一系列的“治心”的管理实现了“尚同”的中庸和合。这种和谐和人心所向使得中国招标网没有销声匿迹，而是成功地渡过初创阶段并实现了良好的收益。中式管理的优势在此也得到充分体现：在观念上，符合知识经济时代对人力的重视，调动全体人员的积极性、创造性，为企业实现价值回报；尊重个性的群体和谐和，正人正己、以德为先、以义制利的管理使得上下层均处在良好的工作状态下，双方的主观能动性都可以充分发挥。

(2) 持续发展阶段。在 2008 年到 2011 年的持续发展阶段，企业重在开发产品，以实际高效、准确、海量、有价值的信息资源扩大规模及信誉，在层出不穷的竞争中获得快速稳定的发展。这个阶段，进入公司的 CEO 为了企业更加正规，更具发展性，将西方管理科学引入并加深。在制度建设、人力培养、企业架构、功能划分、战略设计等方面以西方管理方法和管理经验为主要理论和依据，健全完善的各模块更有效地配合产品的开发，从而实现在利益驱动下产品创造价值的目标。而此时中高层管理者已趋于稳定，“中魂”管理略显平淡。

西方科学管理与中国管理思想不同，它是经过试验、推理、逻辑分析后得到的方法和经验，本质上是典型的以物为本，西方思维认为“人本恶”，所以需要建立制度和法治来进行约束。梁松进入公司后，将樊客的定位提升到计划、组织、控制和决策的层面，通过设计最佳的标准制度，强调刚性管理，职能分解，实行以标准为基础的差别岗位责任制工资制等，刺激员工积极性；彻底梳理企业的各项协议、规章、合同，使得各种工作有章可循，有法可依；规划公司战略前景，为生态有序发展做铺垫；为公司创造最大限度的效益和产出，使得公司在这三年中飞速发展，大踏步前进。将竞争与法律意识深入管理者思维，在恶性效仿和挖墙脚的对手出现时，使得招标网保护了自己的同时打了一场漂亮仗。在管理上以追求经济指标作为管理的价值判断，把获得最高回报率、产品的最高销售额、市场的最大占有率作为最高标准，单纯追求利润最大化。正如 James Champy 在《企业再造》中提到的：“扬弃那些不再对组织起支持作用的企业结构”，梁松对待会务项目的不能容忍也就可以按照西方管理思想来理解了。

综上，西式管理在这个阶段的特点是重理性，讲逻辑，用方法，求发展，要利益，实现优胜劣汰。中国招标网也在此基础上得到突飞猛进的发展态势。西式管理的优势在此表现尤为明显：企业作为一个整体系统更为规范化、制度化、严密化、专业化、高效化，理性、契约、法治和竞争意识将企业的生存状态提升到创造性的发展状态。在这个阶段也可以对比看到中式管理的弱势：浓厚的人情味和逐渐形成的伙伴关系、人际圈子使职责权利划分不清，容易出现互相推诿、徇私枉法、不负责任、论资排辈的现象，年轻的力量可能无法体现，后备人才储备薄弱，最关键的是不能适应竞争的市场和变化的行业大环境，对企业的战略规划起不到大的帮助。

(3) 成熟稳定阶段。2012 年公司进入成熟稳定阶段。CEO 继续用西方管理思维、用可持续发展的眼光为公司自身量度更具竞争优势的新点子，希望带来更多收益，使得企业更具规模化。讲究科学逻辑的管理规章制度和评价体系继续发挥着监督指导考核作用，但在深化变革时，对于新项目组的失败，梁松代表的西方管理对于不盈利产品的坚决砍杀得罪了股东，触及了合伙人圈子；业务模块的大调整又再一次挑战了亲密的上下级圈子，由此带来集体对 CEO 的封杀。进而对公司的整体利益造成直接影响，从根本上说就是西方管理方法与中式管理思维的对抗。由此而引发案例中令主人公困惑的主要矛盾和冲突。

在这个阶段又可以清晰地看到中式管理与西式管理的上述特点，也可以看到西式管理的劣势：忽视了人的价值观和需求，很容易形成管理与被管理两个对立阵营，阻碍了人的全面发展和自我提升。其次，功利的追求利润和经济增长以及股东回报，将人际关系定性为社会契约，失去了协调发展的意义，使得决策和执行脱钩。最后完全刚性的管理和“社会人”人性假设使得上下沟通困难，合作困难，员工对组织缺乏信任，无法形成稳定牢固的雇佣纽带关系。

2.5.3 冲突和管理问题

仔细研读案例后发现，结尾处出现的对抗是矛盾激化后浮出水面的冲突，其实在中西管理模式转换后就已经暗藏埋伏和导火索，具体来看先后出现了五次，涵盖了五个方面，间接反映的都是中西管理思维和方式不同所带来的。因为管理本身就是人的活动的集中表现，管理模式的不同也理所当然地有其地方特色。中西文化是两大异质文化，他们之间激烈的碰撞必然引起中西管理模式的激烈冲突。

通过图 4-4 再来对比看下中西管理几个维度的差异，直观地帮助分析冲突产生的理论原因。图 4-5 给出了中西管理模式引出的冲突点。

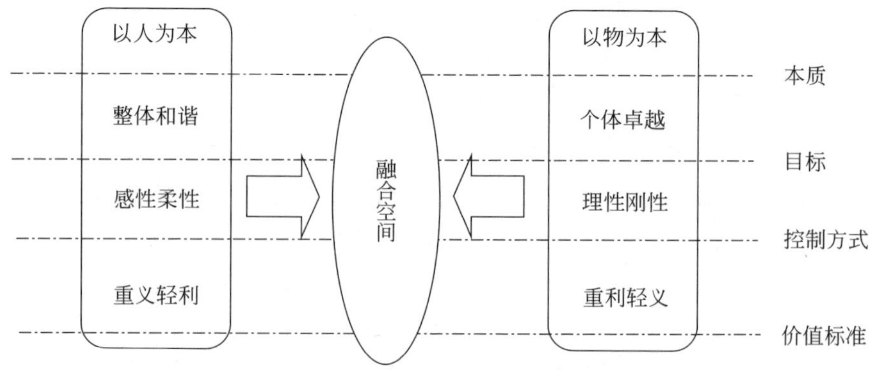

图 4-4 中西管理模式简易维度对比

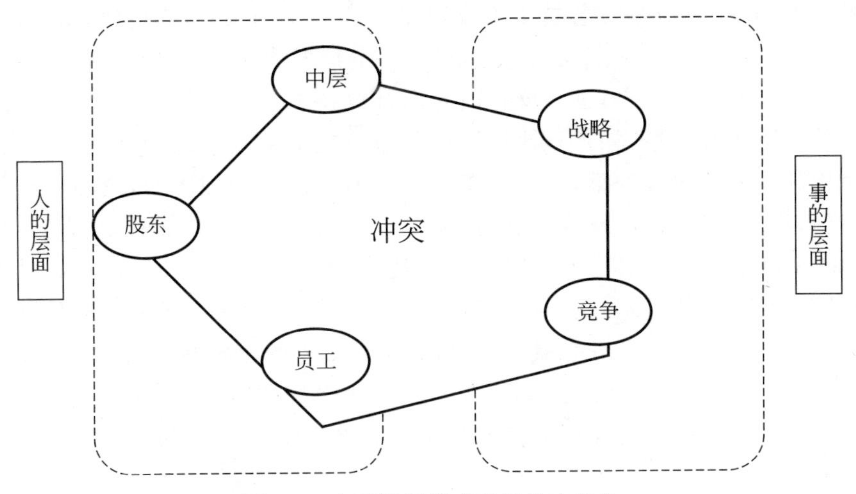

图 4-5　中西管理模式引起的冲突点

(1) 中式管理与西式管理对于员工个人发展的冲突

对于员工个人发展的冲突出现了两次，第一次是在出现 CEO 刚上任的那年，由于公司的线上营销的特定性质，销售岗位的员工编制占公司总人数的 2/3，人员的流动性比较大。樊客认为“员工离职最真实的两点原因：一个是钱没给到位，一个是心委屈了。人家临走还费尽心思找靠谱的理由就是给你留面子，不想说穿有多失望”，对于人员的离职不去过问去处和原因；但西式管理就会去分析总结查找这种现象为何出现，如何降低人员成本流失。根据马斯洛的需求理论，是这种业务人员普遍学历不高，对初始薪金福利感觉不优厚，向往更有利环境心理下的正常表现。还有国内遇到的用工荒的整体大环境影响，招工难的普遍现象在中小型企业尤为严重。

第二次冲突是在案例后期客服部主管出现问题的时候，中式管理思维让领导者对于自公司创立起便战斗在一起、经历过生孩子等变故仍旧一心为公司的客服经理触及公司规章上心存偏倚，不会去考虑下面员工的升值竞聘机会，希望网开一面特殊对待；但 CEO 主导的西式管理会不论是谁，不分亲疏一视同仁，在公平公正的基础上，为其他员工提供升迁的机会，竞聘机制也是在满足员工被认可肯定的心理需求上，为公司储备更多的优秀人才以应对战略发展和外部竞争。

(2) 中式管理与西式管理对于股东分配的冲突

在公司创立时，樊客一方面是为了用利益吸引合伙人，一方面也是出于中式管理思想“重义轻利”的影响，除了同学关系的驰牧投资进入享有 25%

股份外，其他两位是带着技术不投资便享有20%和25%股份的，这种股东分配从未调整或企图商议调整过，在公司继续发展需要资金的时候，也是樊客个人承担继续投入，也并没有因此而修改持股比例。对于四个合伙人形成的长期良好的稳固的个人圈子，在利益分配上主人公认为这种圈子的牢固比利益的获得更为重要。但CEO带来的西式管理却要调整投资分配的比例，根据分工权重、投资比例、贡献多少、对公司发展的重要性，为公司创造的实际及未来价值，将股权及分红比重调整到45%，20%，13%，22%。直接削减了其他股东的利益分配，用一把“利”字匕首插入原有的合伙圈子，必定带来某些人的心理怨恨，直接形成对人对事的矛盾冲突。

(3) 中式管理与西式管理对于中层管理者利益的冲突

“五虎抵一将”是案例中最为严重的矛盾。导火索也是两个中西管理冲突事件。

一个事件是对于销售系统的组织变革，西式管理注重在适应不断的变化创新中进行组织变革以提升组织的竞争力，对销售行业划分的大幅度调整一方面为了公司的长远战略发展，一方面为了改变“养老”“倚老”的不良现象，追求“个体卓越”，形成带动，让优秀的销售经验和销售方法传授交流，使得整体的优势更为明显；而中式管理追求“中庸和谐”，对于元老级中层管理者淡化贡献、养尊处优的现象不闻不问，放任自由，认为这是他们为公司发展“奋战沙场”赢得的回报，并不刻意要求他们再付出多少努力，对下面员工的培养和挖掘多数停留在主动帮助和个人自身形成后起之秀的可能。

第二个冲突是在对客服部经理这位元老人物触及公司规章制度时，同样是一起打拼出来的几位中层管理者形成的密实的关系圈子被动摇，中式管理思想里“义”字当头，有人试图撼动圈子，对圈子里的人形成伤害，那是绝对的挑衅，更何况客服经理是事出有因、情有可原，降职处理直接冲撞了中国人的“面子”，是心理上接受不了的严重情况；而西式管理制定的规章规定是管理的指导准绳、参考依据，不论职位、一视同仁，才能做到公平公正。而且岗位责任制的推行实施是针对公司从上到下所有职位，没有完成岗位职能要求的，优胜劣汰是自然法则。

(4) 中式管理与西式管理对于企业规划的冲突

这次冲突体现在对于会务组的不同态度上，会务组的成立是根据西式管理思路，为配合公司未来O2O发展开发的一块业务模块，CEO根据会务组两次会议的承办结果，为了剥离削弱公司利益的板块，果断要求暂停，待时机成熟后再继续。运用SWOT分析和波特五力模型考量制定的会议业务完全出于对公司战略规划发展的意图，而暂停业务也同样符合差异化战略制定思路，绝对“以物为主”，不涉及“人”的问题；而中式管理思想在这个事件上影响主人公注重“以人为主”，出发点是给自己的伙伴找到认同和存在价值，让他树立更多的威信，给他更多自我提升的机会，但两次失败后，出于兄弟情分，仍旧可以接受继续牺牲利益而为成就个人发展。同样在会议组领导者驰牧心里，对于得到的独立业务模块未成熟就取消，感觉自己颜面扫地，看到 CEO 的地位逐渐提高，话语权不断增加，对自己造成冲击不说，直接破坏了他和樊客之间的关系。

(5) 中视管理与西式管理对于行业竞争的冲突

竞争是每个行业不可避免的，对于行业竞争中西管理模式的处理方式也完全不同，由此产生的冲突在案例中也有出现。中国招标网是以网站为主的互联网企业，介入的门槛不高，同行业内的竞争企业因此尤为众多，网站营销在同行业内大同小异，网站主体更是没有什么个体保护，网络注册也不如实体注册管理成熟，中国招标网在行业内做到名列前茅时，效仿是防不胜防的，用同样的网站设计，同样的会员制度，同样的产品列表，同样的名字都有出现。借注册会员之名效仿销售模式获取当期信息咨询、高薪挖主管或销售人员，发现这种现象后，中式管理模式下，樊客追求的是内部的“修身”“安人”对抗外部竞争，力求整体的和谐共处打造稳固的业绩提升，形成持续的利润增长，以此拉开与对手的差距，凸显自己的优势和能力，使得效仿者望尘莫及；而 CEO 主导的西式管理，法律法规和契约是主要的管理工具，对待竞争的方法是积极主动地应对，快速有效地解决。案例中的恶意效仿和挖人事件正是通过法律诉讼和劳资合同得到了妥善的处理，用刚性理性的管理方法对抗柔性中式管理。

上述冲突现象的出现，根本原因是案例企业虽然看似以一种管理模式在运行，但其实在管理层中存在两种管理思维，犹如同性相斥，必然导致处理问题的截然不同的方式，日积月累爆发冲突，冲突的激化使得企业进入恶性旋涡：员工的向心力不足—士气低落—人才流失—企业亏损。这说明选择何种管理模式都应适用于特定的时期和特定的环境条件因素，根据情况的不同而选择单一的中式管理、西式管理或两种并存。没有哪一种管理模式是永恒的真理，都需要根据企业自身、根据时代变化、根据政治格局等因素不断地调整、创新。这也是为什么管理学一百多年来不断发展不断理论更新的直接原因。

2.5.4 中小型互联网企业在选择中西管理模式时需考虑哪些因素

90年代初期，电子数据交换时代的出现意味着电子商务在中国的起步，经过了十年的快速发展，3G、4G的全面覆盖预示着中国电子商务进入成熟稳定阶段。互联网和数据系统的百姓化使得电子商务的发展具有更为广阔的环境和市场，更为快速的流通，更民众化的价格和更符合时代要求。这种网络商业时代催生的互联网企业在中国如雨后春笋般层出不穷，却又像流星般大多快速消失灭亡了。这种快速灭亡或许是因为商机选择不妥、或许因为准备尚不充分、或许因为人员变动，但肯定有一部分是因为管理模式不当而殆尽的。

互联网企业大致分为搜索引擎类，如百度；综合门户类，如新浪；即时通讯类，如腾讯；电子商务类，如亚马逊。电子商务类企业又根据其买卖双方特性分为B2B企业对企业类、B2C企业对个人类、C2C个人对个人类等。中国招标网即属于B2B模式，面向企业用户。根据案例的描述可以找到在其中西管理模式的选择时出现的影响因素有下述几方面：

(1) 企业背景。案例企业是合伙制的民营企业，更准确地说是同学合伙个人注资创立的，没有后台集团支持，没有投资，没有合资，以产业经营为主，没有考虑资本经营的引入，在管理上没有参考、没有管控，完全凭借创始人的管理倾向，所以在其初始阶段就会遵从创始人的风格而运用中式管理，再发展后又由于CEO的经验而倒向西式管理，成熟的企业文化和管理模式是寄生关系，在案例结束阶段企业处于企业文化的形成阶段，在企业文化确定后会直接影响管理模式的中式或西化。由此可以看出企业文化、经营模式、企业性质等背景因素在中西管理模式的选择上有重要的作用。

(2) 企业发展阶段。处于不同发展阶段时，案例企业的管理模式也有明显区别。创业期的中式管理，发展期的西式管理，成熟期的互相冲突以待解决都十分明显地做了界定。在案例中，成熟期的管理模式冲突的产生和解决的方向都围绕企业的战略规划和多元性的角度出发，管理者能够认识到这一点会对冲突的解决有很大帮助。

(3) 领导人特质。案例企业中在管理模式的采用上最大的影响因素就是领导人特质。结合其领导行为和领导情境等效能因素分析，其特质在初期表现为明显的个性体现，樊客本人就是中华儒家思想教育体质下的优良产物，"明己""修身""安人""治国"的思维左右其管理模式的必然本土化。而在CEO带来的西式科学管理方法为企业带来迅猛发展后，樊客又发现自身管理素质不高、专业化程度低，努力完善这方面知识做管理的有力支撑，在其学习和运用的过程中，企业也自然进入西式管理的全盘接手模式。在冲突发生的当下，樊客的个性、专业化素质也会不同程度地影响其判断。

(4) 利害相关人。案例中利害相关人有三方面：①合伙人。合伙人和樊客是一个关系网络里的直接利益人，他们之间的关系更像是虚拟血缘，这种“关系”使得合伙人对樊客的管理方法不加质疑，也就对管理模式的选用上顺其自然。这种高质量关系完全建立在信任之上。②CEO 。CEO 与樊客属于磨合升温、相见恨晚的交情关系，他们的价值观一致、智商相匹配，重要的是定位明确，看似朋友，暗里主臣。所以对于 CEO 的方法，樊客虚心接受；对于樊客的决定，CEO 也绝对服从和配合。在管理模式上才表现为先是樊客采纳 CEO 的西式管理，而后的管理模式选择 CEO 也不会做干预和否定。这两者的关系是以尊重为基础的。③中层管理者。樊客之于中层管理者的关系是从合同契约到情感投放的过程，是用谋略和距离艺术形成的圈子，在这个圈子里他可以收放自如，中层管理者们也有自己的地位和话语权，由此才会有矛盾和冲突的出现。在明显立场不同的双方各有一席之地并自觉优势的情势下，斗争就会在表面和显性层面展开，这种对峙还会有一段时间的胶着状态。千人千脾性，万人万模样，斗争是避免不了的，所以樊客才会如此迫切地希望找到一个共同的理念和管理模式。

(5) 行业特点。中国互联网行业的市场经济规模在 2012 年就已达到 3901 亿元，2013 年上升到 5646.5 亿元，2014 年直接飞跃至 7756 亿元，而其中电子商务的市场爆发最为迅猛。轻资产、资源消耗少、自主创新能力强都是这个行业的明显特点。这样由西方引进技术而成长起来的行业自然伴随西方管理模式的影响，所以多数企业都会直接采用西方科学管理方法。也是认识到行业特性，樊客才会大刀阔斧地对企业开展科学管理。

(6) 产品性质。招投标信息咨询是案例企业的主要产品，分级会员制是产品的体现形式。咨询类产品无实体，对于用户来说诚信和真实性是最为重要的，那么推行“与人为善”“诚信经营”的中式管理模式就会更为适合产品的推广。分级会员制是由外资企业引入中国的产物，这种制度作为产品必然与西方管理捆绑更为合理。所以就产品而言，案例企业采用中西并用的管理模式更为稳妥。

(7) 营销方法。案例企业是以网站经营为主体，电话销售为主要营销手段。就营销方法来看，需要内部信息化和外部的整合要好，客户管理能力要强，网络营销能力要有，关键是技术要稳固；同时要掌握电话销售的技巧，从信任深入到挖掘需求。这些都要有西方科学管理的理论经验和模型做支持。但从庞大的电话销售团队来看，人员流动性强，人工成本大等因素都需要“养兵无巧，用心而已”的中式管理来维系。因此，从营销方法的角度出发，案例企业也应该中西结合地实施管理。

(8) 路径依赖。路径依赖是指一种模式一旦形成，不管是否有效，都会在一定时期内持续存在并影响其后的模式选择，就好似进入一种特定的路径。每一次打破路径的转型都是非常困难的。案例中，企业就是打破原有锁定的中式管理的路径而在一定时期后引发了致命冲突。因此在管理模式的选择上出现改变时就要考虑路径依赖带来的问题了。

除了上述案例企业中可以找到的影响因素外，还有国际化水平、信息化水平、危机管理等可能因素的存在值得研究。

2.5.5 中西管理模式的选择和转换进程的影响因素

中国招标网在中式管理下求得生存，在向西式管理转换时，转换得迅速且成功，并在其后的三年内稳步提升，跃进行业前茅，这两种截然不同的管理模式能无痕地快速转换，并且每种管理模式都能有效地促进企业的发展，在问题四分析的几种影响因素中，最重要也是作用最大的就是领导。管理与领导总被拿来相提并论，领导的力量在管理中尤为重要，就像楚汉之争中的刘邦与项羽，胜败在领导力中已注定。案例中樊客个人领导力在对企业的管理中是与中西管理模式的选择和变化相辅相成的，他个人领导力的变化决定管理模式的变化，而管理模式的变化又左右他领导力的发展方向。

火车跑得快，全靠车头带。纵观中国企业发展的 30 年，有多少企业是靠企业家的英明而成功的。而不管是谁，只要他走上领导的岗位，就会秉承、实践这代表其个人属性的领导方法。在衡量领导者能力方面，学术界的观点林林总总，但可以大致归纳到认知、情感、精神和行为四个维度，四个维度互相联系，相互作用。对于案例中主人公领导力与中西管理模式的分析也从这四个维度做层级的具体分析。

(1) 公司创立阶段。樊客的角色是危机主管和人际关系管理者，生存是管理的主要目标，各级关系的稳固是发展的保障，樊客个人领导力受其价值观和教育背景的直接影响，以建立良好的人际关系，获得人心为主，如水般柔性领导将管理模式带入中式的仁德管理。从四个维度具体来看：

认知维度。樊客通过和驰牧的一次吃饭聊天，迅速有效地识别到了可以运作的商业模式和创业机会，了解互联网企业注册等相关政策。决定自主创业通过提供招投标信息咨询而换取利润。在销售人员中锁定了三个重点培养人并带有一定战略眼光规划了公司业务模块和三个人的培养方向，快速解决了培养人遇到的问题。

情感维度。为了掌握电话销售和网络营销经验，樊客个人应聘进入百度实践学习，为日后对业务的管理提前做好能力储备。而后在驰牧不愿意出头的情况下，与素不相识的哈秋和许冠沟通，顺利完成公司主体搭建。樊客个人的特性从案例中也可以清晰地看到，他本人受到中国传统教育的影响很深，笃定"人定胜天""兼容并包""仁义制胜"等，关注点在"人"，亲身培训、辅导、开解员工的业务问题，在中国传统观念的影响下，"以和为贵"为中层管理人员排忧解难，工作时间外仍旧花时间和精力体恤员工，为燕萍和赵亮解决的家庭矛盾也属于个人柔性管理的一面，激励大家共同奋斗，让大家感受到家的温暖。

精神维度。为合伙者投其所好，求得高度价值认同的许冠，希望工作家庭兼顾的哈秋，以及能少做多得、不加管束的驰牧，为三人提供追求保障。其实，看似樊客可以抛开驰牧而单独与许冠和哈秋成立公司，但传统的中式思想不会给樊客这种思维方式，在"兄弟""义气"里没有能力的考核，这也是后期会出现问题的一个埋伏；在搭建业务团队和培养中层管理者的时期，樊客正直、诚实、讲究团队、不戴官帽的品质更是个人领导力的重要体现。水性的领导风格将整体团队精神提升到新的高度，从小受到军队化教育的影响，在精神层面存在红色管理的影子，大家是抱团进退，公司的发展愿景成为所有人的共同追求。领导者拥有了合伙人、员工到中层管理者的追随者，给予追随者充分的理解、尊重、信任、关心、爱护和支持，个人领导力特质带来的情感和精神感染形成的追随者使得整体向心力凝固，必然带来企业的快速发展。

行为维度。樊客将在百度学来的专业知识技能，包括他自身的精神和情智转化到具体行动中，对合伙人开出的优势条件，对员工以身作则，并同员工一起吃饭，组织活动，把基层的好点子挖掘出来，都是主要行为表现。坚持谦虚谨慎的个人管理作风，将精力全部投入公司的销售团队打造上，同时也不忘对从员工到培养人的关切，从个人层面关心员工工作外的情感，解决员工情绪和家庭的问题，为大家创造良好的工作氛围和团队融合。

(2) 发展阶段。了解到西方管理模式的优势后，樊客开始学习管理科学以及西方思维的领导方式，他的领导开始向刚性转换。樊客个人处于公司绝对的管理者层，合伙人、CEO、中层管理者对其能力、人品、态度等各方面充分认可,从未出现过对樊客个人的质疑,无形中整个决策管理层面全部成为其追随团队,这也是中西管理两种悬殊如此大的模式能够在中国招标网快速转换的重要根源。新政实施后,樊客又快速进入推动者角色,在中西管理模式的转折点处实现他个人领导力角色的转换,这是一次质变的过程,他开始向组织价值驱动做转换。具体到四个维度体现如下:

认知维度。在公司第二阶段战略性地引入 CEO,使公司突飞猛进。在 CEO 到来后主动学习西方管理知识,发现自己的不足,虚心接纳不同意见,主动积极地提升个人能力。樊客对 CEO 引入的西式管理全盘接受,对于自己管理理论、管理方法上的不足和缺乏经验认识得很清楚,并没有隐藏自己的缺陷,并主动自学西方科学管理方法,充实自己的管理知识。对于樊客来说是一次质变的学习过程,他开始规划组织的战略发展,组织的文化建设,通过他的领导使得企业有所变化,带来创新,打破原有习惯偏好,不安于维持现状与稳定等。但他已开始淡化原来的"安人"的领导风格,忽视了对基层人才的建设和储备。

情感维度。对于 CEO 的信任是真诚不保留的,对其工作给予充分的配合和授权,如知己般相见恨晚,领导者与追随者之间的情感联系使得提议的各项愿景逐渐变为组织愿景并一一实现。有了一定的人际洞察力,在两种管理思维下,对于不同追随者表现的不同态度,他都可以理解其动机、需求以及感受,对于任何一面的声音他都积极聆听,并不直接反馈意见、掺杂信息,这样的被理解和倾听使得樊客的追随者都没有动摇与他之间的信任关系。

精神维度。领导他人的前提是领导者本身坚定的信念和价值观,在这个阶段,樊客的价值观是有所动摇的,他"以和为贵"的追求在西式管理进入后被渐渐遮隐,而向追求利润最大、赢得市场份额和客户认同倾斜。虽然他努力带动组织良性发展的信念是不变的,但两种文化的价值冲突是后面出现管理问题的埋伏。

行为维度。通过制度的完善,改善薪资制度,将西式科学管理里对法律法规和契约的依赖运用到企业实践中,并从中获利,留住了人才,打败了竞争对手,赢得了用户和市场。

(3) 成熟阶段。樊客已经配合西式管理模式将柔性领导转向刚性领导。领导力在认知和情感维度同发展阶段后期相似,精神维度上樊客的精神智力要素稍显淡漠,他个人的精神领袖地位还是毫无动摇的,但他管理价值观的变化使他遇到追随者分歧冲突时无法直接给予处理办法和态度,之前组织内共有的精神追求已经分化,这方面他需要尽快弥补,指明方向。这个阶段对基层员工的激励没有重视，团队的共进气氛滑坡。行为方面对中层管理的领导没有调整工作目标也没有给予任何指导改进意见，依靠他们的自觉性，导致整体力量下降。对组织发展所做的行为引导亟待解决。

为了解决问题，从领导力的角度出发，他需要扮演整合的角色。恩威并济，包容或促成组织内不同派系的消长，扮演好人的角色合理安抚各方，得到"安人"的最佳效果。面对中西管理模式带来的矛盾冲突，樊客无法避免地要尽快解决，无论是哪种解决方案，最终的结果都最好是不影响大家情绪，不影响合作关系，不影响凝聚力，不影响公司效益和发展的，但同时要树立并施展领导能力，使得领导力地位坚定不可撼动。樊客如果能妥善解决，使公司登上新的台阶，获得新的高点，樊客个人领导力就实现了一个整合的过程，所以他现在又处于一次转换点，关键就在于他对情、理、法的平衡和控制上了。

2.5.6　现存的矛盾冲突是如何解决的

在全球化的大背景下，中魂西制已经成为中国企业界将中西融合的典型的管理模式，中华文明五千年历史沉淀的传统世界观、人生观和价值观深入骨髓，这种"中魂"形成企业的精神实质，引领着目标价值导向；"西制"作为一种经过验证的工具和方法，意在提高效率、增加效用，在技术、市场、法治、资本等逻辑科学下给予指导。这两者的融合，模糊了中西式管理的边界概念，重在"中魂"的提升和"西制"的辅佐，形成一种独特的管理模式，即中国化管理。

结合中西管理几个维度的差异对比图，完善其融合的空间内容如图 4-6 所示，可以看到存在二者融合的理论模型即中国化管理的基本结构。

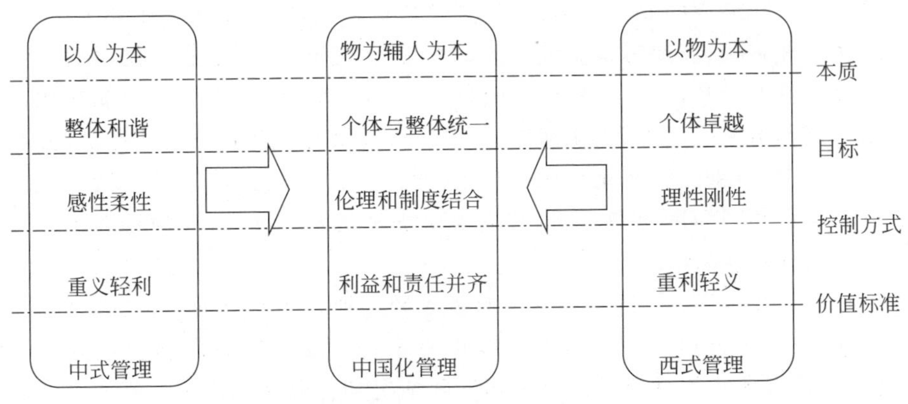

图 4-6　中西管理模式融合理论模型

根据这个融合的思路，可以设计一个管理模式的方程式：

中国化管理模式＝A 中式管理哲学＋B 西式管理科学＋Q

中式管理哲学和西方管理科学作为两个变量，A、B 代表依据问题五提出的不同的参考因素而选择的参数，Q 代表可能引进或借鉴的其他管理方法如日韩管理模式等，不同的企业管理面临不同的方程式。案例企业的三个阶段都将此方程式中的某一变量忽略为零，在短期内会带来明显变化，但长远来看，还是将两变量同时考虑为常态。中国招标网面临的冲突根源就是中西管理模式的差异，具体表现为继续运行科学管理时很多方面难以行得通，在之前快速发展时运用的是理论的一小部分；其次西方管理科学本身也在向人本管理迈进；再次，中国传统文化在国内管理者、员工、竞争对手、客户乃至宏观环境身上都有无形的作用；再有企业管理发展到一定阶段后，刚柔并济，理性与感性并存，利义同步都同显重要。所以古为今用、洋为中用的混搭模型可以使两方面相互渗透和融合，不必在只能二选一的二分法和中庸之间做选择，在解决问题和不解决问题之间找到一条化解问题的道路，对中国招标网来说是可以用来作为管理模式并以此为基础不断变化调整做长远规划的。

结合中魂西制理论和管理模式方程式，具体到中国招标网的管理模式同心圆如图 4-7 所示。

管理思想的精髓还是“用人”到“安人”的以人为本的主旨，试图将个人与整体，伦理与制度，责任与利益刚柔并济的运用。结合图 4-7 来看中国招标网冲突解决的理论方案由三大步骤组成：

(1) 中心圈企业文化的创立。中国招标网规模小的时候可以靠领导魅力影响大家形成向心力，但规模扩大及再扩张后，每一个员工个体无法直接感受这种影响，需要尽快生成自己的企业价值观，形成企业文化，使得绝大部分成员形成共识，就像企业界流传的一句话所说“一流的企业靠文化，机制挖掘不出人的潜力，文化却能做到”。企业文化就是员工意识中的心理契约，员工会将组织的文化转化成自己的行为参照，激励着自己的精神，逐步形成大家共同的理念和追求，忠诚度和使命感大幅提升，成为有效率、有力量、卓越的组织。

(2) 内圆原则性的东西是没有重大调整则不能变化的。招标网的公司章程、股东协议和劳动合同等契约相关体制以及各项规章制度在 CEO 到任后，根据西式管理科学结合公司实际情况和行业状况作了彻底的整改，这套体系已相对完善，不能因为冲突的产生而变化或动摇，应作为企业的基底

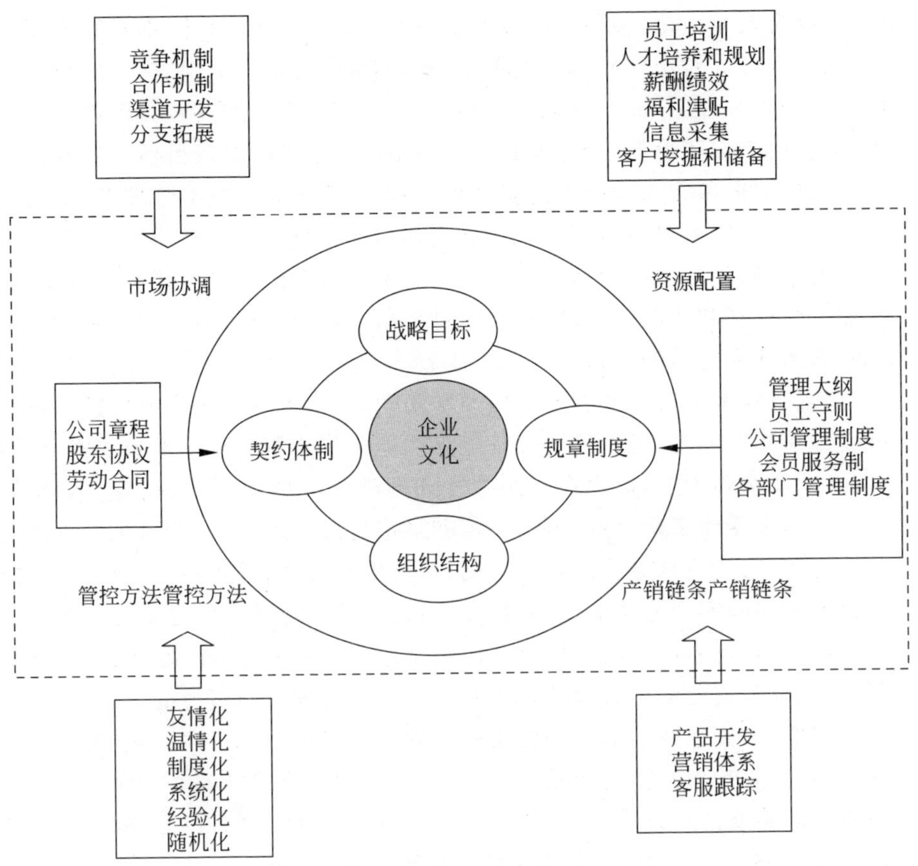

图 4-7　中国招标网管理模式同心圆

稳固牢靠。招标网的规划目标都为短期计划性目标，在企业努力创造价值的同时，需要结合企业文化精神为招标网制定未来愿景、确定企业使命的长期战略目标，这个目标是管理各项决策的指向，马云有一段很精辟的话："国内最好的团队是唐僧的团队，目标很清晰，就是西天取经。"樊客需要清晰明确的风向标来指明管理方向。

(3) 理论上化解目前矛盾需要调整的就是外圈部分。招标网现在矛盾的浪尖是支持两种管理模式的领导层的分化，两种模式各有利弊，两种声音各有褒贬，领导人应潜入水下，从组织内部做不同思维不同倾向的调整，调节方程式的参数来达到平衡，消退冲突浪潮。

首先，从企业资源人、财、物三方面看。樊客要透过中层看底层，看清公司内部管理层两极分化、员工唯命是从、惰性思维的环境，改变忽视基层的做法，统合人才力量，多与各层级成员进行不同方式的沟通，不断地鼓舞士气，凝聚人心。对于已是人才的那部分管理者、业务骨干用安人之道稳固，形成公司的坚实基础，不破不立，不驱不散。同时，注重识人，培养新生力量，提升员工自我价值，充分发挥人力资源，更有利地配合目标的实现。樊客应尽量不遣散无重大过失的忠诚度和能力都极高的中层管理者，重视基层员工的力量，也要将员工的职业规划和培养计划放到工作重点中，降低人员流失率，储备更多的中坚力量。适当调整各级薪酬和绩效规则带动士气，增加一些福利和津贴作为鼓励，在信息采集、客户挖掘等技术层面加大力量给业务团队强有力的支持。

其次，樊客在公司的领导地位非常稳固，合伙人、CEO及中层管理者都可以说是其追随者，他领导地位是建立在他中华传统教育下形成的素养、胸襟、意志和亲和力上，但也在对西方管理的学习后增加了学识、睿智等领导特质。樊客需要坚持这些特质，相信和坚定自己的信念，但要打破他自己的领导力盖子，关注领导力的影响作用，才能说服和带领追随者并形成更多的追随者来共同实现公司的发展目标。在这个阶段追随者们已经形成各自的类型：中层管理者们为公司做过贡献和业绩，有过辉煌和付出，认为现有的环境、体制和流程都是合理的，不接受改变，成为理所当然型的追随者，对变革会有抵制，樊客在沟通上需要温情与制度并存的方式；CEO作为有学历背景，有专业知识经验的专家，在推行新政遇到的阻力会带来内部的分裂，沟通上需要友情与系统的开导。樊客应该把中西融合的方程式放到他的管理手段上，对于不同的人不同的事采取不同的处理方法，不辨争斗，权衡利弊，及时变通，在不方便指明谁对谁错、孰轻孰重的情况下，用变通的方法解决矛盾冲突。

最后，在产销链条和市场机制上做创新开发，创新是企业向前的一套拓展之路，但在招标网除了可以作为发展目标的一个方向外，还是应变的好方法。樊客可以用创新的部门创新的业务来分化矛盾，把由于业务纵深分组的导火索掐断，或者给有所不满的管理层新的工作方向，转移注意力，降低不满情绪，将冲突的聚焦点转移。对于驰牧的平复可以指派新任务，给一定的管理权限，抬升股东地位；对于五虎将可以调整分工方法，配合薪资变化，重新燃起斗志。

综上，化解问题的宗旨就是“以不变应万变”+“有原则的应变”，坚持中魂的思想，法是死的，人是活的，没有什么是不能变通的。事在人为，组织、资源、战略、制度都可以结合企业文化、价值观需要做合理的变化。同时要注意管理模式的突破，不宜操之过急，需结合条件，在创造良好气氛和环境下逐步调整。

2.6　综合讨论与后续发展

2.6.1　综合讨论

本案例以中、西式管理模式为研究对象，讲述了在中国互联网产业快速发展的十余年中成功走过的一家互联网服务型企业中国招标网在初始时古为今用的中式管理对核心力量培养、公司资源沉淀起到的作用，而后在发展阶段外来的西式管理的洋为中用给企业注入的新鲜血液、带来的生机和力量，然而两种管理模式的碰撞必然带来内部的重重矛盾。作者认为，两种管理模式源自各自深远的民族文化，平行部分固然多于可交叉的点，所以在解决由此产生的矛盾时，如不宜取舍，不如相互融合，互相渗透，创新出对企业状况最合宜的管理方法。

中国的企业对西式管理的照搬挪用而形成的各种不伦不类的中魂西制体制在传统企业、家族企业和国有企业中尤为明显。对于互联网企业这种本身源自西方的企业本质在中国快速发展，其企业功能所要求的中魂西制会更贴切地理解为中西合璧。中魂更突出的是在管理者身上而不是企业自身。在作者看来，管理模式是企业在不同时期，结合企业背景、领导人特性、利害相关人和产品性质等多方面因素而选择的，互联网企业如何将两种管理模式渗透、融合，使其各展所长，优势互补才是关键。

2.6.2　后续发展

案例中主人公最终选择了中西合璧的中国化管理方法，之前的西式管理制度和规章全部保留，没有因为冲突的发生而做删减；淡化了几年的中式管理又被再度重视并充分运用起来。樊客在处理冲突时回避了褒贬对错，谁是谁非。

首先，根据公司战略规划的发展需新增分公司，将分公司选址、创立、招聘、培训等一系列工作交给驰牧，并为此成立分公司项目组，驰牧看似委任了很高的职务，其实还是些行政、人事等他原有分管的模块，他本人还要经常出差，这也正好对了他的胃口。分公司的各项规章遵从北京总公司，梁松的各种规划还是可以继续实施。相对于会务组来说，分公司项目组不但有权有钱，而且还是一个只计成本的业务，公司整体发展顺利的情况下还是个长期稳定业务。驰牧的工作热情很高，目前上海、天津、哈尔滨等地的分公司已开始运营。

其次，销售团队按行业划分正常实施，将原计划的划分出两个行业调整为五个重点行业，分别委任于之前意见很大的五个资深经理，将五人重新任命为行业经理，底薪下调，但提成和津贴升高，各行业的销售员由数据库中行业内业绩前5名和新招聘5人组成。元老们还要用心带队伍才能保证任务的完成和丰厚的个人薪金。原销售团队采取经理竞聘制重新任命新的资深经理，充分调动员工积极性和热情。同时形成公司自己的企业文化来拉动员工的凝聚力和忠诚度。整改两年，五个行业优势明显胜出业内水平，其余团队业绩也连年增长10%～12%。目前已着手拆分新的两个纵深行业。

再次，燕萍免去客服部经理一职，一方面警示员工管理制度的权威性，另一方面也开始重视普通员工的职业生涯培养和个人发展需求，通过竞聘制委任新经理，客服部当年业绩并没有达成目标，但与上一年基本持平，新经理功不可没，能力得到认可。一个月后公司成立新部门呼叫中心，燕萍任中心经理，当然这是樊客已经安排好的，休假的一个月内燕萍处理家庭问题，并协助樊客筹备呼叫中心业务。新业务组30人全部招聘，运用公司熟练的电话销售经验，对外合作。两年内承接4份合同，累计为公司创收近600万元。

最后，樊客个人让出5%股份给梁松，一方面感谢他对公司的贡献，另一方面扎紧梁松与公司的利益链，梁松自然忠诚度极高地努力工作着。但背后樊客也照顾原来合伙的其他三人的情绪，每周安排一次四人的碰头会，一方面商议公司的发展，一方面谈心，将这层地基扎实。目前，中国招标网已实现O2O的运营模式，成立了自己的招标公司，线上线下对接，为会员企业提供全方位的服务。

对于员工的培养、关怀和激励也提到了工作的关键日程，开始每年组织一次全员的体检、新老员工的拓展训练、优秀团队的旅游奖励以及经理级岗位竞聘，并每月安排一次基层的意见反馈。

2.7 参考文献

[1] 曾仕强. 中国式管理[M]. 北京：中国社会科学出版社，2005.
[2] 陈坤林，何强. 中西文化比较[M]. 北京：国际工业出版社，2012.
[3] 庞亚辉. 中国式管理 vs 西方管理[J]. 咨询，2005，12：20.

[4] 王利平."中魂西制"——中国式管理的核心问题[J]. 管理学报,2012,9(4):473.
[5] 王雪莉."中魂西制"下的中国企业变革[J]. 清华管理评论,2011,4(1-2):60.
[6] 李宗桂. 评中魂西体的文化重构论[J]. 湖湘论坛,1993(3):76.
[7] 刘立林. 中魂西体论[J]. 湖南师大社会科学学报,1989,4:7.
[8] 贾扶栋,任芳进. 中国式管理[M]. 北京:中国财富出版社,2014.
[9] 曾仕强. 中国管理哲学[M]. 北京:商务印书馆国际有限公司,2014.
[10] 尹志宏,毛基业. 企业管理研究:中西理论的比较[M]. 北京:中国人民大学出版社,2014.
[11] 杨端祥. 水性领导[M]. 北京:中国财富出版社,2013.
[12] 汤正华,张少兵. 差异、融合与创新:比较视域的中西管理伦理探究[M]. 北京:光明日报出版社,2012:64-90.

案例五
电子商务经营：刘璇星店[①]

淘宝店铺的经营往往会遇到与所代理的品牌厂商冲突的情况，这种冲突表现在厂商与淘宝店铺在供货、价格、时间、返点等各方面。刘璇星店的案例讲述了这样一种冲突的情景，他们面临建设自有品牌和继续代理品牌之间的矛盾。本案例对这一问题进行了深入的分析。

1 案例正文

1.1 引言

淘宝，现在早已经成为很多人生活中最熟悉的购物平台。2014 年 5 月 7 日凌晨阿里巴巴集团正式提交招股说明书，首次详细披露了业绩和财务数据。招股书中显示，阿里巴巴拥有全球最大的电子商务交易平台，涵盖零售与批发贸易两大领域。其中淘宝、天猫与聚划算构成“中国零售平台”。截至 2013 年年底，淘宝和天猫的活跃买家数超过 2.31 亿，活跃的卖家数大约为 800 万。2013 年，大约有 113 亿笔的交易在阿里巴巴旗下的“中国零售平台”达成，平均每个买家购买了 49 笔，每一笔的成交额约 136 元，“中国零售平台”的交易总额(GMV)达到 15420 亿元，约合 2480 亿美元。这一规模远超 eBay 和亚马逊，成为全球第一。未来几年，中国的在线零售市场仍有很大的增长空间。目前，在线零售占中国总零售市场的份额仅为 7.9%。艾瑞咨询预计，到 2016 年，中国在线零售市场的普及率将达到 11.5%，规

---

① 本案例由北京航空航天大学经济管理学院的王茜、黄劲松撰写，王茜为刘璇星店创始人之一。本案例为北航经管学院案例库入库案例。

案例来源：北京航空航天大学硕士论文《刘璇星店品牌经营策略案例研究》(2015 年)，作者王茜，指导教师黄劲松。

模达 3.79 万亿元。这意味着从 2013 年至 2016 年，年复合增长率为 27.2%。阿里巴巴旗下的淘宝和天猫平台占据中国网购市场的绝对领先地位，预期增速将高于行业平均水平。

知名艺人、热播影视剧具备很强的示范效应和品牌效应。2013 年 12 月淘宝评选了"中国娱乐明星经济排行榜"，在淘宝上搜索"范冰冰"同款产生的年销售额高达 5.3 亿元，范冰冰作为潮流女王当仁不让地拿下了冠军宝座。紧随其后分别是林志玲、孙俪、李小璐、姚笛等。而热播电视剧中的同款在淘宝的销售额也是一浪高过一浪，《裸婚时代》剧中同款在淘宝的销售额高达 2.23 亿元。越来越多的明星和经纪公司开始意识到这是一个巨大的商机。在这样的背景下，明星们纷纷开始在淘宝开设自己的店铺。而淘宝也为此专门设立了"星店"这个特殊的平台，来吸引更多的明星加入淘宝开店的行列。

1.2　奥运冠军淘宝开店

1.2.1　一封来自淘宝的信

2013 年 9 月的一天，奥运冠军刘璇的经纪人丰跃收到了一封来自淘宝"星店"工作人员的邮件：

丰先生，您好，我是淘宝的工作人员，我们希望邀请刘璇加入淘宝的"星店"平台。明星们给产品带来的商业价值毋庸置疑，同时明星的介绍和示范也能帮助消费者找到品质更加优良更加专业的商品。刘璇是家喻户晓的体育明星，她健康阳光的形象，相信一定会吸引众多的粉丝购买她推荐的产品。目前在"星店"平台落户的明星有徐静蕾、蔡康永、黄晓明、吴奇隆、周笔畅、薛之谦、杜海涛等，他们的店铺都取得了不错的经营业绩。我们希望有更多的明星加入，为消费者介绍更多更好的商品，因此诚挚邀请刘璇，期盼得到您的回复。

这封邮件一下就引起了丰跃浓厚的兴趣。这几年，电子商务越来越火爆，不断地有人讨论互联网思维，用互联网的模式去运营品牌、运营产品。而成功的案例也越来越多，比如小米手机的成功，阿芙精油的成功，艺人薛之谦的成功。公司也一直在想，如何能够利用互联网为艺人带来更多的演艺价值和商业价值，而"明星开网店当老板"这件事恰恰就符合丰跃他们现在的想法。于是，丰跃当机立断，马上召集经纪团队和刘璇一起开会，大家一起讨论给刘璇开淘宝店铺的建议。

1.2.2　要当老板了

人刚一到齐，会议室里就讨论声四起，有支持的，也有反对的。有人说

“作为一名奥运冠军,去开网店,是不是形象太功利了,会给明星带来负面影响?”也有人说“未来,网上购物已经是不可阻挡的大趋势,谁先进入,谁就抢占了先机,刘璇开淘宝店,也许会给她带来更多的机会。”还有人说“已经有那么多明星在淘宝开店了,事实上,淘宝对明星而言不仅仅是一个商品交易平台,同时也是宣传平台,可以让大家看到艺人的不同侧面。”但是最终,这个提议得到了大部分人的支持,尤其是刘璇自己,对明星开网店这种新生事物接受得非常快,也很希望尝试一下。于是,要为刘璇开一间淘宝店铺,就这样定了下来。

1.2.3 店里卖什么?

可是,开店可不是一件简单的事情。摆在丰跃和刘璇他们整个团队面前的第一个问题就是,店铺卖什么呢?

奥运会是通过世界最高级别的顶级竞技场这个大舞台展示运动健儿的精彩表演。每四年一次,奥运会聚集上万名优秀选手,进行激烈的角力产生各种运动项目冠军,毫不夸张地说,奥运会就是一个实现梦想冶炼明星的大熔炉。正如美国著名品牌专家凯文·凯勒所说:体育明星其实就是成功的品牌,一个成功的奥运明星在全球亿万双眼睛的激情注目下登上最高领奖台为国争光的高大形象,深深地影响着广大观众。这样,就把观众对奥运明星的关注度迁移到了产品上。

刘璇,她是体操奥运冠军,平衡木公主。不但长得漂亮,而且还多才多艺。这几年不断在尝试着新的演艺挑战。她挑战过唱歌,拍过电影,当过主持人,可以说是从体育明星到艺人的一个成功跨界。她带给观众的是鲜明的个人标签——体操冠军、漂亮、时尚、开朗、健康、勇于尝试。只有沿着这些标签寻找产品,才有可能在短时间内使消费者认可,让店铺迅速运转起来。但是,符合这样形象的产品有很多,休闲潮牌、化妆品、女装、运动服饰等。到底哪个合适呢?经过对淘宝数据的分析,近几年,一项既健康又时尚的运动开始越来越受欢迎,和这项运动相关的产品在淘宝的销售额也逐年攀升,而这项运动也恰恰符合了刘璇的标签,它就是瑜伽。最后大家把产品锁定在了以瑜伽服为主的时尚运动装备。

1.3 商品从哪儿来

1.3.1 运营总监的考虑

有了方向,接下来的选择似乎变得容易了很多。然而,这个时候,丰跃和负责刘璇店铺的运营总监满玉两个人又起了争执。

为了店铺能够在短时间内运营起来，满玉主张直接与一些知名品牌谈合作，将品牌商品引入店铺进行售卖，并且指出这样做的好处在于：

第一，品牌原本就有了一定的市场知名度，可以直接借力品牌自身的效应做营销。将品牌效应和明星效应联合起来，效果一定会反馈到商品的销售业绩上去。

第二，货品是现成的，并且产品系列成熟，节省了商品生产需要的时间，店铺的筹备时间会大大缩短，能够在最短的时间内保证店铺上线，节省了很多时间成本。

第三，这样还能极大地减少店铺的投入，见效也快。一旦与一个品牌合作成功，我们还可以继续不断引入其他品牌进入店内，扩大消费人群，提高销售业绩。

总的来说，与知名品牌合作，是一举多得。

1.3.2　经纪公司的顾虑

由于满玉没有在经纪公司工作过，她的提议是完全从运营的角度来考虑选品。然而，这个提议马上就遭到了丰跃的反对。为什么反对呢？丰跃也说出了他的顾虑。对任何产品而言，明星的品牌效应都是不可忽视的，满玉仅仅看到了引入知名品牌的好处，但是随之而来的问题也不少。比如：

第一，由于刘璇的店铺销售了该品牌的商品，有可能会减少同类商品的商业代言机会。任何一个商家，都不会希望自己找的代言明星同时代言几个品牌的同类型产品。刘璇自己也有这方面的顾虑。

第二，合作品牌的产品品质和质量不可控，一旦产品出现问题，会直接波及到明星，影响明星的自身形象。刘璇是奥运冠军，曾经代表中国征战世界体育赛场，她的公众形象一直是阳光开朗、可信度极高，所以产品方面的负面信息也会对她的影响非常大。

第三，与品牌合作，就像替别人养孩子一样。毕竟不是自己的产品自己的品牌，先天就注定"亲"不起来，像王老吉和加多宝这样的例子已经屡见不鲜了。现在可以合作，但是已经能看到是长久不了的。刘璇的店是一个长期的项目，电子商务还会越来越蓬勃地发展，既然我们已经看到了将来，为什么不现在开始就做自己的东西？

"可是要做自己的品牌，筹备期相当漫长。"满玉说："现在已经是 10 月份了，还有一个月的时间，就到了淘宝每年最重要的销售季——11 月份的双 11 和 12 月份的双 12,到时候,全淘宝会有巨大的流量和成交涌入,如果我们能赶在这个时间点上新店开业,店铺很快就能走上运营正轨,并且也可以在最短时间内为店铺聚集更高的人气。这无异于四两拨千斤。何况,现在已经进入了瑜伽服的销售淡季,错过了这次机会,我们就要多付出至少 3～4 个月的时间。只有选择和成熟的品牌合作,我们才能最短时间拿到货,把店开起来,赶上这两个时间点。我还是坚持找品牌商直接给我们供货!”

“如果今年的双 11 和双 12 我们来不及找到合适的货源,我们的损失会有多大?”丰跃问道。

“非常大,甚至我现在都无法预估。因为在 2012 年的 11 月 11 日,天猫商城创下了单日高达 191 亿元的销售额,而在 2011 年的销售额是 33 亿元,每一年这个数字都在以惊人的速度增长。”

听完满玉的回答,丰跃沉默了。满玉接着说:“如果要创立自己的品牌,筹备期起码半年以上,店铺开始运营最快也要到 2014 年的六七月了,到时候还有可能错过 2014 年瑜伽服的销售旺季,每年瑜伽服的销售旺季从 3 月份开始,到 9 月份就开始下滑了。”

不可否认,如果选择创立自己的品牌,就意味着有可能连续两年错失销售季。在这样惊人的销售额面前,这样做的确有些得不偿失。到底该如何取舍呢? 丰跃的心里不禁动摇了起来。

经过几天的考虑,权衡了目前情况下的利弊,最终,丰跃他们决定先尝试着和一些知名品牌合作,争取到今年的促销季时间,尽快让店铺良性运转起来。

1.4 与品牌结盟,问题伴随着经营而来

有了决定以后,大家迅速地行动起来,开始寻找合适的品牌。经过一番筛选,最终一个加拿大的瑜伽服品牌 Y 品牌映入了刘璇团队的眼帘。Y 品牌的瑜伽服采用了目前北美流行的弹力运动面料、修身的衣型、五彩缤纷的颜色、时尚的款式,非常符合刘璇的个人形象。

通过调研,满玉她们获知 Y 品牌源自于加拿大温哥华,其品牌设计总监 Robynluo 曾经担任美国天后玛利亚·凯莉(Mariah Carey)的形象顾问,深受珍妮佛·安妮斯顿(JenniferAniston)等众多国内外明星及迪士尼(Disney)等公司所喜爱。同时,Robynluo 也是一名专业的瑜伽老师,这就使得 Y 品牌瑜伽服的设计集时尚与专业于一身。2010 年 Y 品牌开始进入中国市场,并且开始广泛与线下瑜伽馆展开合作,深受国内高端瑜伽馆和瑜

伽老师们的喜爱。截至2013年，已经与国内300多家瑜伽馆开展了合作业务，遍布10多个省市，在瑜伽爱好者中具有较高的知名度。目前在淘宝平台上已经有3家网络授权经销商，品牌方提供的数据中，Y品牌现有产品79款，平均每个产品12个SKU（一个颜色一个尺码称为一个SKU），主要产品都是瑜伽服，基本没有瑜伽相关辅具，79款中仅有1款瑜伽垫。这三家经销商里，做得最好的已经达到年销售额150万元左右。当去淘宝查看这三家店铺时，满玉几乎无法分辨这三家店，原因就是它们都使用品牌方提供的产品照片来做商品陈列主图，并且产品介绍都是相同的模特展示图片，完全无法区分。同时满玉她们也发现，有一部分瑜伽馆和瑜伽老师也在淘宝开设了店铺，在未经授权的情况下销售Y品牌的瑜伽服。

考虑再三，经过与品牌方的接触，Y品牌也希望利用奥运冠军的知名度和美誉度进一步扩大市场，所以给予了刘璇星店特殊的合作条件，为刘璇星店提供代销，并且给予一个月账期，能够让刘璇星店先销售后结账。很快，双方就达成了合作协议，Y品牌成为了刘璇星店的第一批入驻品牌。

1.4.1 试营业收效甚微，投放广告促销量

经过了紧锣密鼓的店铺筹备期，2013年10月初，店铺终于上线了。在试运营了1个月后，订单寥寥可数。满玉看着这寥寥可数的订单，再也坐不住了。想到马上要到来的双11，想到因为很多人不知道这家店，缺乏有效的流量，可能会错失一年中最盛大的促销节日，满玉决定尝试一下最快速扩大店铺知名度的方法——投放淘宝首页焦点图广告。

为了保证广告的最佳效果，负责策划和平面设计的同事们从Y品牌提供的众多图片中精挑细选出来了一幅首轮投放的主图。整个团队为了能尽快地使店铺运营走上正轨，加班加点地赶出了平面广告图。同时，为了使接受广告的人群更具代表性和精准性，在广告投放之前他们对广告的接收人群做了精准的圈定。首先，对淘宝和天猫平台中所有瑜伽服品牌做了市场调研，调研工具为淘宝网提供的官方全网数据提取工具“数据魔方”。根据数据魔方提供的数据，从中选取了2个与Y品牌价格区间相接近的品牌，F品牌和E品牌。将购买过F品牌及E品牌的消费者纳入广告投放范围；另外，在广告投放时，又做了群体定向，将广告接收者定向为长期对运动服装、运动装备较为感兴趣的群体（购买频次高），并且为了扩大覆盖面，还扩容了对美容美体感兴趣的第三类群体；最后还做了兴趣定向，向有瑜伽、游泳等运动爱好的消费者做定向投放。

广告投放了2周后，满玉看到两周来广告效果的统计表，不禁皱了皱眉头。广告的曝光率确实不低，日均展现量60100次，2周展现量约841400次。但是平均点击率仅为0.9%，转化率也非常不理想。虽然广告在一定程度上起到了吸引新流量的作用，但是并没有因为新流量的增加而给店铺带来更多的销售额。

到底哪里出了问题呢？“这两周来，Y品牌的另一个经销商也在投放首页焦点图广告。”满玉回想起了同事的一句话。平面广告靠的就是画面吸引人，文案吸引人，我们在这两方面做得都不会比别人差，看来问题出现在我们和对手同时推广，肯定有相当一部分消费者被对手吸引走了。未来，这样的情况一定还会存在，应该怎么办呢？唯一的解决办法就是要和对手不一样，要有更吸引人的东西。刘璇星店的特点就是刘璇，看来还是得从刘璇那里获得解决方法。

满玉找到丰跃，告诉他想用刘璇来做一组广告，希望刘璇能够拍摄一套瑜伽服的照片。不出所料丰跃非常有顾虑，这不是给Y品牌当了免费代言人吗？可目前想要让店铺的销售额尽快攀升起来，这可能是最有效的办法。考虑再三，丰跃决定和品牌商签署一份协议，双方约定，品牌方未经允许，不得在任何地方使用刘璇所拍摄的产品照片，所有照片仅限于刘璇星店使用，版权归刘璇星店所有。于是，为了广告投放，刘璇给星店拍摄的第一套瑜伽服照片诞生了。

用刘璇作为主图的第二组广告很快就设计完成了，再看到2周投放数据的时候，满玉终于松了一口气，在展现量基本相同的基础上，与第一组广告投放效果比较起来，不论是点击率还是转化率，都有非常明显的变化，店里的销售额也明显开始攀升，看来对广告的调整判断是没有错的。两个广告内容和效果的比较见表5-1和表5-2。

表5-1 两个广告的内容比较

广告区别 \ 广告名	广告1	广告2
广告所使用的照片	Y品牌提供的模特图	刘璇穿着Y品牌照片
主要广告词	Y品牌，来自加拿大的瑜伽服	奥运冠军刘璇推荐
其他广告词	顶级的瑜伽运动面料 专业的设计 颠覆你的瑜伽服	冠军的选择 专业的选择 源自加拿大的专业瑜伽服

表 5-2　两个广告的投放效果比较

	日均展现量（次/天）	日均点击量（次/天）	日均点击率	日均转化率	客单价（元/单）
广告 1	60100	541	0.9%	0.92%	580
广告 2	60000	660	1.1%	1.5%	630

注：日均点击率＝日均点击量/日均展现量×100%；日均转化率＝日均订单数/日均点击量×100%；客单价＝销售额/下单人数。

1.4.2　刘璇当模特——“微代言”开始了

有了第二次广告投放的成功，满玉开始琢磨起店铺的调整来。

刘璇在体操队时，就是很出名的平衡木美女，大家都称她是平衡木公主。广告投放后，刘璇穿着的那套瑜伽服引发了一批瑜伽爱好者的消费风潮，持续地在店里热销，但是其款式的销量变化并不是很大。满玉想让刘璇再多拍几套瑜伽服的照片，把店里计划作为主推的款式都换成刘璇的，拉动全店的动销率，这样一来店铺也许就能步入正轨，良性发展了。

满玉找到了丰跃，把两次广告投放的效果对比报表交给他看，并且把自己的调整思路告诉了他。有了广告投放的成功尝试，这次的提议很快得到了丰跃的支持。其实，为自己的店铺当模特在星店里并不是新鲜事，但是，几乎都是给自主品牌来做模特的，像刘璇星店这样尝试着给合作品牌来拍照的，似乎并不多见。

照片拍摄出来后，效果比预料当中更加吸引人。刚一上传到店里，就吸引了非常多的瑜伽爱好者来店里咨询，迅速带动了一系列产品成为了热销款式。刘璇在微博上也发布了照片和消息，并且做了置顶。这条微博被 Y 品牌做了转发，同时也被销售 Y 品牌瑜伽服的线下瑜伽馆争相转发，一时之间，不但从微博吸引了大量的粉丝到店里来，同时也引发了广泛的关注和讨论。一段时间后，满玉她们还发现了一个有趣的现象，几乎所有被刘璇拍照过的款式，最好卖的颜色一定是刘璇穿着的颜色，而且，在刘璇星店的热销款中，居然有 Y 品牌原本在线下的滞销款。看来，明星的号召能力真的是不可小觑。

12 月 12 日，淘宝一年一度的双 12 来临了。仅仅运营了不到 2 个月，刘璇星店就创下了单日销售额 200 单的好成绩，寻找到了销量的突破口，所有人都松了一口气。然而这时丰跃和满玉还不知道，新的问题即将随之而来。

1.4.3 争议和销量同步而来

店铺的销量有了改善，2014 年新年假期结束后，瑜伽服的销售旺季也慢慢到来了。每一周甚至每一天，店里的业绩都在向新的高度攀升。网络传播的力量是惊人的，小半年来刘璇星店被越来越多瑜伽爱好者们追捧，刘璇星店给 Y 品牌带来的影响也迅速反映到了线下。Y 品牌在线下瑜伽馆的销售，用 Y 品牌内部工作人员的原话来说，就是呈爆发式的增长，工厂几度断货，出现了供应链告急的问题。

缺货，缺货，缺货，瑜伽季到来，线上线下同时热卖，这时货源紧张了。原本以为刘璇为 Y 品牌的销售增长起到了不可忽视的重要作用，双方会合作得更加顺利和紧密，可是，由于长期以来一直存在着线下瑜伽馆销售价格高于线上价格，导致线下经销商屡屡抗议，同时刘璇星店获得了比线下瑜伽馆更长的账期时间，考虑到其中的利害关系，Y 品牌选择了首先将货品供给瑜伽馆。尤其是一款刘璇星店作为店铺广告图片的瑜伽服，刘璇穿的颜色供不应求，由于品牌方将货源倾向了线下的瑜伽馆，导致这款衣服在店内断货长达一个月之久。在断货的一个月内，店铺整体业绩下滑了将近 20%，满玉的团队不断地和品牌方沟通，然而收效甚微。

为了尽量降低缺货导致的销量损失，降低缺货成本，运营团队尝试着调整了主推款，将店里主广告位的款式替换成了另外一款，没想到，当初担心的货品不受控制的问题，这么快就出现了。

除了断货的问题以外，让运营团队困扰的其他问题也接二连三地出现了。

由于 Y 品牌的持续热销，品牌方也开始投入更大的力量扩张市场。原本仅仅授权了 3 家线上经销商，数量很快就增加到了 5 家。瑜伽服是比较小的商品类目，经销商数量的增多，无疑会使经销商之间的竞争压力增大。虽然品牌方做了价格保护，但是监管力度没有及时跟上，导致经销商之间开始出现了价格竞争。刘璇星店在市场推广上投入了大量的人力和物力，销售局面刚刚打开不久，就陷入价格的恶性竞争，实在是让满玉头疼不已。与此同时，大量经销 Y 品牌的瑜伽馆为了能够扩大销量，在没有授权的情况下悄悄开设了淘宝店铺，粗略统计也达到了 12 家之多。这些店铺价格混乱，又分散在全国各地，实在是难以管理，也很难追溯货品源头。为了能够减少恶性竞争带来的损失，通过和品牌方的沟通交涉，刘璇星店拿到了 Y 品牌 2 年的天猫独家经营权，Y 品牌承诺在 2 年内，不授权任何经销商在天猫商城内销售他们的商品。2014 年 10 月，刘璇星店成功入驻天猫商城。虽然天猫商城的品牌正品形象能够天然地吸引一部分买家，然而问题并不能从根本上解决，每天依然有 10%的订单流失到了低价的店铺里。

除了缺货和低价竞争的问题以外，品牌方在营销事件的时间节点配合上也难以适应线上销售的特点。不论是淘宝、天猫还是京东，经过十几年发展的积累，已经有一套成熟完善的营销机制。比如 2 月、3 月都会做春夏新品的活动，8 月和 9 月会做秋冬新品的活动。然而 Y 品牌是从加拿大做线下销售起家的品牌，他们每年的 3 月、4 月才会出春夏新款，加上拍照和制作的时间，能够到线上最快已经 4 月初，比其他竞争品牌的上新时间晚了整整 1 个月，所有这些活动都无法参加，错失了最好的流量时机。秋冬上新这样的问题也同样存在，一年内光上新的问题就会损失两个月的热销期。

至于电商的各类大型促销还有聚划算这样的促销引流方式，每一次都要受到供货品种和价格的限制，双方总是在选品和价格上存在争议，几次下来，品牌觉得促销也没有换到理想的结果，星店团队觉得促销的成本要远远高于促销的收益，效果双方都不是很满意。

更为严重的是，由于明星本身所具备的特有性质，产品的品质直接影响到明星的形象和声誉。虽然在选择合作品牌时，对于 Y 品牌的产品品质有过考察。但是在经营过程中出现过两次产品品质的问题。两次品质问题都出现在断货赶工的情况下。一次是由于赶工，面料的印染环节时间压缩，导致一大批衣服都出现了轻微的染料气味，销售出去的服装被买家大面积退款投诉，甚至有些买家在评价中写道：奥运冠军卖的衣服居然也有劣质气味！而另外一次，是由于赶工，老的新面料供应商供货不足，所以 Y 品牌采用了新的面料。然而新面料在手感上和老面料有明显的差异，由于手感差异导致了很多买家怀疑货品的真假情况。两次问题，都株连到了刘璇的形象和声誉。好在满玉的团队对顾客的反馈都做了及时处理，一旦收到问题订单反馈，马上采取退换的处理，并且承担由此带来的一切费用。由于处理得当，没有让影响进一步扩大和恶劣化。但是因为品牌品质所带来的隐患，经过这一次之后，丰跃和满玉都格外重视起来

就这样，刘璇星店的团队在被断货、价格战、赶时间等各种问题的困扰的同时，业绩艰难地攀升着。即使是这样，截至 2014 年 10 月底，仅仅经过 1 年的经营时间，刘璇星店的销售额已经远远超过了那 3 家经销商销售额的总和，同时线下的 300 多个瑜伽馆也没有任何一间的销售比刘璇星店高，星店一举成为 Y 品牌全国销售冠军，并且把其他经销商远远地甩在了

后面。

与店铺业绩攀升相呼应的是刘璇的演艺事业,她不断地接拍电影和电视剧,同时也开始频频在各大综艺节目中出现。曝光度不断增加,刘璇已经从体育明星成功地转型成为跨界的艺人。由于刘璇身上特有的奥运精神、美丽的面孔、阳光开朗的性格,她逐渐受到了一些体育品牌、化妆品牌,甚至知名的汽车品牌等厂商的注意。渐渐地,经纪公司开始担心,这样持续地使用刘璇为Y品牌拍摄的照片,有可能会影响到刘璇的商业代言合同。加上断货事件没有得到合理的解决,恶性竞争也层出不穷,于是,是继续和品牌合作还是做自创品牌的争论,又再次被提了出来。

1.4.4 萌生自创品牌的想法

热卖了,反而被限制供货而断货了。因为断货而引发的危机感在丰跃心头越来越重。这样下去,不论做了多少工作,源头被抓在了品牌商手里,货源星店控制不了。代理商的发展星店没有话语权,品牌商固有的出货规划又很难改变来配合电商平台,似乎这些问题都因为品牌商而难以逾越。无论付出怎样的努力,扶持的不是自家品牌,品牌商似乎都是能够坐享渔翁之利。加上大半年来和Y品牌的接触,整个团队对瑜伽服市场越来越了解,对瑜伽服也越来越了解。Y品牌本身在产品和市场上的缺陷也凸显了出来。综合了这种种因素,丰跃当初想要做自创品牌的念头此时变得更加强烈。

1.5 何去何从?

2014年10月底的一天,满玉和丰跃像往常一样召开每周的例会。而这次会议的重要内容,就是讨论2015年刘璇星店的品牌经营策略。很快店铺运营就要一周年了,回首一年来的风风雨雨,两个人也是感触很深。2015年将是更为辛苦的一年,摆在他们面前的有几种选择。

1.5.1 继续牵手品牌?

如果继续像2014年那样和Y品牌合作,或者选择更好的合作伙伴,就不能再采用简单代理的合作模式,事实已经证明,会有不少的弊端。满玉提出了两种更加凸显星店特色的合作模式,与Y品牌联合推出“Y品牌——刘璇”瑜伽服。

第一,“Y品牌——刘璇”瑜伽服的所有产品都只特供刘璇星店,做刘璇星店专供。

这种模式就是从品牌方2015年的所有产品中，挑选出若干款，这些款打标为“Y品牌——刘璇”瑜伽服，在所有的电子商务平台上，仅刘璇星店有售，同时也不做线下销售，电子商务平台上的其他店铺也无权销售。也就是，在电子商务平台上，刘璇星店对这些款式是拥有独家权利的，而在2015年，刘璇也只会为这些款式拍摄宣传照片，其他款式都不再继续拍摄。这样做是总结了2014年的销售经验，刘璇成功地利用自己的明星优势，带动了品牌的非畅销款和非畅销颜色，甚至于部分款式成功地反超了原有的畅销款，成为畅销王。如果拥有部分款式的独家销售权，那么刘璇所产生的号召力就会全部反馈到自己的店铺中去，不会白白地帮助别人宣传了。

第二，“Y品牌——刘璇”瑜伽服全线销售。

这两种模式有什么区别呢？区别就在于，所有这一系列的衣服都可以供货给任何线上线下的店铺，包括刘璇星店也会出售，刘璇依然会给这个系列拍摄宣传照在星店内使用。在自己店铺以外“刘璇系列”所产生的销售额，都要按照一定比例付给星店分成。这样星店做的所有推广工作、品牌宣传工作、“微代言”都能够收到合理的回报；即使再产生品牌方限制给星店供货，优先了线下店或者其他任何店，星店一样没有损失，也可以从一定程度上避免品牌商对星店的牵制，重新掌握主动权。

丰跃听完满玉的这番话，不禁暗暗叫好。看来，满玉作为运营总监，早就总结了这一年的经验教训。这两个方案，不论哪一种，都能有效地防止和杜绝空白区域，使整个团队和明星的付出都会有回报，避免再出现今年这样“微代言”负效应。

1.5.2 自创品牌？

虽然满玉提出了两种全新的品牌合作模式，看似能够解决目前所产生的“微代言”负效应问题，可是从整体打造艺人的角度考虑，不论经纪公司还是艺人自身，都是想为艺人开创一个新的事业线。如果能够帮助刘璇顺利地做出一个原创品牌来，它的意义是远远大过简单开一间淘宝店。成功的原创品牌不但能够得到丰厚的经济回报，同时对艺人的无形价值提升是用金钱无法衡量的。

虽然做原创品牌能够预见的未来是非常美好的，但是所面临的困难也像一座小山摆在眼前。从设计到选材，从联系工厂到品质控制，每一个环节都需要大量的资金投入和专业人才，对于没有经验的人来说，这当中真是困难重重。同时，对团队更大的考验来自于库存的把握，无数的大牌已经在堆积如山的库存面前败下阵来。这也是丰跃犹豫不决的地方。

1.6 结语

周例会结束时，丰跃走出会议室，还在不断翻看手里一份整理出来的淘宝星店数据。原本是想通过数据来帮助自己做决定，可是，看到像徐静蕾这样红透半边天的大牌艺人，她的原创品牌在全网的销售额仅仅每个月 20 万元，而周笔畅的店原创品牌和知名品牌同时经营，月均销售额也能达到 60 万元，这几种经营模式里的任何一种，好与坏并不能简单地从销售额上找到规律。

到底要向哪个方向发展？是继续汇集各种品牌到店里来销售，还是不再与品牌合作完全走原创品牌的道路，抑或是像周笔畅的星店那样两种模式同时存在？这几种模式到底谁更适合刘璇星店，在丰跃的心里依然是一个悬而未决的问题。

明星在淘宝开店的潮流仅仅不到 2 年时间，出现的问题都是没有现成的答案的，也许要靠自己走过才能寻找到。但是无论如何，丰跃和满玉相信，眼前的问题最终都会解决，电子商务的大潮势不可当，他们一定会在这个新的领域里闯出一片自己的天空。

2 案例使用说明

2.1 教学目的与用途

（1）适用课程：本案例的主要特色在于个人品牌策略选择和特殊的淘宝商铺形式。本案例适用于网络营销、品牌管理、营销管理、零售管理等课程。

（2）适用对象：本案例主要为 MBA、EDP 和 EMBA 开发，适合有一定工作经验的学员和管理者学习。本案例可以用于工商管理各本科专业的相关课程。

（3）教学目的：本案例主要教授学生如何进行网络品牌营销和个人品牌营销，不同品牌策略之间的差异，如何进行品牌策略的选择。

2.2 启发思考题

（1）淘宝星店为什么能够产生巨大的社会和经济影响？刘璇星店在淘宝上开设星店的目的是什么？

（2）星店的产品选择策略是什么？刘璇星店是如何选择可销售的产品的？

（3）在淘宝上经营店铺应当采取的策略是什么？为什么刘璇星店开始的经营业绩不好？经营团队采取了什么方式提升刘璇星店的销售量？

（4）在开始时刘璇星店代理销售其他品牌的产品是如何考虑的？在代理其他产品过程中获得了哪些经验？

（5）淘宝店铺与所代理的品牌之间可能产生哪些冲突？解决冲突的策略是什么？刘璇星店与代理商之间产生了哪些冲突？这些冲突是如何解决的？星店的运营者拟采用新的代理销售模式，这些销售模式是否可行？代理商会提出哪些条件？

（6）代理销售品牌与自创品牌在消费者的品牌认知上会产生什么差异？请分析刘璇星店采取两种品牌策略的利弊。

（7）如果采取代理和自创品牌的混合合作模式，您预计在经营过程中可能会遇到哪些困难和问题？

（8）您认为刘璇星店应当采取什么样的品牌策略？为什么？将来的情况预计将是怎样的？

2.3　分析思路

本案例主要采用了理论分析和实证分析相结合的研究方法进行，分析思路参见图 5-1。

图 5-1 中，由上而下是层次递进的、相关联的一些讨论问题，分别对应启发思考题。其中，最左边的一列是普遍意义的问题，最右边一列是案例相关的问题，中间一列是案例的理论体系。本案例从分析淘宝星店所带来的社会和经济影响入手，通过对公司在运营刘璇星店过程中产品选择策略、营销策略、渠道冲突问题和对消费者产生的品牌认知影响等方面的深入分析，探讨如果未来星店采取代理和自创品牌的混合合作模式在经营中会遇到的困难和问题，寻找适合淘宝星店发展的品牌经营策略。

2.4　理论依据与分析

2.4.1　淘宝星店为什么能够产生巨大的社会和经济影响？刘璇在淘宝上开设星店的目的是什么？

（1）理论依据

品牌是指打算用来识别一个（或一群）卖主的商品或劳务的名称、术语、

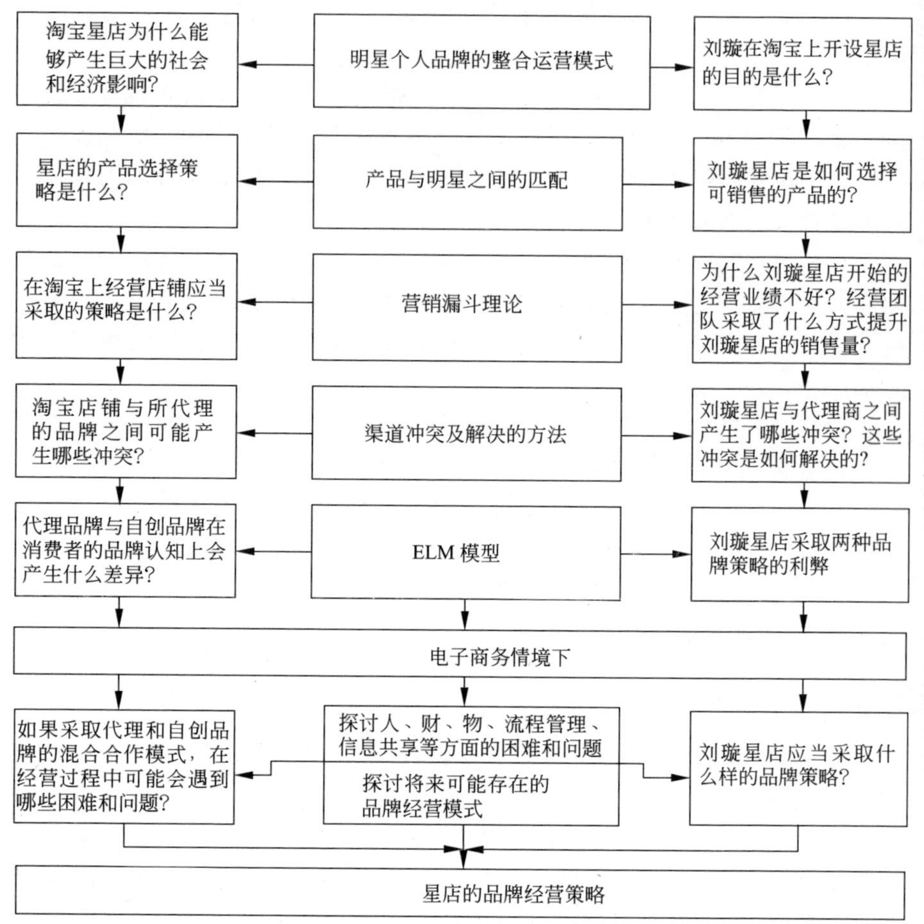

图 5-1 本案例分析思路

记号、象征或设计,或其组合。演艺界明星是一种特殊的品牌,这类品牌被人们研究得较少,我们称之为个人品牌。明星尤其需要有品牌意识,要拥有自己独特的品牌,要着力打造自己的品牌形象。

明星让自己品牌化会带来很多的优势:

① 品牌化可以吸引更多的消费者,这些消费者继而可能成为自己的忠诚者,这样.不论明星推出什么样的商品或者做什么样的事情,都有人追随和埋单。

② 形象塑造品牌化可以帮助明星树立良好的形象,让明星能够在演艺市场上屹立不倒。

③ 品牌化可以建立明星独有的特色，防止别人模仿、抄袭，即使被人模仿，模仿者也只能是东施效颦。

明星的无形价值是巨大的，这种价值来源于其个人品牌形象。明星的个人品牌形象是通过公共展示得以实现的，包括公益活动、影视展示、主持、歌手展示等(如图 5-2 所示)。当公共展示得到较好的形象之后，明星就需要通过整合运作的方式来得到较高的利益，这种利益来源于片酬、社交推广、演唱会、代言和开设星店。

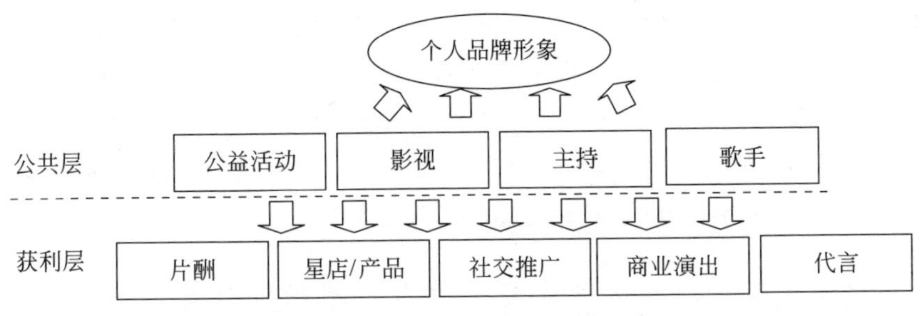

图 5-2 明星个人品牌整合经营活动概念框架

因此，我们认为，明星的个人品牌建设和获得利益方面是由两个层面组成的，分别是公共层和获利层，两个层面相辅相成，相互影响，需要进行整合运作。

(2) 案例分析

淘宝星店，顾名思义，是明星当老板在淘宝上开设的店铺。截至 2015 年 3 月底，已经有 326 位明星在淘宝开设了星店。因为明星而在淘宝上产生的消费也是巨大的。据 2013 年 12 月淘宝评选了"中国娱乐明星经济排行榜"，在淘宝上搜索"范冰冰"同款产生的年销售额高达 5.3 亿元，紧随其后分别是林志玲、孙俪、李小璐、姚笛等。而热播电视剧中的同款在淘宝的销售额也是一浪高过一浪，《裸婚时代》剧中同款在淘宝的销售额高达 2.23 亿元。为什么这些明星能够产生巨大的社会和经济影响？拿范冰冰来举例，范冰冰在《还珠格格》一部电视剧走红以后，不断地在电影、电视剧上推出新的作品、参加各类商业活动、为欧莱雅等大牌化妆品拍摄广告、参加各类晚会和综艺节目、参加世界各地的时装周，持续地以时尚美艳并且个性张扬作为自己的品牌个性，通过整合多角度多方位的传播途径和渠道，对自己的个人品牌进行整合营销传播，成功地塑造了个人品牌，也因此产生和吸引了众多的消费者，以她为典范，仿效她的穿着，追随她的消费，这就是名人同款热卖的原因。电视剧就更不必说了，一部电视剧中有众多的明星集合。淘宝星店是聚集了明星老板的地方，它满足了消费者们模仿明星的需求，同时通过电子商务的形式，也满足了消费者们方便地获得明星产品的需求，也因此而能够产生巨大的社会和经济影响。

刘璇是奥运冠军、体育明星。由于体育明星的特殊属性，他们青春活力的形象、为国争光的高大形象深深影响着消费者。他们与一般的明星不同，是具有很高美誉度的明星。退役后，刘璇进入北大攻读学位、参演了电视剧、做了主持人、参加综艺节目、做体育节目解说等，她的团队一直在为刘璇打造知性智慧、不断挑战自我的个人品牌形象；而在淘宝开设星店，也是她的个人品牌整合营销中的一个环节。通过开设淘宝星店，如果能够运营成功，不但能够开拓新的事业，同时从个人品牌包装的角度，也更能凸显刘璇的商业头脑，符合她知性智慧的品牌形象。

2.4.2 星店的产品选择策略是什么？刘璇星店是如何选择可销售的产品的？

(1) 理论依据

明星虽然不为自己星店内销售的产品代言，但是由于星店的特殊属性，明星是在为自己店铺中的商品做背书，消费者很容易将二者的关系联想为代言关系。

星店选择产品的核心是如何把品牌、目标消费者、自身三者统一起来。明星的人气市场和产品的市场统一，明星的气质特性和产品的定位及个性匹配，所选明星在产品所追求的市场上具有充分乃至最大化的影响力。

星店选择的产品应当与明星之间充分匹配，需要考虑的因素主要包括顾客需求、明星形象、产品定位、市场规模、竞争状况、产品可得等因素，其中明星形象是核心概念(如图 5-3 所示)，以下选择几个因素进行重点分析：

① 选择适合的品类

选择产品时不能仅仅以惯性思维作出决策，标准也不能太狭窄。明星在扮演不同角色时具有多面性，体育明星也有职业以外的生活习惯和爱好，影视娱乐明星也会有运动的偏好，因此，选择产品时，明星自己的身份和角色只是判断和决策的标准之一，还应该考虑的是明星的形象气质、性格，甚至所体现的某种精神，产品的特性和属性要与消费者对明星产生的品牌联想相吻合。

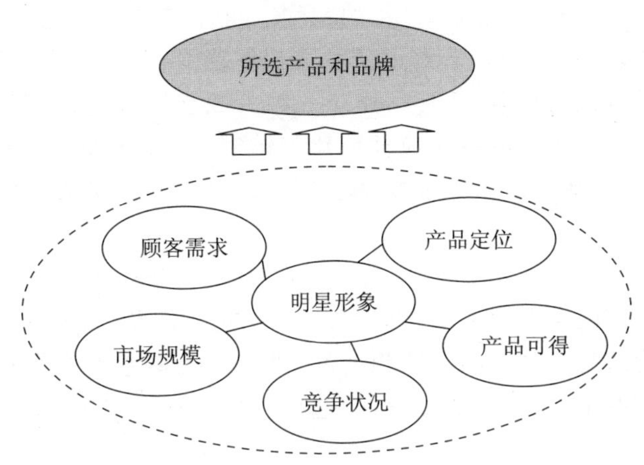

图 5-3　星店产品选择考虑的因素

② 产品定位和消费者喜好要与明星相符

不同的年龄群体有着不同的价值取向,因此所喜欢的明星也就不一样。明星往往会成为消费者的理想自我或理想的社会自我。如果明星的形象与产品的形象保持一致,或者产品的形象通过明星而得以塑造的话,消费者就会把理想的自我或理想的社会自我投射到产品上。于是明星的作用就得以实现。因此,在选择产品的时候,要深入了解产品目标消费群体的构成,根据目标群体和明星的匹配程度来确定产品,这样才能更大程度地与消费者建立联系。只有两者最大限度地重合,才能发挥爱屋及乌的光环效应,将明星价值转化为产品价值。

③ 产品的品牌规模实力要与明星相匹配

明星本身既是一种产品,也是一个品牌,星店所选择的商品应当与明星所处的发展阶段相匹配。星店在选择产品时如果仅仅看中产品的经济利益,盲目地选择一些品牌,不注重产品自身所具备的品质和产品的品牌规模实力,有可能因为产品出现的问题而损害和降低明星自身的品牌价值。

(2) 案例分析

在刘璇星店考虑选择商品的初期,刘璇的团队从多个维度考虑才选择了最后的产品。

① 个人品牌联想与产品属性是否一致,根据刘璇的形象、气质以及她身上的体育精神选择合适的品类。

首先是归纳了刘璇身上的特质和标签,这也是她的团队长期以来为她所打造的品牌形象。首先人们看到或者听到刘璇的时候,就会联想到体操,她在役的时候也有“平衡木公主”的美称。同时，在案例中也提到，她挑战过唱歌、拍电影、当过主持人，鲜明的个人标签还有漂亮、时尚、开朗、健康、勇于尝试。沿着她的标签，选择与她个人品牌联想符合的、匹配度高的产品，才能同时发挥二者的品牌效应并转化为销售。在这些标签下，有很多品类可以做，休闲潮牌、化妆品、女装、运动服饰等。当然，最为明确的一定是运动服饰品类。

② 数据调查，使未来的目标群体与刘璇的形象匹配

店铺运营的主要目的就是盈利，所以在选择产品时，刘璇的运营团队不仅仅考虑刘璇与产品之间的联想匹配。同时，还参考了这些相关品类在淘宝网近几年的销售数据，通过数据，选择一个具有一定市场规模，又与刘璇相关的品类。

完成了以上两点的考虑，也考虑了刘璇身上最明确的体操奥运冠军标签，但体操服是小众市场，需要找到一个与体操相关的大众市场产品，通过数据分析发现瑜伽服是一个合适的产品，它在国内的发展也恰恰是一个正在攀升发展的市场，还有很大的成长空间。有了这样的定位，第三步就是对所要做的产品品牌规模实力做考察了。

③ 产品的品牌规模实力

在案例中也提到了，刘璇身上不仅有奥运体操冠军的标签，还有时尚、漂亮等符合女性消费群体的标签。刘璇的产品应该代表着行业水平，要专业并且不能雷同。最终她们的选择是一个加拿大品牌，其自身的品牌规模和实力就不容小觑，设计总监曾担任美国天后玛利亚·凯莉(Mariah Carey)的形象顾问，在中国市场也经过了三四年的发展，在线下有广泛合作的300多个瑜伽馆，并且高端瑜伽馆居多。

好的品牌与明星联合，二者对各自的品牌都会产生影响，产品的品质也会影响明星的形象，所以考虑到了所有这些因素，才能正确地做出产品选择的决定。Y品牌的品牌规模和品牌内涵都很符合刘璇的形象和定位，因此刘璇的团队也确定下来了这个品牌。

2.4.3 在淘宝上经营店铺应当采取的策略是什么？为什么刘璇星店开始的经营业绩不好？经营团队采取了什么方式提升刘璇星店的销售量？

(1) 理论依据

管理大师彼得·德鲁克告诫我们：“衡量一个企业是否兴旺发达，只要

回头看看其身后的顾客队伍有多长就一清二楚了。”那么，面对众多的、潜在的商业机会，如何进行管理，如何组织优势资源重点突破，这就是商机管理的工作内容。

我们可以将销售想象成一个漏斗，销售机会经过采购流程的各个阶段，转变成为订单。“营销漏斗”是客户关系管理中非常重要的销售过程图形化跟踪与分析工具，如图 5-4 所示。所谓“营销漏斗”是一个形象的概念，是销售管理人员普遍采用的一种分析工具，通常“营销漏斗”的推动分为营销层和销售层。

① 营销层：漏斗顶部和漏斗上部

漏斗的顶部是有购买需求的潜在用户，企业通过广告投放、市场推广活动等营销手段，吸引这些潜在用户关注自己企业的产品；通过营销手段吸引到潜在用户关注后，这部分用户被挤压进入漏斗的上部，他们是将本企业产品列入候选清单的潜在用户或进入谈判阶段的客户，企业在这个阶段需要通过促销方案来打动客户才能使客户将自己列入候选名单。

② 销售层：漏斗中午和漏斗底部

漏斗的中部对应的是正在报价或者提供样品阶段的客户，在这个阶段，需要销售人员对客户需求和询问不断地跟进与沟通，推动客户最终下单；漏斗的下部是已经下订单的用户。

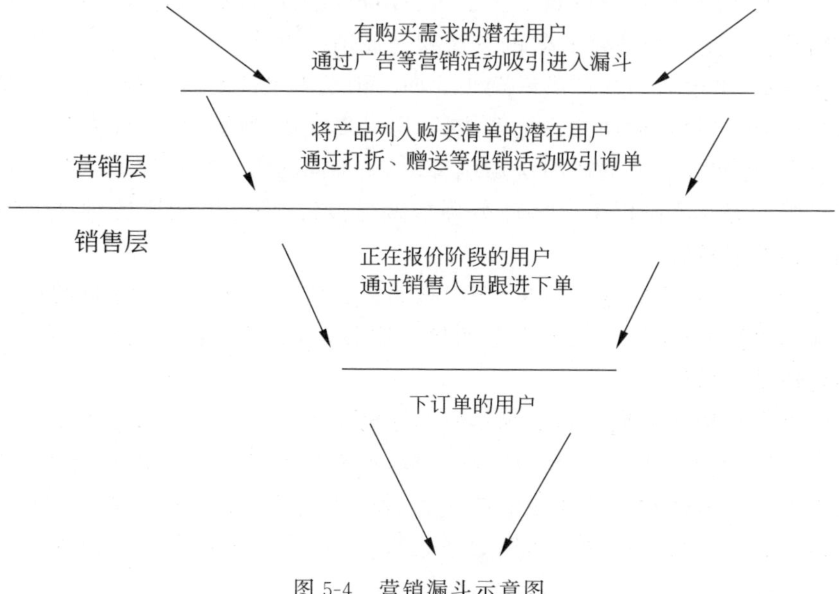

图 5-4 营销漏斗示意图

营销漏斗中有大量的销售机会，并且不断地向下流动，转变成订单，直到达成销售目标。

并不是每一个潜在客户都会成为企业的最终客户，因此存在着自然的营销漏斗。通常情况下，当新客户出现时，它虽然有较为明确的需求，但并不一定会成为公司的客户。在与销售人员不断的接触中，有的客户逐渐认可了公司的产品与服务，最终成为真实的客户；也有很多客户不会成为真正的客户。一般来说，最后成为客户的可能不到1/4。所以，销售人员的作用是尽可能地将潜在的客户逐步转化为真实的用户。在这个模型中，销售人员的工作好像装弹夹一样，不断把客户从漏斗的上方压到漏斗的下方。

(2) 案例分析

在淘宝上经营店铺，采取的策略也恰恰符合营销漏斗的原理。在淘宝这样的大平台上，有几百万个活跃的商家每天在售卖自己的商品。如何让消费者在众多的商家中发现和找到自己的店铺是成功销售的基础，因此首先要做的就是如何让潜在消费群体发现自己的店铺。在淘宝店铺中采用的最简单和常见的营销活动就是投放广告。在案例中也提到了广告投放的模式有直通车(搜索竞价排名)和钻石展位(焦点图竞价展现)两种。通过广告投放为自己的店铺吸引流量，这个工作就是将在营销漏斗中处于顶层的有购买需求的潜在消费者压向下层，成为将店铺列入购买候选清单的潜在消费者。

其次，通过广告投放吸引到了潜在用户进入店铺后，如何能够产生购买咨询呢？在这个环节最有效的方法就是促销。设计一个足够吸引人的促销方案，使原本就对店内产品有购买意向的消费者迅速地做出购买决策，促成购买成交。当然，促销并不是万能的，也可以在店铺的其他方面做到区别于竞争者，比如吸引人的产品卖点包装、与众不同的店铺视觉设计以及优质的客户服务等。不论以上这些环节哪个做得独特，都有可能抓住对这个环节感兴趣的消费者。

最后，在顾客完成下订单付款后，店铺还应该做好统一高质量的包装和快速的物流配送，以及优质完善的售后服务，给消费者良好的购物体验，从而达成销售目标。

刘璇星店在初期经营业绩不好的原因见表5-3，有以下几个方面：

① 淘宝上销售瑜伽服的店铺众多，没有任何营销措施的情况下，没有把潜在消费者转化为关注店铺的消费者的手段，靠自然流量很难被消费者发现。并且销售同品牌的店铺数量也很多，正常授权和个人行为店铺加起来十几家店。

② 刘璇星店和其他店铺都采用了品牌提供的产品素材，各个店铺对产品的包装雷同，店铺没有自己的特色，即使被消费者发现也很难记住，产品同质化严重，消费者无法区分和选择，购买的随机性比较大。针对进入店铺的客户，也没有使用有吸引力的促销手段，让消费者产生购买冲动。

③ 没有利用好明星这个独特的营销手段，没有把明星的品牌效应关联到店铺和产品上去，比如赠送明星签名、发优惠券等，很难打动客户做出购买决策，失去了明星开店的价值和意义。

综合以上几点，刘璇星店在经营初期都没有做好，因此经营业绩不好也是必然的。

针对以上原因，在调整了运营思路后，刘璇星店采取了很多措施来提高店铺的销量：

① 投放平面广告，通过广告让大量的目标人群知道刘璇星店这个店铺，为店铺吸引流量。

② 在发现平面广告投放效果不理想后，使用刘璇作为模特的图片来制作广告图，取得了良好的广告效果，带动了店铺第一次的销量提升。

③ 总结广告投放成功的经验，调整店铺思路，让刘璇为更多的产品充当模特，把产品和刘璇的形象紧密结合起来。

④ 利用明星的自媒体对店铺进行传播，刘璇微博有几十万粉丝，把店铺入口在刘璇微博上进行置顶，起到了非常好的广告推广效果。

表 5-3　刘璇星店销量提升的策略比较

刘璇星店 初期销量不好的原因	刘璇星店 提升销量的方法
(1) 在海量店铺中，很难被消费者发现 (2) 都是用了品牌提供的素材，店铺包装雷同，没有特色，消费者无法区分，购买的随机性很大 (3) 没有独特的营销手段，没有利用明星的品牌效应	(1) 投放平面广告，增加店铺曝光，为店铺吸引流量 (2) 投放刘璇作为模特的平面广告 (3) 大面积采用刘璇作为模特的产品图片，增加店铺和产品与刘璇的关联性 (4) 通过刘璇的微博置顶店铺入口，长期为店铺宣传引流

2.4.4　在开始时刘璇星店代理销售其他品牌的产品是如何考虑的？在代理其他产品过程中获得了哪些经验？

(1) 理论依据

当企业要进入某一个新的市场时，通常会从以下几个方面的因素考虑，来决定进入市场时所采取的策略(图 5-5)：

① 进入一个新的市场时都可能有哪些风险？

② 进入新市场需要的资金是否准备充足，该市场是否有很大的资金压力和风险？

③ 企业自身是否具备了进入新市场的经验，对市场的了解和掌握的程度如何？

④ 进入新市场需要的时间周期如何？如果周期过长，时间成本巨大，企业在新市场中面临的风险也越高。

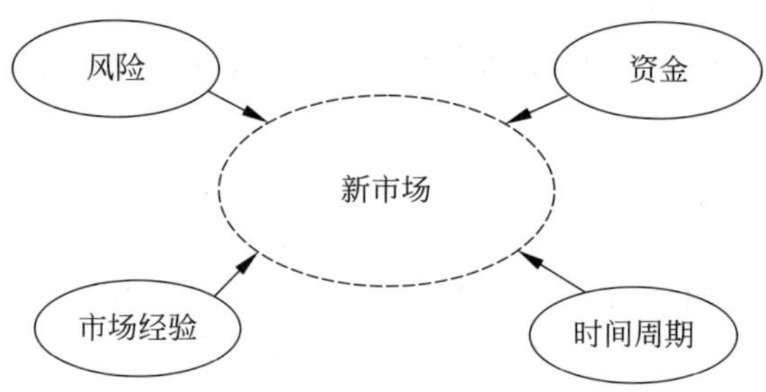

图 5-5 进入新市场时应当考虑的因素

(2) 案例分析

在创店初期，刘璇星店代理销售其他品牌的产品，主要的原因在案例中也有提及，总结起来有以下几点考虑：

① 品牌联合策略能够获得比独立经营更好的效果

从案例中可以看到，使用刘璇穿着 Y 品牌服装的照片开始宣传后，店铺的销售额迅速上升，得到了消费者的普遍认可。以奥运冠军这样美誉度很高的明星来为 Y 品牌做背书，发挥了体育明星对运动产品的影响力，同时扩大宣传，消费者通过刘璇很容易对产品的专业程度迅速认可并且建立信任。而从对 Y 品牌背景的介绍中也可以了解到，Y 品牌的设计师在设计领域有很深的造诣，同时在瑜伽专业领域也有相当的实力。二者的结合，综合了 Y 品牌在瑜伽服设计领域的优势和刘璇对产品专业性的影响力。在 Y 品牌独立经营时期，虽然在设计方面有特点和优势，但是市场上同类产品也存在着强有力的竞争对手，并没有让 Y 品牌很快从竞争中脱颖而出。而当刘璇星店开始经营 Y 品牌后，线上线下都呈现了爆发式增长。同样，刘璇虽然是体育明星，但她的专业是体操，并不会直接对瑜伽爱好者产生影响。而当两者联合时，刘璇和 Y 品牌同时对产品产生了主要驱动力作用，因此双方都会获得比独立经营更好的效果。

② 减少了进入市场的费用和风险

筹备刘璇星店的时候，运营团队想要与成熟品牌联合的一个重要原因，就是费用和风险的问题。如果要做原创品牌，首先就要有从工厂到面料等一系列的供应链，需要投入大量的生产和管理资金。另外，库存也会是对团队很大的考验，需要对市场的了解和准确的把握，而在筹备时期，这些条件刘璇的团队都不具备。如果贸然进入一个并不是深入了解的市场，即使有明星作为品牌创始人，也无法避免存在着很高风险。因此，选择一个已经很成熟的瑜伽服品牌来合作，不仅不需要投入庞大的生产管理资金，同时，因为 Y 品牌的团队一直专注于瑜伽服领域，对于市场的喜好和市场容纳量早已经能够准确把握，合理控制库存。而且，Y 品牌给刘璇星店提供代销并且 1 个月账期的政策，更是大大降低了资金压力和进入瑜伽市场的风险。

所以，选择代理其他品牌，一个重要的优势就在于极大地降低了进入市场时的费用和风险。

③ 缩减了产品的准备周期，节省了时间成本

与 Y 品牌合作，还大大降低了刘璇星店的开店时间成本。如果要做原创品牌，就不可能在短时间内让店铺步入营业状态，整个团队要花费大量的时间成本。而且产品的生产周期与市场的生命周期很难把握匹配。有可能生产的款式由于时间周期过长，等到上市的时候已经错过了销售旺季。随着时间成本的增加，风险和开店资金压力都在增加。

④ 代理其他品牌的产品有利于扩大店铺经营品类，可复制性高

刘璇作为一个体育明星，可以让消费者产生对很多种类型运动商品的联想，并不仅仅是在瑜伽服上。比如游泳、跑步、健身、骑行等这些运动相关的商品，都可以。这些运动之间的产品，往往可以产生关联销售，从而提高店铺的客单价。而如果要完全涉及这些领域的商品需要一个漫长的成长过程。如果采用代理的策略，就可以在每一个运动领域内选择一个合作品牌，使星店的经营品类在一段时间里就丰富起来，从而通过关联销售提高客单价，提高销售额。采用代理其他品牌的模式可复制性很高。

在代理其他品牌的过程中，也出现了一些问题，获得了哪些经验和教训呢？

① 合作方的株连问题

代理其他品牌的产品还是有风险的，第一条就是合作方的株连问题。在本案例中，也出现了类似的情况。当 Y 品牌由于赶工出现产品品质下降

的问题时，消费者的不满情绪和负面言论第一时间就影响到了刘璇的声誉。代理的同时，明星就在为代理的产品品质做背书，在目前普遍存在信任危机的大环境中，明星背书是销量的保障，消费者更容易下购买决策。因此当产品的品质出现问题后，也会很快株连到明星。明星的形象和声誉是明星价值的核心，因为合作方的株连问题得不偿失。

② 产品及供货的主动性掌握在合作品牌一方，产品不受控

代理其他的产品有可能随时被终止代理关系，停止供货。在本案例中，出现的类似问题是断货和供货不足的问题。在库存吃紧的情况下，Y 品牌为了保证其财务目标，优先给先付款的线下经销商供货，打破了代理合同的规定。这样的情况长期发展下去，就会存在 Y 品牌仓促终止合作的潜在危机。当然，如果刘璇星店改为先款先付，这样的问题很快就会得到解决，但是资金压力会明显增加，违背了开店初期选择代理其他产品的初衷。

③ 通过代理产品，能够对所代理的品类进行深入了解，为做自有品牌积累丰富的经验

虽然在代理产品的时候遇到了诸多问题，但是通过代理产品，使团队对所代理的品类有了深入的了解。不论从产品类型、产品材质、消费者喜好、市场规模等方面，都有了很好的把控，这也为未来做自有品牌打下了很深的基础。

2.4.5 淘宝店铺与所代理的品牌之间可能产生哪些冲突？解决冲突的策略是什么？刘璇星店与代理商之间产生了哪些冲突？这些冲突是如何解决的？星店的运营者拟采用新的代理销售模式，这些销售模式是否可行？代理商会提出哪些条件？

（1）理论依据

渠道冲突是指分销渠道中的某一成员将另一成员视为竞争对手，且对其进行伤害或损害以获取稀缺资源的企业行为。在企业营销活动中，生产者、中间商、消费者等渠道成员作为独立的利益主体，不可避免地会出现各种各样的冲突。当渠道成员都力求自身利益最大化时，就有可能损害其他成员的利益。因此，企业必须重视渠道冲突的管理，防止渠道关系的恶化。

渠道冲突可以表现为以下几种(图 5-6)：

① 横向渠道冲突。指企业同一分销渠道内同一环节的不同成员之间的冲突，如同级批发商或同级零售商之间的跨区域销售、压价销售等冲突。

② 纵向渠道冲突。指企业同一分销渠道中不同环节成员之间的冲突。

如生产者与分销商之间、总代理与批发商之间、批发商与零售商之间的冲突，具体表现为进货价格的不同、信贷条件的差异等。

③ 多渠道冲突。指两条或两条以上渠道之间的成员发生的冲突。当生产者在同一市场或区域建立两条或两条以上的分销渠道时，渠道成员之间就会发生此类冲突。具体表现为同一市场区域产品销售价格不同、销售网络紊乱等。

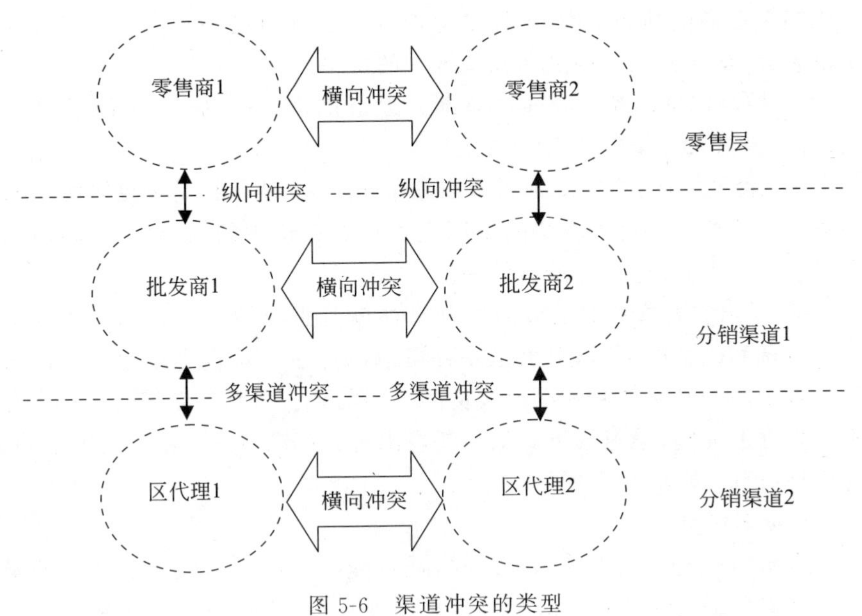

图 5-6　渠道冲突的类型

解决冲突的办法通常有以下几种：

① 目标管理。当企业面临对手竞争时，树立共同的目标是团结渠道成员的根本。渠道成员会发现他们有共同的目标，如生存、市场份额、高品质、消费者满意度等，这种情况通常发生在渠道面临外来威胁时，比如出现了强有力的竞争渠道、立法的改变或消费者需求的改变等。紧密合作能够战胜威胁，这也可能使各渠道成员明白紧密合作求共同的最终目标的价值。

② 沟通。通过劝说、沟通来解决渠道冲突。从本质上说，劝说是为存在冲突的渠道成员提供沟通的机会，强调通过劝说来影响其行为而非信息共享，也是为了减少有关职能分工引起的冲突。既然大家已通过目标管理结成利益共同体，沟通可帮助成员解决有关各自的领域、功能和对顾客的不同理解的问题。

③ 协商谈判。谈判的目标在于停止成员间的冲突。谈判是渠道成员讨价还价的一种方法。在谈判过程中，每个成员会放弃一些东西，从而避免发生冲突，但利用谈判或劝说要看成员的沟通能力。事实上，用上述方法解决冲突时，需要每一位成员形成一个独立的战略方法以确保冲突的解决。

④ 压缩利润空间。渠道冲突产生的主要原因是渠道之间的价格问题，如果渠道商有足够高的利润空间来进行价格竞争，就会产生渠道冲突。通过压缩渠道商的利润空间，迫使渠道商为了保证自己的利润空间而无法有价格差异，从而使渠道商之间保持统一的价格。

⑤ 控制供货。品牌商通过对部分渠道供货时间、供货数量、供货款式的控制，来协调和渠道冲突问题。

⑥ 诉讼。冲突有时要通过政府来解决，诉诸法律也是借助外力来解决问题的方法。对于这种方法的采用也意味着渠道中的领导者不起作用，即通过谈判、沟通等途径已没有效果。

⑦ 退出。解决冲突的最后一种方法就是退出该营销渠道。当冲突处在不可调和的情况下时，退出是一种可取的办法。从现有渠道中退出可能意味着中断与某个或某些渠道成员的合同关系。所有的渠道安排都会存在不同程度的冲突，渠道成员总是不断想出各方都满意的方案解决渠道冲突，这样做有利于各方的发展。

(2) 案例分析

淘宝店铺与所代理的品牌之间，最可能出现的就是线上和线下的渠道冲突。星店通常所代理的品牌也是在线下具有一定知名度的品牌。由于淘宝店铺是线上店铺，通常在品牌价格上会比线下便宜，也因此会产生与线下渠道的价格冲突。

最常见的解决办法就是代理品牌会提供“网络专供款”给淘宝店铺渠道来单独销售，通过“网络专供款”与线下渠道的商品做出差异化，来规避消费者比价，线上线下渠道冲突的问题。另外，品牌也会采取线上线下区分款式主次的方式来协调渠道冲突。比方说某些款式对线下渠道供货充足，但是某些款式却控制供货，以保证线上销售充足。

在案例中，刘璇星店与代理商之间出现的冲突包括以下几种：

① 多渠道间冲突

Y 品牌的零售商主要是线下的瑜伽馆，刘璇星店是线上零售商，刘璇星店和瑜伽馆的主要冲突是典型的线上线下零售渠道间的冲突，集中在价格问题上。

② 纵向冲突

首先，品牌商与刘璇星店之间供货时间和供货节奏的冲突。由于Y品牌的零售商主要集中在线下瑜伽馆，上新和季节更替的反应相对较慢，因此品牌商在供货的时间和节奏上更侧重线下渠道，很难兼顾与淘宝店铺匹配。

其次，促销季和库存储备之间的冲突。淘宝全年两次最重要的大促双11和双12都在冬季，而此时恰恰是瑜伽服销售的淡季。此时很多线下的零售商已经销量很低了，因此品牌方在这个时间段的库存量并不是十分充足，并且生产力量和重点也都放在了新品的生产设计上，因此很容易因为库存不足而影响大促销量。

③ 横向冲突

刘璇星店通过刘璇的明星效应吸引来的流量无法保证在店内产生转化。因为刘璇而关注到了Y品牌的商品，但是其他线上零售商通过低价竞争，导致有订单流失到其他线上零售商，也是典型的压价销售冲突。

这些冲突是通过以下方式来解决的(见表5-4)：

① 控制供货。对与线下瑜伽馆之间的价格冲突，以及订单有可能流失到线上其他零售商的问题，刘璇星店希望通过采取“刘璇星店专供款”或者“刘璇系列”的模式来解决冲突，将款式的销售渠道或者分成模式改变，来协调冲突。

② 供货时间和供货节奏的冲突，通过品牌商调整为符合淘宝店铺的时间节奏来协调解决。

表5-4　刘璇星店与代理商之间的冲突及解决方法参照表

冲突	冲突的解决方式
• 多渠道冲突 线上线下渠道之间的价格冲突	• 解决方法：控制供货 通过采取新的代理销售模式——“刘璇星店专供款”或者“刘璇星店系列”来解决
• 纵向冲突 品牌商供货时间和供货节奏与刘璇星店需求不相同的冲突； 刘璇星店促销季和品牌商库存储备之间的冲突	• 解决方法：协商 品牌方调整供货时间及供货节奏来匹配刘璇星店； 改变生产思路，通过销量预测来提前储备充足的库存
• 横向冲突 刘璇星店与线上其他零售商之间的冲突，其他零售商压价销售	• 解决方法：控制供货 通过采取新的代理销售模式“刘璇星店专供款”或者“刘璇星店系列”来解决

③ 促销季和库存储备之间的冲突。与品牌商协调追加生产，根据以往自己店铺的销量以及同行业店铺销量的调研，推算合理的库存，在促销季到来之前为促销准备充足的库存。

在案例中，星店的运营者提出了两种新的运营模式——“刘璇星店专供款”和“刘璇系列”，前者只在刘璇星店销售，后者可以全线销售，刘璇按照一定比例进行分成。这两种模式并不是刘璇星店独创的代理销售模式，目前在淘宝店铺中，这两种方式都有一些品牌在采用，两种模式都具备很高的可行性。但是，从品牌商的角度来看待这两种方式，他们一定会提出一定的条件才会答应这种模式。比如：

第一，“刘璇星店专供款”，由于是在刘璇星店单一一个店铺中销售，采取的是卖断款式的策略。原本由全渠道经销商承担的销售额，就会落在刘璇星店单店身上，因此品牌商一定会对这款提出销量的要求。销量过低，品牌商不能达到销售目标，不会答应。销量过高，刘璇星店承担的压力和风险加大，刘璇星店不会答应。因此需要双方友好协商，寻找到双方都能接受的共同点，才能使这个模式得以执行。

第二，“刘璇系列”，这种代理模式，是采用全渠道销售但是刘璇分成的模式。双方是否能达成一致的焦点就在于分成数额的确定，也就是抽点的高低。抽点过高，品牌商和渠道商都不接受，抽点过低刘璇的经纪公司无法接受，因此，这个方案是否可行的关键在于双方协商找到合理的扣点数额。

2.4.6 代理销售品牌与自创品牌在消费者的品牌认知上会产生什么差异？这种差别会对刘璇星店带来什么影响？

(1) 理论依据

精细加工可能性模型(elaboration likelihood model，ELM)把态度改变归纳为两个基本路径：中枢路径和边缘路径。中枢路径把态度改变看成消费者认真考虑和综合广告中商品信息的结果，即消费者进行精细的信息加工，综合多方面的信息与证据，分析、判断广告中商品的性能，然后形成一定的品牌态度。这一过程需要较多的认知资源。边缘路径认为态度的改变不在于仔细考虑广告中所强调的商品本身的性能，不需要进行逻辑推理，而是根据广告中的一些边缘线索，如是否为专家或名人推荐、广告诉求点的多少、广告媒体的威望、广告是否给人美好的联想和体验等直接对广告做出反应。这一过程所需的认知资源较少。不同路径的说服效果有差别：中枢路径所引起的态度改变比边缘路径所引起的态度改变更持久，并且更能抵御反面宣传；中枢路径所形成的态度比通过边缘路径形成的态度能更准确地预测后来的行为。

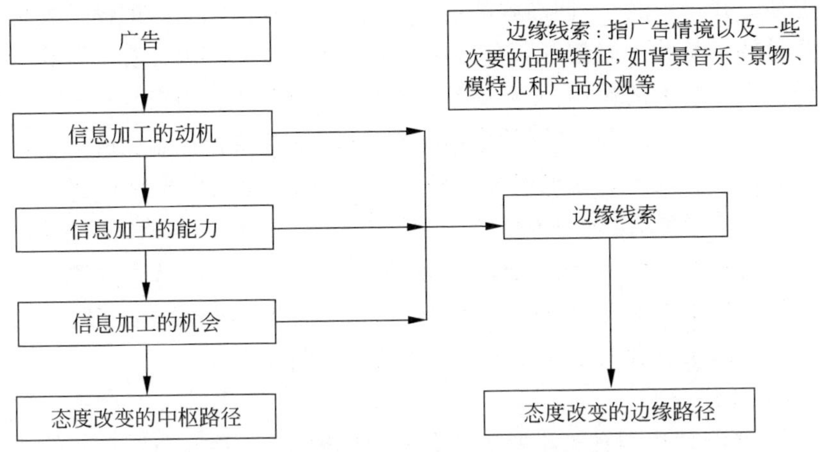

图 5-7　态度改变的 ELM 示意图

ELM 的基本原则是不同的说服方法的效果依赖于被说服者对传播信息作精细加工的可能性高低。当精细加工的可能性高时，说服的中枢路径在被说服者态度的改变过程中影响较大；而当这种可能性低时，态度的改变是通过边缘路径实现的。

消费者的态度改变是经由中枢路径还是边缘路径，取决于品牌卷入程度和消费者对信息进行加工的能力。高品牌卷入程度能导致一条通向态度改变的“中枢路径”。在中枢路径中，态度改变是消费者认真考虑和综合信息的结果。在此过程中，消费者主动考察广告的信息来源、商标产品信息等。收集和检验过去的体验，分析判断广告商品性能等，最后作出综合的评价。低品牌卷入程度只能导致一条通向态度改变的“边缘路径”。这时消费者只是对所获得的信息进行粗浅的处理，并依据信息中的一些显而易见的线索形成对品牌或店铺的印象。比如，消费的环境、广告中的人物是否名人、信息来源是否可靠、广告媒体是否大型媒体以及包装是否精致等。

信息加工的动机通常由消费者的卷入水平来衡量，而卷入水平取决于消费者意识到的购买风险水平。当消费者面临较大的购买风险时，往往需要较多的信息，这时信息加工的动机水平较高。举例来说，消费者购买较贵重商品时，与购买普通商品相比，所愿付出的努力显然更多。在前一种情况下消费者有较强烈的信息加工动机，而在后一种情况下就不会有太强烈的动机。消费者在低动机下的表现通常有：相对缺乏对有关品牌的商品信息的主动寻找；较少对不同品牌的商品进行比较；对不同品牌的商品发生类化以及对特定品牌无兴趣等。在这些低卷入条件下，边缘线索在消费者态度改变中发挥较大的作用；而在高卷入条件下，消费者会积极寻找各种与商品有关的信息，并在不同品牌间仔细比较，这时中枢路径在态度改变过程中所发挥的作用就较大。在很多情况下，广告主希望通过中枢路径使消费者发生态度改变，特别是试图传播产品特性的广告。但是，在特定的情境下，究竟什么路径发生作用，还要看消费者的信息加工水平。当消费者具备了较高的信息加工水平时，精细的信息加工即通过中枢路径发生态度改变才有可能，否则，消费者的态度变化只能通过边缘路径发生。

ELM 给我们如下启发。

① 区别使用两种策略要进行有效的传播，对高卷入和低卷入的消费者应采取完全不同的策略。一般来说，在高卷入条件下，广告应该多提供产品本身的特性、功能等相关信息，信息应该具体、富有逻辑性。而在低卷入条件下，要先给予有限的信息，比如图片性的广告，使消费者能迅速地了解该产品的关键属性，或者可以采取措施来提高消费者的介入程度和信息处理水平。

② 中枢路径优先，边缘路径次之。在广告中，我们最好提供强有力的论据，对受众进行理性的说服，促使产生持久积极的态度改变。如果做不到这一点，那么至少也必须提供一些重要的边缘线索，促使消费者发生暂时的态度改变。

③ 两种策略综合采用中枢路径和边缘路径在广告说服和广告传播中各有优势，两种策略也可以结合运用，以相互取长补短，发挥综合优势。

(2) 案例分析

在案例中，刘璇星店曾经统计过两次不同设计的广告投放效果，如图 5-8 所示。在投放条件(见表 5-5)相同的情况下，两次广告的投放效果存在着一定的差异性。在使用以刘璇穿着 Y 品牌服装为主图的广告后，日均点击率增长了 10.9%，日均点击量增加了 22.2%，日均转化率增加了 63.4%，客单价增加了 8.6%。在这四项数据中，虽然客单价的增长幅度并不大，但是广告投放效果最重要的衡量参数“转化率”有大幅的显著增加。

表 5-5 刘璇星店广告投放环境表

投放条件参数	内容
广告投放时间	2 周/支
广告投放平台及位置	淘宝网 www.taobao.com 首页焦点图 3
广告覆盖人数	840000～841400 人
广告投放人群定向	竞品 F 品牌消费者 竞品 E 品牌消费者 瑜伽、游泳运动爱好者 运动服装、装备购买频次高的人群 美容美体爱好者 (数据调研使用淘宝官方工具“数据魔方”和投放人群定向功能，由淘宝广告投放平台提供)

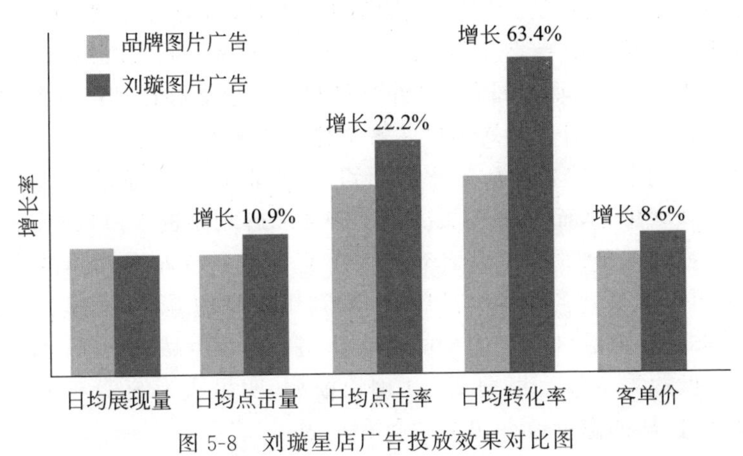

图 5-8 刘璇星店广告投放效果对比图

案例中给出了转化率的计算公式，日均转化率＝日均订单数/日均点击量×100%，这说明通过使用刘璇的广告，购买率和订单量都有大幅的显著增加。广告投放效果提高显著。

根据 ELM 理论模型，消费者的态度改变有两种路线，一种是中枢路径，一种是边缘路径。通过星店的两次广告投放，可以看到代理销售品牌与自创品牌在消费者的品牌认知上会产生差异。

两次广告设计的区别主要在于第一次广告以介绍 Y 品牌为主，广告词突出“Y 品牌”；第二次广告投放以刘璇为主，广告词突出“刘璇”“奥运冠军”，使用以刘璇为模特的图片，尤其值得注意的是，这次广告中并未提及服装的品牌。由广告结果反推，第一支广告投放时，吸引消费者购买的动因可能是服装款式、Y品牌等因素；第二支广告投放时，吸引消费者购买的动因可能是服装款式、刘璇背书、产品品质等因素。在ELM理论模型中，当消费者是由于中枢路径对产品的态度发生改变时，这种改变被认为更为牢固和持久，所以当广告投放后消费者通过中枢路径发生态度改变时，广告效果自然是最好的。第二支广告不论在广告图像和广告词的设计上，都是凸显的刘璇，广告投放后购买率有60%以上的大幅增加。说明购买产品的消费者主要是因为刘璇而发生了态度的改变而并不是Y品牌。所以，当产品以刘璇作为中枢路径的时候，对产品的销售是能够起到绝对的促进作用的。

刘璇星店和Y品牌目前是代理的关系，而通过广告投放来看，实际上能够让消费者发生态度改变的主要因素是刘璇而并不是Y品牌。消费者并不是因为对Y品牌的了解和信任而购买产品，而是因为刘璇的明星效应使消费者对产品产生专业、高品质的品牌联想而做了购买决策。所以，即使不是与Y品牌合作，而是推广刘璇的原创品牌，也能够达到同样的效果。

消费者这种差别会对刘璇星店带来什么影响？

通过案例中的广告投放效果分析可以看到，消费者通过刘璇而产生了良好的品牌联想，从而产生购买决策。普通品牌刚刚进入市场时，需要在同类产品中找到差异性，让消费者对产品产生信任需要花费相当的成本和时间，但是明星本身具备天然的品牌效应，利用自身的属性，选择关联性高的产品，能够比普通品牌花费更少的成本让消费者产生品牌信任，也更容易促使消费者做购买决策。根据ELM理论模型，明星成为消费者态度改变的中枢路径，这样的态度改变更为长久和牢固。

刘璇是奥运冠军，体育明星，消费者会联想到她具备专业的运动知识，所以也会对专业的运动服装和装备更为了解。由刘璇来做运动产品品牌，消费者很容易就能接受。如果在产品的品质控制和款式设计上都能控制好，客户体验好，明星效应与优秀的品质两者结合，一定会使消费者产生品牌黏性。所以不论是从时间还是成本投入上，都比普通品牌更容易。

2.4.7　如果采取代理和自创品牌的混合合作模式，预计在经营过程中可能会遇到哪些困难和问题？

(1) 理论依据

如果企业在品牌策略上采取代理和自创品牌的混合模式，由于运营是由同一团队来执行，所以不论是代理品牌还是自创的品牌，有很多资源都是在共同使用的，比如仓储资源、产品陈列和展示位、运营团队、流转资金等，两种类型的商品都在抢占这些资源，如图 5-9 所示，那么如何合理分配这些资源对企业来说是个问题。

另外，对于代理品牌和原创品牌，在运营过程中，操作的流程不尽相同。由于操作流程和标准的不同，操作人员就需要掌握和了解不同品牌的不同流程，每个人都要学习和执行多套流程，会直接导致工作成本的上升，操作比较复杂。

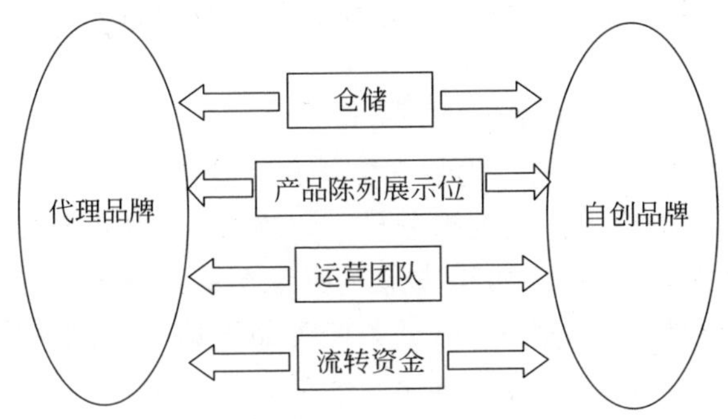

图 5-9　混合模式资源分配示意图

(2) 案例分析

如果未来采取代理和自创品牌的混合合作模式，店铺的经营可能会存在以下几个方面的问题：

首先，从资源配比的角度，由于自有品牌的所有权益都在自己手中，而代理品牌的最终所有权并不归属星店，所以不论是人员还是其他资源的配备上，都会更加倾向于自有品牌。然而，采取混合模式的原因就是因为自有品牌还不够强大到独立支撑店铺的销量，如果资源都过于倾向自有品牌，一定会影响代理品牌的销售，导致业绩下滑。因此，如何平衡这个过程中代理品牌和自有品牌的推广投入和推广资源、推广力度，是个困难和问题。如果平衡不好，最终可能导致的结果是自有品牌也没有做起来，代理的品牌销量也不好，一无所获。

其次，从资金的角度，自创品牌需要大量的资金，案例中也提到了，做代理产品的优势就是资金压力不大，一但要做原创品牌，就需要投入大量的资金，带来的资金压力也不小，所以在做混合模式的过程中，自创品牌的发展应当有一个循序渐进的过程，不能图大，一蹴而就。

最后，从信息共享的角度，代理品牌与自创品牌的产品之间最终会形成竞争的关系。如何把刘璇的明星效应逐步从代理品牌转移到自创品牌上，为最终独立做自创品牌做准备，也是需要面对的困难。

2.4.8 刘璇星店应当采取什么样的品牌策略？为什么？将来的情况预计将是怎样的？

刘璇星店应当采取的品牌策略显然是不能一刀切地去断定的。应当根据店铺的不同发展阶段来确定不同的策略。

那么，是不是一定就是做原创品牌好呢？经营原创品牌的优劣势都有哪些呢？

(1) 原创品牌经营策略优势分析

① 消费者对产品容易产生品牌信任和品牌黏性

通过案例中的广告投放效果分析可以看到，消费者通过刘璇而产生了良好的品牌联想，从而产生购买决策。明星本身具备天然的品牌效应能够比普通品牌花费更少的成本让消费者产生品牌信任，也更容易促使消费者做购买决策。如果在产品的品质控制和款式设计上都能够控制好，客户体验好，明星效应和优秀的品质两者结合，一定会使消费者产生品牌黏性。所以不论是从时间还是成本投入上，都比普通品牌更容易。

其实这样成功的案例并不在少数，中国的李宁(李宁，中国体操运动员)、澳大利亚的知名女性运动品牌 LORNA JANE、瑞士户外品牌 ODLO(由挪威滑雪运动员创立)都是由运动明星所创办的成功品牌。

② 做原创品牌，能够保证星店的稳定可持续性发展

代理品牌还是存在着诸多的不稳定性，比如货源不受控制，因为货源无法配合星店的销售规划而影响到销量。同时，也存在着合作方突然终止合作的风险。这些问题实际都会导致星店无法可持续性发展，一旦断货或者终止合作，星店都将无法进行正常的运转。

如果做原创品牌，这些问题都可以迎刃而解。与品牌联合时，必须考虑到对方品牌的理念和销售规划，实际上星店的主要销售渠道在线上，而 Y 品牌之前的主要销售渠道一直是线下，二者在品牌理念和销售方式上都存在一定的差异。这些差异也限制了星店的发展。在做原创品牌时，可以完全以自身的需求，做符合自身品牌理念的产品，制定符合线上销售特点的销售策略。产品是品牌的核心，做自创品牌的最大优势是产品掌握在自己手中，能够保证品牌和星店的可持续性发展。

③ 做原创品牌，可以扩展销售渠道，线上线下同时销售

做代理品牌，星店的销售渠道局限于线上，局限于刘璇星店这一个店铺，销售范围十分有限，而明星对品牌的影响是绝对不会局限在某个特定的销售渠道的。在案例中我们也可以看到，刘璇也引起了 Y 品牌在线下的销量呈爆发式增长，但是 Y 品牌不对这些增长给予星店任何的分成。明星对销售的影响是不可能仅仅控制在自身店铺内的，即使采取新的双品牌策略也是同样的。

如果是做原创品牌，就可以线上线下联动，充分利用品牌效应的影响力，多个销售渠道同时发展，比如线下的经销商、线上的分销商等，这些渠道在做 Y 品牌的时候，是不可能辐射到的。

④ 销售策略自主灵活，更符合星店自身的发展需要

星店的发展基础是基于线上的电子商务平台，这些主要的电子商务平台已经形成了一套固有的销售模式和策略，有固定的促销周期和促销活动。在案例中，由于 Y 品牌自身的销售策略无法与电子商务平台匹配，直接影响了星店的销售业绩。而品牌固有的销售策略很难为了星店而单独调整，因此这样的问题有可能会长期存在，对星店的发展影响较大。

如果做原创品牌，可以自行制定销售策略，不论从产品的款式还是数量，以及上新节奏上，都可以全面配合电子商务平台的营销节奏，解决了目前影响星店销量的主要问题。

(2) 原创品牌经营策略劣势分析

虽然经营原创品牌能够解决目前星店遇到的多重问题，但是做原创品牌并不是没有风险。

① 原创品牌对资金投入要求高，同时时间成本也高，如果资金断裂，项目失败的风险也高

做原创品牌，需要建立产品库存，对资金投入要求比较高。以 Y 品牌瑜伽服为例来计算，79 款瑜伽服，平均每款 12 个 SKU，每件瑜伽服的平均售价在 350 元左右，假设每件瑜伽服的成本价格是 100 元人民币，每个 SKU 保证有 300 件的库存，即使初次生产仅仅达到 Y 品牌一半的款式数量 40 款，也需要 $40\times12\times300\times100=14400000$ 元，光是库存的成本一项就高达 1400 万元以上。除此以外，如果要做自创品牌，人员、仓储、物流、供应链等各项成本都会有相应的大幅提高。因此对资金投入要求高，压力也大，项目风险高。

另外与品牌联合的情况不同，Y 品牌有现成的库存，不需要产品设计规

划和生产的时间，合同签订完成就马上能够进入销售阶段。但是做原创品牌，从产品设计规划到生产，需要较长的时间，时间成本也高。

② 做原创品牌需要对应的供应链管理人才，人力资源压力大

对于与品牌合作的模式，星店只需要建立相应的电子商务团队，主要工作集中在线上销售终端。如果是做自创品牌，则需要从产品生产源头开始管理，材料选择、工厂选择、出厂品控、库存管理在供应链上的每一个环节都需要专业的管理人才，这在短期内是无法具备的。即使是招聘，建立团队，也需要时间磨合，短期内是无法建立起稳定的团队的。

③ 做原创品牌，会花费更高额的市场费用

任何一个新品牌在进入市场的时候，都需要投入更多的市场费用进行推广。由于Y品牌本身已经在线下具备了一定的知名度，因此在推广上要比做自创品牌有优势，花费的费用也会相对低。而做自创品牌，即使有了刘璇，要传达一个新品牌的信息，建立品牌效应，仍然需要更多的投入。

三种品牌经营策略优劣势比较见表5-6。

表5-6 三种品牌经营策略优劣势比较表

	优势	劣势
代理其他品牌	(1) 代理其他品牌，双方都能获得比独立经营更好的效果； (2) 代理品牌，减少了刘璇星店进入市场的费用和风险； (3) 可复制性高，能够迅速引入更多品牌，有利于刘璇星店扩大店铺经营品类	(1) 有可能被Y品牌的问题株连； (2) 有突然被Y品牌终止合约的风险，产品及供货的主动性掌握在合作品牌一方，产品不受控； (3) 与Y品牌合作结束后依然会有连带影响，有可能被认为合作依然存在，影响后续做同类产品时的销售
做原创品牌	(1) 有刘璇做背书，消费者对产品容易产生品牌信任和品牌黏性； (2) 做原创品牌，品牌掌握在自己手中，能够保证星店的稳定可持续性发展； (3) 做原创品牌，可以完全发挥品牌效应，扩展销售渠道，线上线下同时销售； (4) 销售策略自主灵活，更符合星店自身的发展需要	(1) 原创品牌对资金投入要求高，同时时间成本也高，如果资金断裂，项目失败的风险也高； (2) 做原创品牌需要对应的供应链管理人才，人力资源压力大； (3) 做原创品牌，会花费更高额的市场费用

续表

	优势	劣势
混合经营模式	(1) 通过代理品牌，累积对应的产品经验和市场经验； (2) 降低了进入市场时候的风险和费用； (3) 缩短了时间周期，降低了时间成本； (4) 可复制性高，可以通过代理品牌来扩充经营品类； (5) 给自创品牌的经营建立了更加稳定的经营环境，使自创品牌稳步发展	(1) 代理品牌会抢占仓储、人员、资金等各方面的运营资源； (2) 长时间代理某个品类的品牌，会对自创品牌进入该市场造成阻碍

因此，随着刘璇星店经营能力的增强，品牌策略应当根据不同时期来采取不同策略，循序渐进，遵循代理品牌、混合经营、自创品牌这样一个过程。

在案例中可以看到，2013 年店铺初创，不论从人力、物力、财力、时间成本等几个方面，都更适合采取代理品牌的策略，迅速地进入运营阶段，将店铺的运营推上正常轨道，短期内迅速获取利润。经过了一年的运营，刘璇星店已经取得了一定的销售业绩，团队也磨合完成，相对比较稳定，这也是目前刘璇星店所处的时期。因此，现在比较适合采取代理品牌和自创品牌的混合模式，逐步发展自创品牌。通过代理品牌的利润保证店铺的正常运营，同时也通过代理品牌来扩充店铺品类，积累不同品类的运营经验，降低自创品牌的初始风险，从而逐步发展自创品牌，等待自创品牌的发展逐渐成熟。混合模式将会持续相当长的一段时期，在混合模式下，店铺的发展空间较为灵活，可进可退。

如果混合模式经营得比较成功，将来甚至可以尝试，将目前的刘璇星店剥离为两个店铺，一个店铺是做自由品牌的旗舰店，而另一个店铺是做代理品牌的专营店，将所有代理的品牌专门放在一家店内，两种模式都已经具备了独立发展的条件，并且运营完全不相同，可以独立发展。

2.5　参考文献

[1]　陈谦，刘芳．广告新论：若干问题的学生探讨[M]．北京：中国社会科学出版社，2010：130-136.

[2] 何俊峰. 品牌管理[M]. 成都:西南财经大学出版社,2011:92-100.
[3] 翁向东. 本土品牌战略[M]. 南京:南京大学出版社,2008:142-174.
[4] 马谋超. 广告心理学理论与实务[M]. 北京:中央广播电视大学出版社,2003:169-186.
[5] 薛振田. 广告心理学:原理与方略[M]. 北京:化学工业出版社,2011:136-152.

案例六 微信社群营销：新苑阳光公司[①]

通过微信构建社群，建立与客户的关系，从而产生持久的销售是社群营销的主要形式，它是社会化客户关系管理的一种重要模式。本案例描述了新苑阳光的微信社群营销过程，这家公司是一家农业企业，它以微信社群为核心，建立了线上和线下的联动体系，有效地促进了企业的产品销售和生存发展。

1 案例正文

1.1 引言

2015年8月1日，是一年一度的建军节，也是新苑阳光公司智慧农业系统正式内测的日子。公司会议室中气氛紧张热烈，相关部门和人员正在进行集中测试，IT总监信心满满，总经理张明从旁坐镇，公司上下对新系统应用充满期待。

翻着微信朋友圈发来的一条条祝贺信息，张明露出一丝微笑，相比刚到公司的时候，他已经多了一份从容和淡定，对未来的发展信心十足。通过今天的集测，能为公司解决生产标准化问题。下半年如何开拓市场是张明更为关注的，一场市场营销全面战役的构想盘旋在脑海中。计划轮廓已经基本成型，但是其中一些细节还需要仔细考虑一下，然后再向市场营销团队宣贯。从策略方面，怎么利用微信营销模式打好这场仗是其中首先需要明确

① 本案例由北京航空航天大学经济管理学院的靳爱红、黄劲松撰写，靳爱红为新苑阳光公司高管。

案例来源：北京航空航天大学硕士论文《XY公司微信营销案例研究》(2016年)，作者靳爱红，指导教师黄劲松。

的问题。对,这一年多当中,公司利用微信营销找到了精准客户,得到了2000多会员的信赖,微信营销模式得好好总结一下,能不能将已有的微信营销经验提炼成指导实践的模型呢?微信营销关键点如何把握?又如何利用它获得客户爆发增长呢?想解决这些问题,还得从头回顾一下我们的历程、策略、资源和得失。

张明回想到刚刚组建公司的两年前……

1.2 公司背景

新苑阳光公司成立于2011年,它的母公司是一家大型跨国能源集团企业,有26年历史,3.5万名员工,超过800亿元资产,拥有一家香港上市公司、两家上海上市公司,在业界享有良好的口碑。其能源业务包括城市燃气、煤化工、能源工程、光伏能源、智能能源等多项成熟业务,遍布全国100多个城市和欧美、南亚多个地区。近年来,在发展能源版块的同时,X集团开始涉足健康生活领域,发起地产、旅游、文化、酒店、健康医疗、安全农产品等业务。京南廊坊是X集团总部所在地,同城员工规模就有6000多人。2011年之后,中国光伏行业遭遇欧美双反调查,国际市场一度萎缩,国内扶持政策逐渐加强。

时至今日,新苑阳光公司已经形成5000亩种养殖基地,并建成安全检测体系、冷链物流体系和安全追溯体系,主打产品为安全蔬菜、柴鸡、柴鸡蛋、黑猪肉等,为海底捞、云海肴等餐饮企业做规模订单配送,也为中高端家庭做宅配服务(见表6-1)。新苑阳光公司以家庭宅配服务为主要发展方向,塑造高端安全农产品品牌,并通过线上线下渠道在京津冀推广。

目前,新苑阳光公司已经明确了产品定位,其产品遵循GAP(良好操作规范),符合食品安全国家标准,并将过程追溯、技术、安全检测技术、土水改良技术为核心能力进行塑造,以“安全”为产品的主要卖点。

农业业务形成前期,X集团没有任何人涉足过农业业务,急需一名业务带头人。新苑阳光公司总经理张明是受邀而来的空降兵,40多岁年纪,正是年富力强的阶段。他带着中欧商学院EMBA的知识背景和主导过农业公司上市的企业管理背景来到新苑阳光公司领军,可以说是意气风发。可是不久,张明就发现,集团总部对这个“新产业”的态度还不明朗。有的董事看准了国家支持农业发展的大好时机,对这个新公司寄予厚望;有的则认为做农业就是为了资源获取,一个能源企业改行“卖菜”不现实。而最终的要求就是,新苑阳光公司必须找到自己的战略定位、塑造核心竞争力、拓宽业务版图,前期不能占用过多的资源。不成功便成仁,张明横下心来要把这个公司做大做强。

表 6-1　家庭宅配业务主要套餐

年卡套餐			
品类	配送标准	配送频次	总配送数
安全蔬菜	≥12 斤/次	每周 1 次	52
	≥8 斤/次	每周 1 次	52
生态柴鸡蛋	12 枚/次	每周 1 次	52
	24 枚/次	每周 1 次	52
生态黑猪肉	2 斤/次	两周 1 次	26
	3 斤/次	两周 1 次	26
半年卡套餐			
品类	配送标准	配送频次	总配送数
安全蔬菜	≥12 斤/次	每周 1 次	26
	≥8 斤/次	每周 1 次	26
生态柴鸡蛋	12 枚/次	每周 1 次	26
	24 枚/次	每周 1 次	26
生态黑猪肉	2 斤/次	两周 1 次	13
	3 斤/次	两周 1 次	13

虽然公司注册于 2012 年 7 月，但直到 2013 年年底，农业业务都在以项目组的形式在推进，重点是农业基础设施建设和种植养殖规划，市场端还没有形成渠道和团队。直到 2014 年 3 月份，集团总部批准新苑阳光公司独立，正式开始了公司制运营。独立也意味着自给自足。就在基地建设和品牌建设还未完成的情况下，为了打开销路，迅速走向市场，营销工作不得不提前开始。招兵买马之后，走哪个渠道进行营销的问题摆到眼前。媒体上打广告、平台上开网店都不具备条件，走商超难以保障安全品质不变，实体店更是需要巨大的投入，怎样启动销售工作最好呢？张明带着团队进行反复研究，构思营销良策。

1.3　微信成为重要营销渠道

2014 年 3 月份的北京，户外暖意融融。新苑阳光公司位于京南 50 公里农业园区的温室大棚中的蔬菜已经冒出嫩芽。新苑阳光公司简朴的会议室中反而还有丝丝寒意。关于各种营销渠道的利弊和成本分析，几轮下来没有什么结论，一时大家陷入沉思。这时市场部小李一句话引起来反响“我们第一期的主打产品是安全蔬菜,消费者痛点是对食品安全缺乏信任,我们应该从熟人出发,因为熟人对我们有一定信任基础"。紧接着,小王补充道:"是呀是呀,我的一个朋友看见我微信朋友圈拍的基地照片,就说将来你们种出菜来,就吃你们种的,放心。"一石激起千层浪,通过"微信"向熟人介绍,很对,大家齐刷刷把目光对准"微信"这个工具研究起来。

新苑阳光公司大部分员工是从传统能源企业调过来的,好多人第一次接触微信,还不会"玩儿",所谓"研究"是从安装程序和申请私人账号开始的。很快,公司员工全都用起了微信,并将周围同事、朋友、同学等进行了互相关注。为了快速普及微信,公司的各种通知、公告也改为通过微信群发布,综合管理部安排专人督促和鼓励大家多多发言,学会使用"网络语言"、学会发布朋友圈、点赞和评论。

1.3.1 快速扩充微信粉丝量

2014 年 4 月份,正是万物萌发的季节,新苑阳光公司生产基地的温室种植和露地种植都已初具规模,绿油油的蔬菜长势喜人,一派生机勃勃的景象。公司发动所有员工到基地拍照,频繁地在各自朋友圈晒照片,吸引周边人的目光。同时,公司邀请 X 集团其他产业的同事们利用集体拓展、清明节等户外活动时机到基地踏青采摘,这些同事们无形中扩大了对产品的宣传。渐渐的,集团内部开始频繁关注这个小公司的动态,并在廊坊市场上传播开来,一些兄弟产业以支持新产业发展的姿态帮新苑阳光公司开发了首批客户。

2014 年 5 月,新苑阳光公司正式注册推出了微信订阅号,并在 X 集团 8 个员工食堂门口进行连续几周的扫码求关注赠蔬菜包的活动。一时间,粉丝量突破了 1000 人。初见成效后,新苑阳光公司转向北京市场,选取了中关村几家 IT 企业进行现场扫码求关注赠蔬菜包的活动,再次获得了大量粉丝。接下来两个月,又选取了龙城花园等几个高端社区进行了同样的活动,粉丝量一步步提高到 2000 多人。

有了基础的粉丝,如何留住并利用这部分人发展客户呢?张明要求市场部解决这个课题。考虑到每人都是一个自媒体,人们展示自我的需求越来越强烈,市场部提出应该多组织线上线下互动的活动来留住粉丝、让粉丝扩大影响。活动组织形式包括邀请参观基地、现场品尝、转发朋友圈有奖等。但是光靠这些小活动,还达不到爆发的效果,要有一些轰动的事件。

经过讨论,安全农产品的吸引力往前延伸是营养健康美食的吸引力,从美食达人那儿是否可以发展公司的客户呢?张明安排公司几个 85 后、90 后组成项目小组，结合公司产品特点，设计了一个美食达人秀活动。这次活动利用线上初赛、线下决赛的方式展开。初赛分三期，每期一个主题，要求参赛者在微信平台秀自创菜品，用粉丝投票决定得分，微信平台公布结果，线下颁发奖品。由于初赛的三轮基本上都是在拼人气，所以各个参赛者都疯狂地拉周围亲戚、朋友、同学及一切能联系到的人关注此订阅号并参与多次投票，公司也适时地推出了"小龙虾"对决"西红柿炒鸡蛋"等有趣的宣传，一时参与和围观人数猛增。决赛则安排了百人规模的现场，又邀请了五星级酒店大厨现场参与献艺，媒体人参与评委工作，现场环境布置也充满了小清新风格，这些亮点都增加了活动的观赏性和可传播性，现场人员纷纷拍照分享活动盛况。整个比赛过程中的个人拉粉活动和决赛的事件传播取得了新苑阳光公司宣传上的首次成功，更促进了微信粉丝量的爆发增长。通过系列的活动组织与传播，新苑阳光公司微信订阅号的粉丝量到 2015 年 6 月底发展到了 5000 多名，如图 6-1 所示。

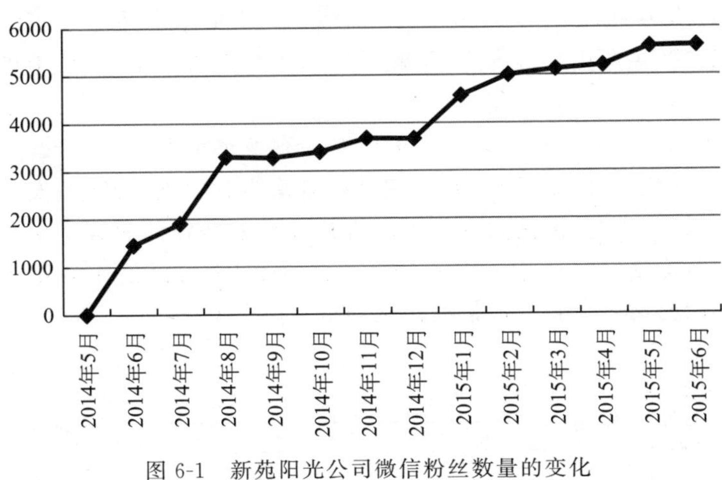

图 6-1　新苑阳光公司微信粉丝数量的变化

1.3.2　如何提高粉丝活跃度

张明深知，自己的公司不是卖流量的纯粹互联网平台。粉丝不是客户，也不一定是潜在用户，不能拼量取胜。但是已有粉丝不进行经营，粉丝有可能取消关注。如何留住这些粉丝，并让粉丝成为产品代言人呢？不只张明想知道，天天泡在地推现场的销售员们也在询问。

为了避免粉丝潜水或大量退群，如何利用微信内容进行粉丝经营显得异常关键。这个任务落在市场总监王猛身上。

拿到微信后台数据一看，从 2015 年 5 月份开始微信文案推送开始，阅读量总是徘徊在两位数，这可急坏了王猛。7 月份，公司专门招聘三位专业内容营销人员，其中两名专门负责微信内容管理。经过讨论，新苑阳光公司将订阅号定位为：理念传递、知识分享、信息沟通，把内容分为美食菜谱、菜箱日记和农场日记、节气养生、活动公告等栏目，明确要求平均每月发布不少于 15 条内容，紧密结合企业特点，接地气地进行文案编排，吸引粉丝转发。情况终于有了转机。从 7 月份开始，内容阅读量明显逐渐提高，2015 年初最高峰的一条达到单条阅读量 2400 多次。有部分客户正是看到了微信推送的内容对公司和产品有了兴趣，主动与客服联系或加公众号留言，成为了公司的消费客户。

同时，微信主管按照王猛的部署，采取了微信抽奖、微信投票、微信签到等互动形式，不断活跃订阅号中的氛围；根据不同栏目阅读量的变化，适时总结用户对内容栏目关注度侧重点，进行微信内容结构优化。

2014 年年底，公司又开通了微信服务号，增加了产品陈列、订单管理、会员卡管理、主题论坛等内容，将最活跃的用户引入微论坛，从中进行话题的设计，引导粉丝相互交流。

2015 年 4 月份，公司又进一步扩充文案编辑小组为 5 个人，每一条文案都博采众长，倾向于专业、清新、有趣、追踪热点的风格，突出安全食材带来健康生活的主题，微信阅读量也随着粉丝量的增长和内容质量的提升不断攀升(月度文案阅读量见图 6-2)。至此，张明觉得微信作为粉丝聚合的载体才开始发挥作用，微信传播作用初步发挥出来了。

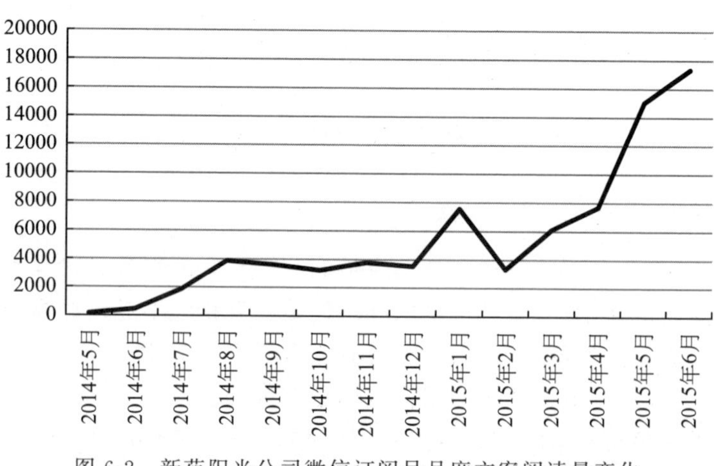

图 6-2　新苑阳光公司微信订阅号月度文案阅读量变化

1.3.3　增强微信用户的黏性

张明对粉丝质量一直比较有信心，他坚持杜绝盲目加粉，一向非常看重加粉质量。“我不是做平台的，不是潜在用户的，没必要在我们这里浪费时间，我们也暂时没有精力向非客户群体施加影响，就要精准营销”。基于这个认识，新苑阳光公司微信粉丝大部分与潜在客户群体相重合，也即收入中高端，在母婴人群、高知人群、孝亲人群等对安全食材比较关注的目标客户群体中发展。所以除了高端社区，公司又与七田真、满天星等亲子机构，以及高尔夫俱乐部、中欧校友会等单位进行了渠道合作，拉近与客户之间的距离。

按部就班做线上线下活动往公众平台引流后，这种单点传播对凝聚粉丝的作用是有限的。要实现与粉丝的紧密互动，还需要融入新的方式。

2015 年 4 月份，公司专门指定了 3 名微信群管，发展围绕公司产品的主题微信群。首先设计的是“京城奇遇记”“健康＋”“妈妈帮”三个不同的主题，每个主题针对不同人群，并且有独特的群定义。

首先，“京城奇遇记”主要针对年轻白领，以菜箱为媒介，以分享朋友圈找到第七个点赞的人为线索，不停传递下去，每周发展一个新人，不同的新人组群成为了奇遇对象，这组人会定期策划活动成为朋友圈，当然新苑阳光的蔬菜成为大家连接的桥梁。

其次，“健康＋”针对社区健康美食达人，以社区为单位，在特定范围内寻找美食达人，并进行美食分享，菜谱推送，提倡邻里互助精神，讨论共性话题。

最后，“妈妈帮”针对母婴群体，与亲子机构进行合作，进行妈妈团的集合，畅聊宝宝喂养、早教等方面的话题，普及营养健康知识。

在同一个主题下，根据来源又分成不同的群，平均每个群管负责 10～20 个的群。市场中心统一指挥各个群的活动策划。每周有线上嘉宾讲堂、文案转发、抢红包、主题交流、小游戏等例行活动，部分粉丝也形成了每到晚上到群里交流的习惯。这些群都成为了有知识性、趣味性的社群，并且在不断滚动扩张。这些微信群粉丝与公众号粉丝有相互转化的作用，各类信息也在两者之间经常跳转。

另外公司也对这些比较活跃的粉丝持开放态度，作为准会员看待。针对进社群的粉丝，除了表明群规之外，都给予一定的购买优惠承诺，发放一些群成员小福利等。特别是有购买会员卡意向的，不定期邀请到基地免费参观考察，或通过线上活动发放一些体验装；同时，新苑阳光也推出了一个月的体验期政策，用户享受 4 次按周配送服务后，可按体验满意度决定付费比例，这大大提高了用户的兴趣，对会员转化起到了促进作用。

1.3.4 利用微信群实现销售

有了高质量的粉丝和潜在客户，并不能解决张明的所有问题。新苑阳光公司毕竟不是轻资产的互联网公司，5000 亩农业产业园和自产的产品需要真正的用户去转化价值，公司需要付费客户去支撑。销售订单如何倍增是需要尽快解决的问题。

有了微信传播的经验，能不能利用公众号、微信群、朋友圈增加销售机会呢？当在公司营销会议上提出这个问题时，公司销售员小于慢悠悠地站出来说“我就是用微信在销售啊”。原来，小于在做地推活动时认识了一个人，通过他介绍加入了一个名为“会员联盟”的微信群，这个群是原某农场会员自发组成的一个群，该农场面积有 200 多亩，会员 100 多人，因为小农场规模不能实现周年多品类供应，出现了从市场上购买蔬菜充当自产蔬菜的行为，后来会员纷纷提出退卡，该农场倒闭。这些会员原本享受的蔬菜宅配服务也被迫中断，所有会员表示对小农场的宅配服务十分失望。正在这个当口，小于通过熟人介绍入群和大家聊了起来。首先他非常认同大家对健康生活方式的追求，乐于与大家交流安全蔬菜宅配服务模式的优劣，指出农场规模与蔬菜周年稳定供应之间的关系，使大家感觉他比较专业。经过一段时间后，小于发现群里有一位 Z 先生是群中的意见领袖，遂私下向 Z 先生介绍了本公司的农场运营情况，邀请 Z 先生牵头去基地参观交流。没想到，一拍即合，Z 先生邀请了几位群友利用周末休闲时间去基地采摘。小于便利用这次去基地体验的机会，向大家展示了本公司的规模实力和服务水准，有几个群友当即购买了新苑阳光公司的会员卡或体验卡。目前这些会员用着都不错，通过他们的分享，群里越来越多的人办理了本公司的会员卡。

听了小于介绍，公司办公室主任王萍不屑一顾，“咱们年初是说要通过熟人介绍来着，你这应该还属于熟人介绍吧？熟人介绍个新微信群这就算是微信营销了吗？要这么说，前几天我们车友会当中的几位好朋友办了我们公司的卡，还在他们各自单位转发了我们的信息，几个单位中秋节从我们这购买了好多蔬菜礼盒、鸡蛋礼盒当福利，还帮我又介绍了几个会员，这也是微信营销吗？这跟关系营销有什么区别？”

公司销售总监徐然接下来说："这也算是微信营销的一种吧，但是微信只是手段，其实质是圈子，不管利用什么形式，营销逻辑是不变的，我们仍然还是要有极致的产品和良好的客户体验获得口碑效应，才能成功实现圈子营销。"

市场部品牌主管何勇补充道："微信营销应该是一个整合营销传播过程，光通过微信发消息并不是全部，必须结合线下的体验。等微商城用起来后，打通关注——感兴趣——体验——购买——转介绍的全部流程，形成闭环的微信营销体系，综合利用群、圈、号、店四者进行营销，才能算是真正的微信营销啊。但是具体的操作我们都没有经验，大家还得边做边摸索。"

总经理张明觉得非常有道理。虽然通过公司的公众号、朋友圈、微信群发布的信息，吸引并转化客户的案例他也知道有很多，微信群管同时也经常成为粉丝团购的组织者，但是如何形成一套完整的打法，复制到全员当中去呢？这里的规则有哪些？这个课题真的需要市场部好好研究一下。

表 6-2　2014 年 4 月—2015 年 6 月家庭会员累计数量统计表

月份	家庭会员数量
2014 年 4 月	40(内部产业支持)
2014 年 5 月	65
2014 年 6 月	93
2014 年 7 月	152
2014 年 8 月	298
2014 年 9 月	652
2014 年 10 月	1081
2014 年 11 月	1423
2014 年 12 月	1560
2015 年 1 月	1823
2015 年 2 月	1840
2015 年 3 月	1905
2015 年 4 月	1992
2015 年 5 月	2050
2015 年 6 月	2178

1.3.5 让种子用户传播代言

2014 年国庆节一过,客服组进行了第一次客户满意度调研,结果显示了客户对产品和服务的评价分析,约 80%的客户对公司产品和服务非常满意,约 20%客户提出改进建议,包括应该增加客户选菜的权力、增加配送次数提醒、储值卡和会员卡能灵活转化等。张明拿在手里,感到既欣慰又沉重。欣慰的是首批客户对公司给予了极大的认同和肯定,沉重的是客户也对公司提出了很多中肯的建议,还有很大改进空间。“多么宝贵的金种子啊。”张明这样想着,突然一个念头闯入了脑海。

何不给这批种子会员组织个见面会?既答谢了客户,又创造了客户口碑传播的机会,关键是做好形式设计,仍然将微信传播的作用好好发挥一下。当机立断,公司组成了筹备小组,精心筛选了 20 名在微信群和自己的朋友圈都很活跃的会员,邀请在 11 月初组织见面会。

这次活动,新苑阳光从邀请函设计、行程安排、内容交流上进行了认真准备,并记录和分享了会员们在基地活动的精彩瞬间,充分体现了对会员的尊重。另外,专门划出一个蔬菜大棚免费赠送给种子会员免费使用一年,只要求会员本人不定期来种和收“自家挂牌”的菜,其他都委托基地管理。公司特别为种子会员成立了一个微信群,让会员们自己交流种菜心得、进行成果竞赛,甚至交换蔬菜,会员们对基地的兴趣大增,持续进行了安全农业体验的分享。此次活动,会员不光对参与活动非常感兴趣,尤其对自家菜地更是关注,基地成了他们自己的大秀场,还经常带朋友家人一起来活动,向周边同事、同学、邻居推荐公司的产品,真正成为了企业代言人。

通过这批种子用户不断的带动作用,结合公司会员优惠政策的适时推出,老会员转介绍的情况也多了起来,口碑传播效应逐渐显现。

会员优惠政策包括:

(1) 会员购买任意产品享受 9 折优惠;

(2) 单价 10000 元及以上年卡,享受 100 平方米家庭农场一年使用权;

(3) 会员期内,会员家庭免费带一个家庭到基地体验种植和特色美食;

(4) 免费享受营养咨询服务;

(5) 成功推荐 1 张套餐年卡,可获 200 元卡券;

(6) 成果推荐 1 张单品年卡,可获 100 元卡券。

1.3.6 微信营销全面展开

2014 年年底,市场部拿出了年度市场分析报告。报告将微信、官网、微博、报纸等传播渠道放在一起进行了对比，从客户信息来源看，80%的客户是从微信获得的企业和产品信息，客户与企业沟通反馈的渠道超过60%是通过微信进行沟通或反馈。总体来看，微信更为活跃。另一组数据显示，微信粉丝中30%是企业会员，显然微信传播出现了效果，微信营销更加精准。所以，市场部建议公司进一步充分挖掘微信营销功能，将此作为最重要的网络营销手段。从微信营销试推行，到今天的初步成果，张明深感欣慰。但是同时，微信营销是一步步摸索过来的，并不系统。怎么能将微信营销的开展方法形成体系呢？张明开始向自己专门做网络营销的同学取经。

经过一段时间梳理，新苑阳光公司微信营销"群""圈""号""店"综合利用方案出台，落实表见表6-3。

表6-3　新苑阳光公司微信营销群圈号店落实计划表

项目	原则	内容	负责部门
群	明确群规，不断拓展	以已经成立的健康+、妈妈帮、京城奇遇记三个主题群组为基础继续拓展，按照明确的群规和群活动运作，不断推出新活动，继续发展意见领袖和潜在会员，伺机推动销售	销售部
圈	以私充公，隐性传播	公司对销售员如何合理利用朋友圈进行反复培训和严格要求，将朋友圈作为不断传播公司和产品形象的重要阵地，同时也是微信文案进行病毒式传播的最主要途径	销售部
号	秀外慧中，借假成真	公司5人文案小组加强文案结构划分和创意策划，从健康安全美食等喜闻乐见题材入手，不断追踪热点，同时采用众包的方法、不拘一格的形式，推动阅读量的增长	市场部
店	系统解决，整合营销	通过技术开发将服务号的微店与运营系统衔接完成，并通过合作的情景营销大号、京东商城、搜索引擎等渠道引流，推动电商业务	电商部

同时，张明也知道，微信营销并非单独存在，客户需要线上线下的全方位体验。线上进行微店的优化，完善会员卡、储值卡、单品促销等业务的全面开发和推广，线下着手体验店打造，以及生产基地以蔬菜为主题的休闲体验项目的打造，同时尽快上线智慧农业APP以及扫码溯源功能，为线上线下全面体验升级做准备。

1.4　尾声

2015年夏至，气温逐渐升高，公司各部门也忙得热火朝天。新一轮的地推活动和主题营销活动正在准备推行，各部门已经将工作计划细化到月和周。总经理张明作为公司的领军人物，正在谋划着新一轮的营销布局，也会在2015年下半年推出包括引爆宣传的主题活动以及在京东上的众筹活动。

外部挑战很多，生鲜电商领域竞争变得越来越激烈，公司内部来讲，虽然经历了一年多的历练，员工对公司发展信心十足，市场和营销部门也已摩拳擦掌，但张明此刻仍然要理清思路，做好理性统筹布局，才能有十足的把握。微信营销无疑为企业带来了初步的成功，未来仍然是重要的营销策略之一，但是没有现成成功的经验可以遵循。如何将前期积累的经验转化为公司的营销能力持续发挥作用？微信营销的体系还需要加强哪些薄弱环节？如何去复制和扩展微信营销的覆盖面？微信营销说服客户的规律到底有哪些呢？

刚刚结束了一天的营销策略讨论会，他站在位于9层的办公室窗前，遥望着灯火通明的大街，还在深深地思考着。

2　案例使用说明

2.1　教学目的与用途

（1）适用课程：本案例适用于网络营销、社群营销、微信营销、整合营销传播等课程。

（2）适用对象：本案例主要为MBA、EDP和EMBA开发，适合有一定工作经验的学员和管理者学习。本案例可以用于工商管理各本科专业的相关课程。

（3）教学目的：本案例主要教授学生如何进行网络营销和微信社群营销，如何构建以微信为基础的社群，如何运营社群。

2.2　启发思考题

通过以上的案例，围绕微信营销相关的知识和应用技巧，提出本案例研究的问题，包括：

（1）公司公众号有哪些定位与功能？订阅号和服务号各自如何发挥作用？

（2）公司微信群有什么作用？如何创建和管理？

（3）新苑阳光公司是如何拓展微信粉丝的？个人粉丝、公众号粉丝、公司社群粉丝有什么区别？如何写好公司的软文？

（4）怎么保持微信粉丝的活跃度？活跃度如何衡量？新苑阳光公司在与客户互动过程中做了哪些安排？

（5）新苑阳光公司如何利用微信传播增强客户对公司和产品的好感？影响消费者购买意愿的因素有哪些？如何将线上和线下进行有机结合？

（6）微信实现销售的途径有哪些？新苑阳光公司是怎么通过微信进行销售的？

（7）新苑阳光公司利用微信进行口碑传播时采取了哪些做法？有什么可取之处？

（8）新苑阳光公司在微信营销实施过程中进行了哪些探索？还有哪些欠缺？对新苑阳光公司整合营销传播有什么其他建议？

2.3 分析思路

本案例以微信营销的层次说服方法为理论依据，通过构建漏斗式模型展开分析，分为五个阶段：①拓展粉丝数量；②提高微信活跃度；③增强购买意愿；④达成微信销售；⑤口碑效应传播。通过理论分析及案例实践结合探讨，将几个阶段逐渐展开，层层递进，形成了客户群体说服的层次，最后形成微信营销层次说服模型及评价体系。分析思路如图 6-3 所示。

2.4 理论依据与分析

2.4.1 理论依据

（1）微信营销说服层次模型框架

传统营销学中著名的 AIDA 模型，是国际推销专家海英兹·姆·戈得曼(Heinz M Goldmann)提出的，它是一个推销模式。AIDA 模型指一个推销员必须将顾客的注意力吸引到产品上，成功地使顾客对产品产生兴趣，顾客欲望随之产生，尔后再促使其产生购买行为，从而达成交易。（AIDA 是四个英文单词的首字母组成：第一个字母 A—attention，即引起注意；I—interest，即诱发兴趣；D—desire，即刺激欲望；最后一个字母 A—action，即

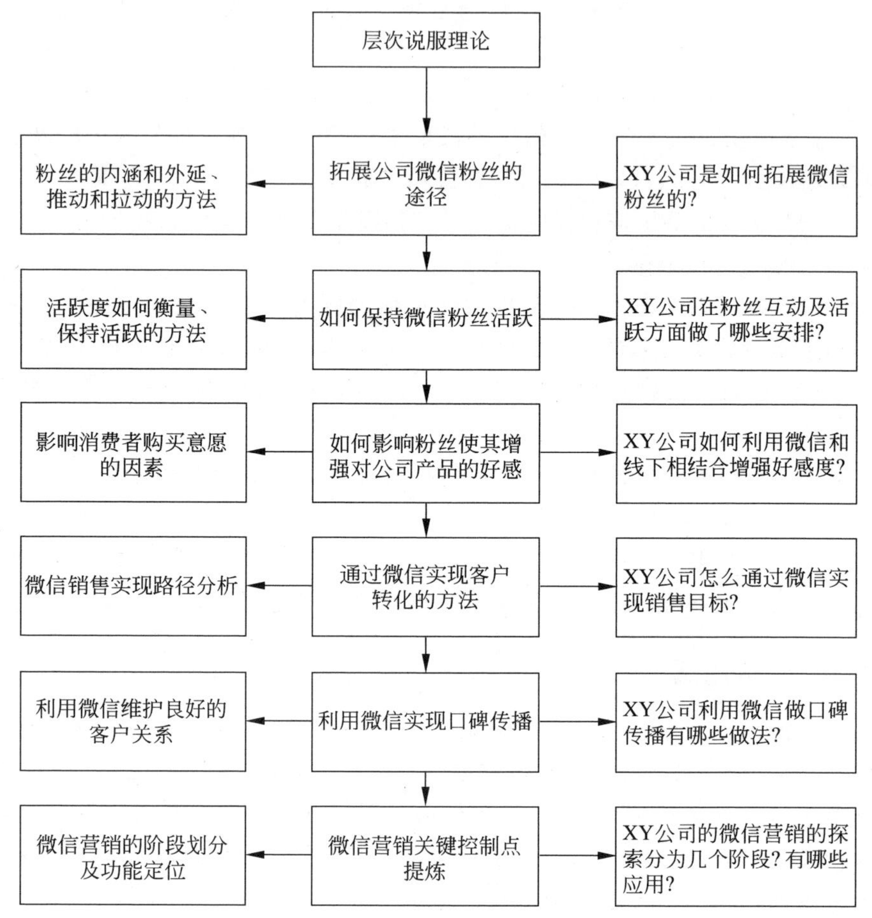

图 6-3　案例分析思路与步骤图

促成购买。)

AIDA 模型主要是针对个体客户而进行的研究,它诞生于传统媒体为主流的时代。这个时代的特点是大众传播,企业以自身为中心,与客户一对一进行信息传递,相应说服模式也是针对客户个体。

微信营销诞生于网络媒体时代,分众传播已成重要的传播方式,同时每个受众都可能成为自媒体,企业传播的途径变成交叉拓展的网络状结构,所以相应的说服也是一个从群体到个体,再由个体到群体的过程。

借鉴营销学中层次说服理论,结合微信营销的特点,将微信营销的层次说服模型进行抽象描述,如图 6-4 所示。

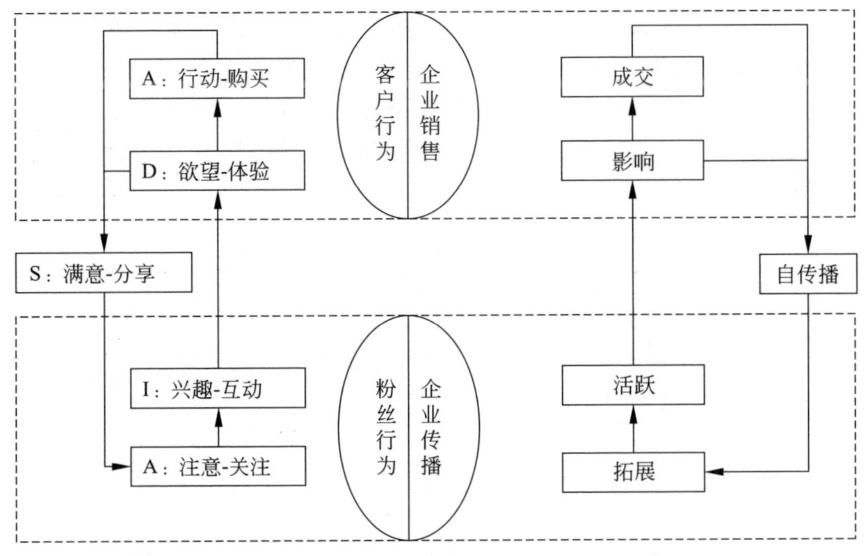

图 6-4 微信营销层次说服模型图

模型左侧是借鉴 AIDA 模型的理论部分，从引起注意开始，到促成购买是 AIDA 的主要内容。在互联网提供了自媒体载体的时代，客户达成满意、进行分享非常重要，所以增加第五个步骤“S-share，即达成满意”。其中，销售者“引起注意”带来的结果是客户的“关注”，销售者“诱发兴趣”带来的结果是客户的“互动”，销售者“刺激欲望”带来的结果是客户的“体验”，销售者“促成购买”带来的结果是客户的“购买”，销售者“达成满意”带来的结果是客户的“分享”。

模型右侧是对应的微信营销说服层次。具体来讲，微信营销分为 5 个说服步骤：拓展、活跃、影响、成交、自传播，并分别与注意、兴趣、欲望、行动、满意相对应。相对应的客体行为由粉丝的关注、粉丝的互动延伸到客户的体验、客户的购买以及客户的分享。本案例中，主要从企业角度出发，研究如何进行微信营销管理，后续是进行微信营销说服层次的详细剖析。

从模型右侧看到，企业在拓展和活跃阶段，面对的客体是“粉丝”，主要目标是不断扩大产品在特定目标群体中的知名度；在影响和成交阶段，面对的客体是“客户”，包括“潜在客户”和“购买客户”，主要目标是促进形成产品认同、销售订单、增加客单量以及提高重复购买率。前四个步骤形成一个销售漏斗。在自传播阶段，每个客户通过自身的传播对企业或产品进行自觉或不自觉的宣传，再次增加了公司的“粉丝”，开启新的销售漏斗。如此形成不断的循环。

企业在应用此模型进行营销工作开展时，配合开展适当的营销推广、促销活动，以及为市场营销人员设定合理的KPI，促进漏斗不断扩大，推动箭头所示转化快速完成，以实现企业的营销目标。在微信营销管理过程中心，在模型的说服层次基础上，需要进一步明确关键控制环节、阶段性工作内容和KPI，具体见表6-4。

表6-4 微信营销说服层次阶段对应表

说服层次	阶段性工作内容	KPI
拓展	吸引更多客户注意，积极拓展粉丝数量，已达成关注度的提升	微信粉丝量
活跃	引起客户兴趣，通过群、圈、号各种互动，增强客户了解，拉近彼此距离	微信活跃粉丝量
影响	获得客户对产品的认同，刺激客户购买欲望，利用微信召集线下活动，利用亲身体验、试用等，让客户感受产品价值	微商城注册用户 公司客户微信群用户
成交	让客户采取行动，利用微信群、圈、号、店开展促销活动，达成需求和产品的对接	微信成交额（群+店+个人）
自传播	让客户获得满足感的同时，促进其利用微信进行分享和二次传播，发挥微信在口碑效应方面的优势	文案阅读量

（2）微信营销说服层次模型操作要点

在具体开展微信营销管理工作时，有很多工具和方法可以进行应用。现依照各层次分别进行说明。

① 拓展

拓展是指拓展微信粉丝数量。微信营销第一步是拓展微信粉丝数量，首先需要澄清微信粉丝包括哪些，其次需要了解可以通过哪些途径来发展粉丝。

首先，明确微信粉丝的范围。从广义上讲，对公司有价值的微信粉丝包括公众号的粉丝、公司职员的粉丝以及公司可影响到的微信社群的粉丝。三类粉丝对比如表6-5所示。

通过对比来看，公司开展微信营销，前期以发展公众号粉丝和公司职员粉丝为主，能获得比较稳定的基础粉丝群体。发展到公司有一定影响力后，适时开展社群粉丝的扩展，并促进三方面粉丝互相转化。

表 6-5　微信粉丝分类及对比表

	公众号粉丝	个人粉丝	社群粉丝
局限性	无限扩展	有限的加粉范围	无限扩展
稳定性	公司所属，最稳定	公司职员所属，比较稳定	群体意志，不太稳定
传导性	不是每期必看	经常浏览朋友圈	一般刷屏就不看了
紧密性	松散连接	紧密，随时互动	公司方紧密互动，粉丝反应因人而异

其次，利用渠道引流推动粉丝拓展。微信粉丝来源有多种途径，有个体和批量两种。企业在进行加粉过程中可以综合利用各种方法开展。常用方式如表 6-6 所示。

表 6-6　粉丝拓展渠道及方法一览表

分类	来源	方法
个人加粉	手动添加	通过查找手机号、QQ 号、扫二维码，使用“附近的人”“漂流瓶”等均可发展新好友
	联系人转化	将所有客户、供应商、亲朋等通讯录中的联系人转为好友
	名片推送	通过微信好友，可以推送名片给第三人，以实现新的通讯连接
	群内发展	通过所在微信群，找到希望建立个人联系的人，选择添加到通讯录
公众号加粉	内容吸引	一篇好的软文，是吸引别人关注自己公众号的法宝
	活动吸引	只要活动有价值或悬念，尤其分期活动，会带来大量粉丝
	大号推荐	借助自媒体牛人，推荐公众号，加入圈子，绑定宣传
	参与要求	通过关注，才能实现活动现场签到、抽奖等活动，促使其关注
	互推粉丝	与级别相当的大号交换粉丝，互相推送软文，合作共赢
	搜索引擎优化（SEO）	在百度文库、贴吧、知乎等搜索平台，设定合适的关键词，不断补充新内容，链接和跳转到公众号

最后，写好软文拉动粉丝拓展。公司软文是吸引粉丝关注的基础。软

文编辑已经成为互联网营销当中非常重要的内容，并且发展出相应的专业内容服务公司。公司软文从运作方面需要掌握写作类别、编辑要求以及一些灵活变通的方式。

公司软文有很多种类。从价值贡献角度可分为知识价值和情感价值，从形式上可分为科普式、新闻式、故事式、情怀式、热点式等。各种软文从选材立意角度方面有很多可供选择的方向，而且时效性也有所不同。应用软文应将不同类型综合交叉使用，经常变换形式以免审美疲劳。各主要类型对比可参考表 6-7。

表 6-7 软文分类对比表

价值贡献	形式	立意	时效性
知识价值	科普式	教育、揭秘、辟谣	弱
	新闻式	独家、排行、身边事	强
情感价值	故事式	励志、猎奇、拟人	弱
	情怀式	萌趣、怀旧、品位	弱
	热点式	明星事件、社会事件	强

公司软文编辑有相应的技巧和要求，要点总结归纳如下：

标题要点睛。现代人已经养成了浏览的习惯，大标题决定了读者是否点开阅读，小标题决定读者是否细读。所以在拟标题时要下足功夫，对读者产生吸引力。

开篇论颜值。这是一个看“脸”的时代。如果开篇三行字不能抓住读者，后面内容无论再好，也不能进入读者的视野，大多数读者没有耐心读到最后再回味全篇。

正文好身材。正文必须凹凸有致，形式上图文并茂，内容上详略得当，如有没有足够的把握篇幅尽量短小，文字长短句结合，适当运用修辞或网络语言，符合大众审美情趣，文字精练有深度，避免流水账。

风格显内涵。文风画风是企业内涵的体现。企业软文必须专业精准，有深度和格局，才能显示企业实力。插图也要精挑细选，体现公司的审美和价值观，才能跟读者产生品牌共鸣。

落款亮身份。软文最后一定要表明自己的出身和来意，并为订阅号和服务号引流。软文写作一定是抱有传播目的，而且目的要明确，比如为了配合促销活动还是为了提高企业形象？是单独成篇还是前后有续篇？企业是做什么的？联系方式是什么？如何关注公众号？等等。要一一写明。

个别情况下，晒朋友圈可替代部分软文。公司组织晒图文不同于以“传销”为目的的晒朋友圈。那种以发展下线为目的不断刷屏的微商，是没有极致的产品和可持续的良好服务为支撑的。如果一个公司希望塑造自己的有公信力的品牌，可有目的地筛选可展现企业实力、引起消费者兴趣的微小传播点，选择一个有趣味的角度，编辑相应的图文，由公司公众号、个人号分别进行发布，可取得与软文异曲同工之妙。晒图文比编辑软文更快捷、更方便、更亲切，但单独使用不能彰显公司实力，所以不能经常使用。

另外，也可以采用众包补充软文。众包软文可采用两种方式：一是寻求专业的段子公司或段子手提供服务。其优势是写作专业、擅长取材、时效可控，劣势是成本高、风格与企业诉求配送度难把控。二是让粉丝或客户贡献智慧，公司文案人员编辑成稿。优势是成本低、内容更可信，劣势是软文质量和时效性不易控制，持续性不高。在进行微信传播时，可以多采取第二种方式进行软文众包。软文众包可以让粉丝或客户参与到企业的宣传当中来，发挥意见领袖的口碑效应，内容更加真实可信，目标群体的针对性更强，快速拉近企业与客户的距离。

当然，公司最希望看到的是有一批忠诚粉丝，能对产品有强烈的推荐欲望，正如《传统企业互联网在踢门》里所说：“不是被钱买了脑的托儿，而是被酷洗了心的粉儿。”

② 活跃

活跃是指提高微信活跃程度。微信归根结底是一个社交软件，企业在运用微信营销的过程中，要充分发挥微信的社交功能，从组织和个人层面与粉丝进行互动沟通，保持频繁、良好的沟通关系，从而保证粉丝的活跃程度。

首先，在微信沟通过程中，有一些禁忌需要注意：不要引起反感，避免频繁刷屏，每次只发一条，每天不超过 3 次；不要打扰别人，避免在休息时间突然单独小窗交流，群内交流也避开休息时间，另外群主应提示设置免打扰；不要吝啬赞美，经常、主动给别人点赞，保证对其朋友圈点赞有一定的频率；不要盲目交流，清楚自己身份，并主动发掘对方的身份、兴趣、关注点，有针对性地交换信息。不要单调乏味，平时广泛涉猎，收藏知识、兴趣点，了解社会热点，增加互动话题。

其次，在利用微信进行沟通时一定要树立专业化形象，不要沦为网络语言的奴隶，从而丧失树立企业良好形象的机会。无论是公众号还是销售人员个人号，均要“贴上专业标签”。对销售人员要求包括但不限于如下做法：个人签名/昵称与企业或业务形态挂钩；发布、收藏专业内容，体现企业和个人所处领域；主动引导线上专题分享讨论；关注专业/行业公众号，推送有关信息；跟踪行业热点，发表独到的见解。

接下来，与粉丝互动需要一些操作技巧。与粉丝沟通选择合适时间，微信活跃时间有五个时间段：6：30—9：30；11：00—13：00；16：00—18：00；20：00—22：00；凌晨0：00前后。如果发布新信息，可选择在这五个时间段的开端，给本时间段预留出足够的互动时间。与粉丝沟通还要选择合适地点，不仅仅是在线上沟通，还要与线下当面沟通相结合。建立线上人脉圈，在朋友圈或群里保持互动关系，在自己宣传时才有人帮助自己造势；适时组织、开展或者参与线下活动，使粉丝成为熟人或准熟人，当面沟通才能更有信任感。另外与粉丝互动要保持合适频率，微信互动包括朋友圈点赞、评论、私聊、群聊@个人、推动公司消息等。一般来讲，重要的粉丝群体要有指定销售员跟进，每日择机互动一次，但不要刻意或打扰；一般的粉丝每周通过销售员或微信客服互动一次即可，有选择地进行话题引入；如果是睡眠型粉丝，平时不宜打扰，由销售员或微信客服维持“点赞”之交，可以在有群内互动活动或优惠促销活动等时进行唤醒。

最后，就是如何使沟通变得更加活跃。这需要从个人互动和群体互动两个方面来讲：

从个人互动方面来讲，先要选择合适话题：比如首次认识可选择热点、天气、明星、运动等公众话题；当粉丝或用户有棘手、担忧、寻求帮助的问题时主动伸手帮助或表示同情或关切；当粉丝有引以为傲的事情在炫耀时，比如淘到喜欢的东西、孩子的进步、旅行、美食等，要及时称赞。另外，微信互动特别是一对一互动时要注意观察个人性格特点，参考表6-8。

从群体互动方面来讲，微信给予了企业活跃群内氛围的工具和方法。比如微信签到、微信红包的合理利用，提供了签到、抽奖等概念，可以辅助企业增强客户体验活动现场氛围，可广泛应用于线上线下组织的营销活动、专题研讨会、主题讲堂等。在活动组织现场，先扫二维码关注公众号，然后在公众平台上进行签到或发红包，吸纳粉丝和活跃粉丝同步完成。有些企业公众号或微信群甚至仅在微信中定期安排粉丝签到、派发红包等活动，这些活动不受时间、空间限制，成本极低，只需要提前进行活动预告，并结合企业的信息发布，提供一定的红包或体验品，就能随时随地安排。这些活动起到聚拢人气的作用，也会激活一些潜水的粉丝，使粉丝愿意长期活跃在这个圈子当中。

表 6-8　从微信表达分析人物性格对照表

角度	图片类型	性格分析
从头像看性格	自己/家人照片	开朗,有主见,不易被别人左右,以自我为中心,具有较强自我意识,为人固执
	卡通形象照片	理想主义,有很强的创造力,比较怀旧,拒绝成长,易被外界事物左右
	动物/宠物照片	有爱心,具有较强的自我保护意识,容易和他人产生矛盾,有自闭、自抑倾向
	俊男美女照片	爱美,有活力,为人虽然热情,但是缺乏理智,心理年龄偏小,情绪容易大起大落
	风景或美图照片	为人成熟、豁达,人缘好,有较强的处理问题能力,胸怀宽广,乐于分享
	搞笑整人照片	乐观活泼,不受约束,原则性不强,做事出人意料,缺乏责任感和大局意识
	政治伟人照片	墨守成规,做事中规中矩,思维比较严谨,比较理性,不喜欢冒险,思想成熟不容易被他人左右
从朋友圈看性格	秀幸福型	经常将生活点滴进行分享。有两个极端情况,有的人内心安全感较高,心态积极乐观,乐于分享;有的人是因为人际关系欠缺,希望通过“晒”获得认同、满足自我
	新闻播报型	第一时间将国家大事和发生在身边的事进行传播转发,是希望引起对自身的关注,在交际中获得发言权,从而拓展自己的圈子
	愤世嫉俗型	不满更多源于内心负面情绪的投射。这类人需要多找身边的人倾诉,获取理解和包容,缓解焦虑,释放压力
	跟随转发型	将别人转发的内容进行复制转发,或者附和别人的观点,说明不自信,不求甚解,或担心自己的见解得不到认同
	爱自拍型	经常晒自拍,并利用美图工具修饰自己,或将遇到的困难麻烦进行公布。此类人爱慕虚荣,自我欣赏,希望引起其他人的关心或赞美,心理年龄偏小,对自己要求不高,做表面文章

③ 影响

影响是指培养潜在客户群体。要将粉丝转化为客户，必须经过的步骤就是让其产生真正的需求。这个过程有增强产品影响和提供消费场景两个重要的方面。

购买意愿与购买行为有密切联系，因此要引导消费者行为，必须了解是什么影响了消费者对产品的态度。影响消费者的购买意愿的因素很多，归纳起来有三点：传播力、卷入度、导向性。

传播力——增强对产品的认知。对于信息的接受者而言，如果连续三次接收到同一信息，无疑增加了对信息的了解程度。具体到在微信传播时，要通过不同渠道、不同形式进行信息发布，让同一粉丝多次完整接收信息。比如朋友圈、公众号、群等不同途径发布；通过企业、销售员、意见领袖等不同人员发布；以文案、短消息、语音、图文等不同形式发布；在1～2天时间内，分条多次发布等。同时，配合给予一定的转发激励也是不错的选择。

卷入度——增强对产品的关注。对于微信传播信息来讲，关注分为浏览、点赞、评论、转发四种反应，其卷入程度也是由弱渐强。进行微信传播时，可以挑选活跃、积极性高的粉丝体验与试用，增加其在群体内评论或转发的概率，从而对其他粉丝产生正向影响，达到宣传效果。当有粉丝进行评论时，要积极回应，达到加深印象的目的。特别是一条重要发布，无论是在群内还是朋友圈中，可以隔几个小时或一天再进行一次总体评论，如"统一回复""真感谢大家的反馈"等，这些评论将再次提示点过赞或做过评论的粉丝重复关注此信息，达到事半功倍的效果。

导向性——增强对产品的好感。来自第三方的评价对粉丝的好感度的影响不言而喻。在微信营销过程中，要注意引导正向的评价，消除负面的评价。在遇到正面积极评价时，要增强互动，促进良好的情感关系；在遇到以发泄负面情绪为主的评价时，要先感谢粉丝的关注，通过互动缓解其负面情绪，具体问题小窗私聊解决。对于有疑问的内容，要正面、专业、及时地给予解答。总之，正面信息可反复公开交流，负面信息要私下单独交流并快速处理完毕。以此为其他粉丝留下良好的印象。

提供消费场景是清晰描绘出客户特定环境下为了完成特定的目标而应该产生对产品的消费。场景式消费就是通过环境、氛围的打造，让消费者感受到情感共振，激发消费者共鸣，从而达到购买的行动。微信提供消费场景不仅可以通过内容推送或微店装修来实现，也可以通过老客户分享购买产品或服务的心得来吸引其他客户的购买欲望。提供消费场景不仅能给消费者说明提供物质上的功能或服务，还能对其产生心理暗示，让消费者有心理满足的期待。这样就会产生购买的冲动。

④ 成交

成交是指利用微信开展销售。微信销售原理与其他网络营销模式基本相同。微信销售额＝访问客户量×访问次数×转化率×客单价。对于企业来讲，增强四个因素均可实现增加销售的目的。此处不用赘述。

结合微信营销的特点，本人认为不仅微商城中的访问客户量、访问次数、转化率、客单价是重要指标，应把微信应用的各种途径均考量在内，从群、圈、号、店多渠道引发购买行为，而且通过公司行为或销售员行为都可以实现微信销售。

微信群销售：企业通过自身建设的客户分类群，在群内可以发布新品促销的信息，并收集客户需求，及时进行订单处理。微信群销售非常适用于团购产品，便于群内客户组团；也适用于非标准化产品，方便与客户保持一定的沟通。群内销售对其他粉丝或潜在客户是一种正向刺激，有利于促进其他人员的购买行为产生，形成群体购买。

朋友圈销售：通过微信客服或销售员朋友圈分享产品信息，有可能促使客户产生购买行为。特别是促销商品，通过相对优惠的价格刺激，以及暗含的“帮助完成业务指标”的信息，朋友圈中潜在客户非常容易产生购买行为，当下比较流行的“众筹”有一部分就是在朋友圈中完成的。

订阅号销售：一般情况下，订阅号是企业发布信息、分享理念的载体，不以销售为主要目的，经常吸引很多粉丝关注。部分销售信息可通过此进行发布，客户可通过与后台运营人员直接沟通下单，当然也可跳转到服务号下单。

微商城（微店、服务号）销售：微商城由企业服务号绑定，可以直接下单销售，并组织在线商品陈列、促销活动等，是企业最直接、最低成本可利用的电商平台。微商城运作是企业微信销售的主体渠道，也是官方渠道。

⑤ 自传播

自传播是指发挥客户传播作用。微信营销不同于传统营销的重要一点就是，更易进行二次传播，所以微信营销更注重口碑效应，并通过老客维系，达到新客获取的目的（如图 6-5 所示）。

从图 6-5 可以看到，最上面的途径为微信客户通过自身购买行为进一步加强品牌公信力，从而间接帮助企业说服新客户；最下面的途径为微信客户通过自我说服再次购买成为新的企业客户。这两条途径都是传统营销角度。在自媒体时代背景下，微信客户通过个人微信号传播，可成为“企业代

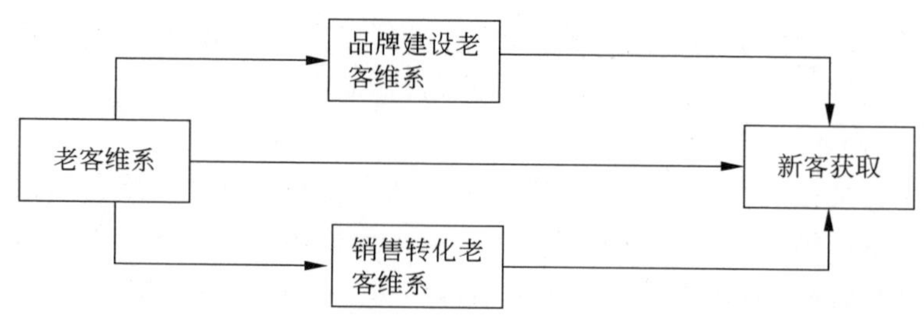

图 6-5 微信客户老带新作用模型图

言人”，成为企业传播的新的辐射点，如中间那条途径所示，直接帮助企业发展新客户，从而直接实现老带新的作用。

在发挥微信客户传播作用的同时，还要注意目标客户所在社群的定向传播。中国消费市场日渐成熟，产品细分越来越严重，从顾客端来看，产品越来越细分，势必让目标客户的寻找和汇集更为艰难。微信社群的应用，是找到目标客户群体的有力方法。

消费者依照自身的爱好和诉求，都分布在不同的微信、微博、贴吧社群中，很多老客户往往可以将自己体验良好的产品带向新的目标社群。网络时代的传播很难通过某个大媒体、大事件一步到位。因此，微信传播应通过找到自己目标客户所在的社群，进行精耕细作，从大众传播转向分众传播，效率才能提高，市场空间才有保证。

2.4.2 本案例的具体分析

(1) 微信营销层次说服模型在本案例中的总体应用

新苑阳光公司在运用微信营销时，经历了近 2 年的探索过程，从 2014 年初拓展粉丝开始，到 2015 年上半年已经实现了微信营销层次说服模型中完整的 5 个步骤，并不断循环扩大覆盖人群。对应微信营销层次说服模型及新苑阳光公司开展微信营销的主要里程碑(如图 6-6 所示)。

(2) 微信营销层次说服模型在本案例中的具体操作

① 新苑阳光公司拓展微信粉丝的途径

从案例中可以看到，新苑阳光公司拓展微信粉丝经历的是从个人粉丝——公众号粉丝——社群粉丝这个发展过程。新苑阳光公司初创业阶段，公司员工通过朋友圈晒照片的方式吸引了部分人的目光，成为吸纳粉丝的开端。有了一定基础后，公司设立了订阅号，通过有组织的扫码求关注的方式，开始了公众号吸粉的过程，粉丝量也大大增长。当积累了较为成熟的粉丝群体运营经验后，公司开始针对不同客户群体主动建立微信群或加入

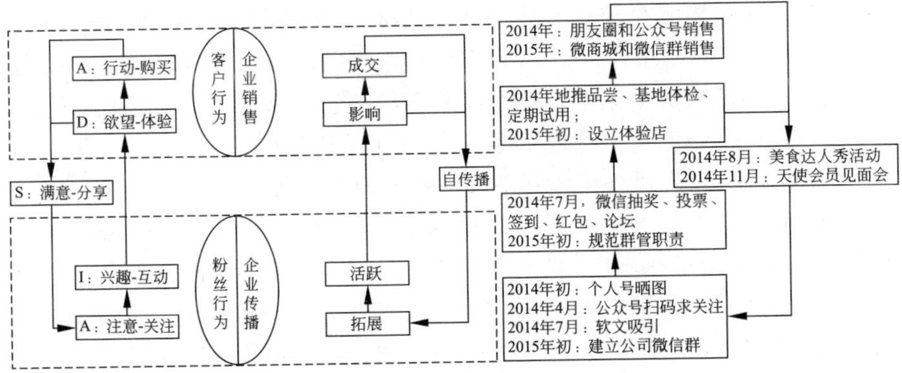

图 6-6　新苑阳光公司应用微信营销层次说服模型示意图

其他微信群，并通过微信客服或销售员有目的地进行微信群运作。这个拓展过程经过了从无组织到有组织，从无成本到有成本，从松散到紧密，循序渐进，开发顺序比较得当。

从引流渠道方面，新苑阳光公司采用了活动扫码求关注、软文吸引等方法，但是微博、论坛、贴吧等引流方案没有同时启动，限制了粉丝量的快速增长，靠微信单一渠道滚动发展是远远不够的。

从软文编辑方面，新苑阳光公司将几种类型的文案都进行了尝试和运用。从其阅读量和转发量效果来看，微信粉丝在健康养生科普、农业基地生产故事、社会热点追踪方面的文案转发量相对较大，见表 6-9。

表 6-9　软文应用成功实例举例

形式	立意	案例应用点	软文标题	阅读量
科普式	食品保鲜专业讲解	树立权威形象	《关于剩菜到底能不能吃，实验室权威说了算》	2796
	鸡蛋知识科普	柴鸡蛋推广	《据说是史上最全的鸡蛋科普指南》	1289
新闻式	独家报道生产基地	展示专业形象	《智慧农业，科学保障蔬菜安全》	1155
故事式	满足猎奇心理	双十一促销	《大错特错！真相只有一个》	1331
情怀式	乡味乡情、怀旧	收集推广菜谱	《最能体现各地人民舌尖情感的 26 道家乡菜，速来认领！》	589
热点式	《何以笙箫默》热映	春节产品促销	《我要站在最显眼的地方，让你找到我》	958

另外，新苑阳光公司在开展单品促销时，也多使用朋友圈晒图的形式进行，比如用“谁取的名字？——西黄柿”用来推广新的西红柿单品，以“我们”为题展示“甜瓜”，此举系追踪范冰冰和李晨热恋的事件等，引起众多粉丝转发和围观讨论，说明这些话题引起了他们的情感共鸣。

② 新苑阳光公司在粉丝互动及活跃方面的安排

案例中，新苑阳光公司采取微信抽奖、微信投票、微信签到、微信红包、微信论坛等互动形式(表 6-10)，不断活跃公众平台的氛围；并且在 2015 年上半年，又针对销售员个人粉丝互动进行规范管理，使群、圈、号、店保持在较好的活跃程度上。同时，从案例中可以看到，新苑阳光公司不断求变，针对微信营销不同阶段的特点进行适时调整，逐渐达到了较为理想的水平。

表 6-10 微信互动形式在本案例中的应用

互动形式	应用场景	时间段
微信抽奖	公众号	2014 年上半年
微信投票	美食达人秀	2014 年 7—8 月份
微信签到	公众号、公司群	2014 年下半年
微信红包	公司群	2015 年上半年
微信论坛	公众号、公司群	2014 年年底—2015 年上半年

但我们也应看到，新苑阳光公司在粉丝活跃方面也不仅仅是在微信方面开展工作，而是结合了很多线下的大、中、小型活动，甚至入户的拜访。所以单纯网上互动，对于转化为客户并不十分有利。

从“京城奇遇记”“健康＋”“妈妈帮”三个主题活动推广效果对比来看，“京城奇遇记”由于采取的是每个晒图者第 7 名点赞人传递下去的规则，几轮之后逐渐超出了已有的熟悉人的圈子，出现了陌生者加入，活动效果不理想。“健康＋”和“妈妈帮”聚焦于社区或母婴群体内部，相互熟悉程度高，话题丰富，并有不断延展的可能，所以效果比较理想。由此可见，微信社群必须是一个相对熟悉的群体，有共同的兴趣点，依靠“巧遇”搭建起来的社群并不能维持长久。

③ 新苑阳光公司利用微信传播增强产品好感度

根据之前的论述，将粉丝转化为客户，还需要对产品进行深入了解、关注与获得正面的评价，得到消费场景的暗示。新苑阳光公司针对卷入度、传播力、导向性、消费场景等方面进行了不同的努力。

在提高传播力方面，新苑阳光公司利用微信的多方面功能，从不同角度、不同时间进行宣传。对于智慧农业、食品安全类能体现企业专业形象的文案，每隔一段时间发布一篇，题材上丰富多样；对于产品或节日促销信息，则在政策推出前后连续发布文案以确保客户接收到该信息。公司微信文案定稿后，在市场部工作群内发出指令，公司的销售员、公众号、微信群同步发布在各自所在群和朋友圈中，无死角渗透信息。产品露出时要有LOGO，企业形象鲜明。

在提高卷入度方面，新苑阳光公司要求员工对于朋友圈中或微信群中一般话题要经常点赞，涉及生鲜农产品、食品安全、农场种植园、家庭宅配等业务的有关文案要予以关注，对于正向的观点要点赞，对于适合企业宣传的点要进行评论。粉丝或客户对自身文案进行评论的要进行恰当回复，如果进行了转发则必须点赞回应。对于引发反复探讨的话题要结合公司内部专家意见进行答复。

在引导导向性方面，新苑阳光公司要求遇到正面评价在群、圈中及时进行答复，负面意见要小窗私聊。对于客户分享到朋友圈中的正面评价，在征求客户意见基础上，予以截图发布，用客户的口碑去影响其他粉丝或客户。新苑阳光公司曾经将客户的一封感谢信专门策划了传播文案，收到了良好的宣传效果。

同时为了提供消费场景，新苑阳光专门推出了营养菜谱、火锅套餐等与自身产品关联的消费形式，也请有健康生活习惯的老会员介绍经验推出会员故事，对成功人士进行孝亲的暗示等。在新苑阳光基地，特别建有体验中心，到基地活动的客人可享受一次特别的火锅套餐，能品尝到安全新鲜的蔬菜、柴鸡蛋、黑猪肉以及柴鸡的口味，也能自己动手制作沙拉品尝。这些食材的口感会留给客人深刻印象，促进转化率大大提升。特别是有一些带宝宝的妈妈，会反馈给销售员一些感受，比如孩子喜欢吃新苑阳光的西红柿、柴鸡蛋等相关的反馈，新苑阳光就会将此作为宣传点进行亲子群体的传播。让其他妈妈在进行宝宝餐准备时就能想到新苑阳光的产品，产生购买的冲动。

当然客户产生购买欲望与产生购买行为还有一步之遥，这时候需要公司销售流程的高效设计，以及销售员高效的跟踪服务。这种转化是非常关键的一环。

④ 新苑阳光公司通过微信实现销售目标

微信销售可通过群、圈、号、店进行。新苑阳光公司在发展过程中，先后建立了这些应用，并根据自身安全农产品行业针对终端销售者的特点，形成了自己的管理要求。

对于群的管理，新苑阳光公司建立三个主题共50个多群。每个群覆盖60～100粉丝，分别由三个微信群管负责管理，销售员分别进群支持。社群每周每天都设定了固定的活动内容，确保不冷场，并设置了相应的群规。社群是保持一定活跃粉丝数量的核心阵地。群是线下体验活动参与者的招募渠道，并通过体验活动实现会员转化。日常群内主要通过定期组织一些团购活动实现销售目标。

对于圈的管理，新苑阳光公司对每个销售员个人提出了明确的要求，具体如下：

(a) 访问量：新苑阳光公司要求每个销售员个人微信以500好友为基本目标，通过个人号及所加入的群能覆盖的人群以2000人为基本目标。这样才能基本满足客户群体基数。

(b) 访问次数：每个微信好友每周应该网上触及一次，重点客户增加接触次数。对于会员，在购买第一个月和会员到期前一个月保证多次沟通(不限于线上)。

(c) 转化率：新苑阳光公司经过营销实践，要求销售员以潜在客户20%转化率为工作目标。潜在客户具体化为体验月卡和到基地考察过的客户。

(d) 客单价：新苑阳光公司安全农产品年卡业务客单价在5000～15000元之间。每个销售员月度销售额10万元起。

对于号(订阅号)的管理，微信后台管理员每天及时查看客户咨询，在10分钟内予以答复。需要客服回复的在半小时内答复。没有设定销售任务，随机引导消费。

对于店(服务号的微店)的管理，成立专门的电商部进行微商城运作，是公司线上销售的主体，也是各个渠道引流的流向所在。微商城销售在家庭类业务中的比例在不断提高。

⑤ 新苑阳光公司利用微信做口碑传播

本案例中，新苑阳光公司多次利用粉丝或客户的感受进行传播，并对老带新的政策进行了明确，产生了直接的营销效果。

在粉丝活跃期，针对对产品有兴趣的粉丝，通过基地体验和地推等形式，使客户接触到产品本身，增加体验的机会。比如不定期邀请到基地参观考察，在春秋两季，结合亲子活动组织以家庭为单位的休闲游；在公众号中抽奖后配送体验装，让更多有兴趣的粉丝转化为潜在用户；设立社区体验店，让粉丝有机会近距离接触到公司的产品，深入了解产品特性等。

在客户体验期，新苑阳光公司给予一个月的体验期，用户可按体验满意度付费，这大大提高了用户的体验兴趣，对会员转化起到了促进作用。特别是在安全蔬菜行业，对食品安全的敏感使得人们更是相信“眼见为实”。所以新苑阳光公司广泛采取了原产地考察和试用体验的方法，消除疑虑，使客户对产品达到完全的信赖。

在客户自传播期，又充分利用老客户对企业和产品的喜好，进行宣传策划。由于对口碑的极度重视，对于促进种子客户的二次传播费尽心思。客户见面会的主题是“产品、服务意见征求”及“与客户共同制订种植计划”，这与小米手机的做法不谋而合。同时，客户见面会的终极大礼是客户的种植体验，这进一步拉近了企业与客户的距离，使客户心系种植基地，产生了心灵的契约。一年一度见面会，不仅使客户的需求得到了更好的保障，客户得到应有的尊重，更给了客户建言献策、参与企业运营的好机会，给了客户为企业代言的长久动力。客户自豪感和归属感给企业带来了重复的传播效应。

相比于网络上以传销为目的的微商，新苑阳光公司推崇“以极致的产品和服务赢得客户”，“不要直接在朋友圈卖东西，推荐远比买卖更适合朋友”。

2.5　参考文献

[1]　石建鹏，文丹枫．微信力——掌中商战的顶级营销策略[M]．北京：电子工业出版社出版，2013.

[2]　RIES L，RIES A．互联网商规 11 条[M]．寿雯，译．北京：机械工业出版社，2013.

[3]　SCHULTZ D E，KITCHEN P J．全球整合营销传播[M]．黄鹂，何西军，译．北京：机械工业出版社，2012.

[4]　JOHN W．互联网时代的新营销[M]．张卉竹，林小夕，译．北京：企业管理出版社，2012.

[5]　HAYES T，MALONE M S．湿营销[M]．曹蔓，译．北京：中国人民大学出版社，2010.

[6]　陈威如，余卓轩．平台战略[M]．北京：中信出版社，2013.

[7]　魏家东．数字营销战役[M]．北京：电子工业出版社，2014.

[8]　赵大伟．互联网思维独孤九剑[M]．北京：机械工业出版社，2014.

[9]　刘润．传统企业互联网在踢门[M]．北京：中国华侨出版社，2014.

[10]　腾讯科技频道．跨界[M]．北京：机械工业出版社，2015.

案例七
线上和线下协同经营：京卫元华医药公司[①]

传统企业如何建立线上经营体系一直是一个难题，他们遇到的主要问题是如何低成本地构建线上体系，如何使线上和线下经营体系相互协调和配合。京卫元华医药公司在经营过程中也遇到了同样的问题，在构建线上经营体系过程中，出现了一系列的线上和线下经营体系冲突的问题。京卫元华医药公司通过对这些冲突的解决，顺利地建立了在线经营体系，并形成了线上和线下相协调的经营模式。

1 案例正文

1.1 引言

2013 年的元旦刚过去一周，北京依然那么干燥寒冷，路上的人和车较元旦前少了很多，大多数企业都开始准备辞旧迎新了。已经是下午 7 点半，京卫元华医药公司的总经理王宇华仍然在他的办公室里工作，他正在仔细阅读一份刚提交的年度经营分析报告。报告显示，2012 年是值得庆贺的一年，京卫元华医药公司的线上和线下业务整合取得了巨大的成功，双双连续 3 年保持两位数以上的年度增长率，更加喜人的是依托“药房网”的电子商务销售收入已经突破了 1.5 亿元，超过了线下实体药店的销售收入。王宇华面对着这样一份满意的经营业绩，回想起几年前线上和线下业务之间的矛盾和冲突，对自己近年来出台的系列线上和线下整合措施感到由衷满意，

---

① 本案例由北京航空航天大学经济管理学院的黄劲松、庄丽、张明立撰写。

案例来源：中国管理案例共享中心，并经该中心同意授权引用。

本案例获得了 2013 年全国百优案例。

也对公司的未来充满了信心。他在想，也许应当在这个时候总结一下如何进行线上和线下业务的协同经营，这些经验浓缩了他多年的管理实践，值得其他管理者借鉴……

1.2　京卫元华医药公司概况

京卫元华医药科技公司（简称京卫元华医药公司）的母公司——京卫医药科技集团公司（简称京卫药业）创立于1998年，创立之初的主营业务是医药批发，之后才慢慢进入了医药的生产和研发领域。经过十多年的努力，京卫药业的业务已涉及药品和保健食品研发、生产、分销、零售、电子商务、现代化医药物流、化妆品、京卫孵化器等领域，现有员工1200多人，年销售额近30亿元，总资产达13.95亿元，截止到2012年，历年纳税额超过4.5亿元。

京卫药业的管理层在1998年成立之初就看到了销售达2000亿元规模的医药零售市场存在巨大商机。随着当年互联网热潮的涌现，公司的决策者清醒地认识到网络信息技术是应对外部环境竞争格局变化并降低运营成本的关键。因此在2000年，京卫药业决策层便有了开设网店的设想，但当时国家政策尚未允许网上销售药品。于是，经过公司管理层的一番讨论，公司决定先设立实体药店，之后再寻找时机进军网络药店。在这一思想的指导下，2001年8月，京卫药业成立了京卫元华医药公司，负责药品的零售业务，其线下的实体店命名为“京卫大药房”。

经过2001年至2003年的发展，京卫元华医药公司在北京共成立了30余家线下实体药店，在北京市场形成了一定的影响力。但是在发展的过程中，问题也开始不断显现。由于公司对线下药店的考核以“盈利”为主要目标，公司因此关闭了一些不盈利的门店，这在一定程度上制约了公司线下实体店的规模扩张。与此同时，其他连锁药店允许加盟经营，而京卫元华医药公司的决策层担心加盟会出现问题从而影响品牌形象，因此坚持只做直营，这也直接导致公司的线下药店规模和数量没有得到预期中的大幅度增长。随着市场的发展，京卫元华医药公司在非处方药（OTC）市场上的竞争优势显得越来越弱，而且此时再进行大规模实体店扩张的可能性也越来越低。

2003年，京卫元华医药公司派员到国外参加了厂商答谢会，此会议主题为“网络药品信息发布”，在仔细了解了相关信息之后公司更加坚定了当初开设网上药店的想法。此次会议一结束，公司便组织了一队人马着手进行线上业务的准备。不过，当时国内并没有网上药店的相关标准，面对药品这样一种特殊商品，公司也不敢贸然开设网上药店，而是首先开始着手建立了呼叫中心,该呼叫中心只提供信息和咨询服务,如果产生订单就介绍到门店去,即通过信息服务来辅助线下实体店的经营。与此同时,公司向北京市药监局申请了网上信息服务资格。2003 年 7 月京卫大药房通过北京市药品监督管理局批复,取得了网上的"服务资格证",正式建立"药房网"网站,从事网上药品信息服务。

经过进一步的努力,公司的线上药店于 2005 年 12 月率先通过由国家食品药品监督管理局、北京市药品监督管理局组织的网上药店现场验收,获得由北京市药品监督管理局颁发的《互联网药品交易服务资格证书》(京C20050001 号),线上药店"药房网"得以正式成立,这也是国内第一家合法化的网上药店,标志着中国网上药品零售时代正式拉开帷幕。公司的网上药店成立之后,通过电话、网络、手机等多种订购方式,开展药品、保健品、美容护肤、减肥瘦身、母婴用品、成人用品、医疗器械、宠物用品、日用品等领域的电子商务服务。

2006 年起,京卫药业开始在人力资源、财务资金、市场运营等几大模块实行矩阵式管理并取得了丰富经验。在此基础上,2008 年 5 月京卫药业构建了制药集团、分销集团和零售集团三大业务运营集团,京卫元华医药公司是京卫药业零售集团的主要组成部分,它下辖了"京卫大药房"和"药房网"两家线下和线上药店,以及一家配送公司"京卫利达医药物流有限公司"(参见附录)。

1.3 艰难的起步

药房网成立之后,公司可以在经营线下实体药店的同时开辟电子商务业务,前景看起来一片光明。但是,实际的经营过程比想象的要困难得多。

王宇华首先面对的是网上售药严苛的规定。第一,网上药店不可以销售处方药。根据《互联网药品交易服务审批暂行规定》中第二十一条:向个人消费者提供互联网药品交易服务的企业只能在网上销售本企业经营的非处方药,不得向其他企业或者医疗机构销售药品。这等于丧失了药品市场上最大的一块蛋糕。第二,网上药店不能与医保对接。目前网上购药平台还未能与各地"医疗保险""新农合"报销衔接,不能与"医疗保险""新农合"等一系列医疗保障体系对接。因此虽然网上药店药品价格普遍低于市场价,但是常年用药的病人却不一定会在网上购买,因为网上购药无法用医保报销。第三,物流配送要求严格。根据我国《药品管理法》的相关规定,药品作为关系到人民生命安全的特殊商品,不允许邮购。因此企业可以选择独立配送，即“网上下单，门店送货”，也可以委托第三方配送，但第三方必须通过 GSP 认证，以避免药品在配送中被污染、破损、调换等，这就意味着不管是自身门店配送，还是委托第三方，都会产生高昂的配送费用，这将大大影响网上药店的发展。第四，网站不允许存在二级域名(药房网北京或药房网上海)；不允许撮合销售，即当网络销售中介。

不过，王宇华仍然非常看好网上药店的前景，他认为网上药店还是有着不可比拟的优势的。第一，网上药店的成本较低，一些品类价格甚至要比实体店低 25%左右，这有巨大的潜在竞争优势；第二，网上药店能够 24 小时销售，顾客还可以在极为丰富的品种之中挑选，大大方便了顾客；第三，网上售药可以匿名购买和咨询，医师也有充裕的回答时间，适合一些较隐晦的疾病。而且网上销售还可以提供完善的药学服务和健康服务，包括提供基础知识、药品用法、疾病咨询、诊疗方案等；第四，网上销售可以获取完善的数据，便于后期的客户关系管理和经营业绩的进一步提升；第五，也是最为重要的是网络药店没有商圈的限制，有机会做大做强。

为了能够使“药房网”尽快发展起来，王宇华多次召集公司的职能部门负责人、药房网的管理层、各实体药店的经理商讨如何使线下和线上业务共同发展。按照北京市药品监督管理局规定，店面选址与最近一处药店的距离必须在步行 350 米以上，因此王宇华认为再开设新门店的空间已经非常小，而金象等竞争对手的门店数已经超过百家，公司未来的发展空间在互联网，否则经营会越来越艰难。王宇华非常清楚在药房网的起步阶段首先要做的是让老百姓知道这个网站，之后逐步开始尝试网上购药，最终形成购买习惯。但是，如果通过媒体宣传达到这一目的需要大量的资金投入，一方面资金并没有那么充裕，另一方面在无法确认前景的情况下公司的股东不会同意。为此，他向线下实体店的经理提出了要求，让各个实体店全力支持“药房网”的发展，在配送服务、会员推荐、信息服务、电话咨询、产品库存、积分累计等各个方面予以协助。

京卫元华医药公司的实体店和网上药店是并行运行的，实体店执行与网店不同的管理体系和绩效考核标准，例如，此时实体店主要以“利润”和“库存”作为关键考核指标，而网上店尚处于投入状态，考核聚焦于“过程”而非“盈利”。在实施双线并行营运上王宇华也做了一些考虑，此时线上业务处于起步状态，如果将线上药店与线下实体店合并经营可能出现的问题是实体店成为利润中心，而药房网成为成本中心，这可能将网上药店扼杀在摇篮之中。

药房网成立之后,经过努力有了一定的访问量,但王宇华从药房网经理刘成云的汇报得知消费者咨询很多,但网购很少。进一步的调查发现消费者面对药品这样一种特殊商品,更习惯到看得见、摸得着的药店购买,很多人害怕订购完成后会收到假药,因此在很长一段时间内出现了咨询多订购率低的状况。这时,全公司销售收入的85%来源于线下的实体店。而且,由于药品的上线手续非常复杂,并经常被监管部门抽查,这在一定程度上限制了网上业务的开展。另一方面,从事电子商务的员工一般有着高学历,有一定的技术能力,他们的工资要比实体店员工工资高很多,这也使网上业务出现了支出大而收入低的情况,加上高额的固定资产折旧、设备折旧、电费和设备维护费等固定成本,初期的网上业务出现亏损就难以避免了。

药房网的经理刘成云认为药房网在上线后的经营业绩并没有达到预期是由于公司的投入不足,于是向王宇华提出能否在广告投放、实体店协同、媒体合作和人才招聘等方面加大支持力度。王宇华对药房网的经营状况也暗自有些着急,不过他认为进行大规模的营销推广可能性很小,这不仅仅受到公司当时的资源限制,更重要的原因是传统的零售药店对于成本都极为敏感,因此从内部的线上线下经营协同入手可能是正确的选择。

不过,尽管王宇华多次强调线下的实体店要全力支持线上的网络药店,但他也知道,仅仅通过行政命令肯定是无法完全达到预期效果的,他希望先推进工作,再评价效果,之后再根据实效进行经营策略的调整。

1.4 不和谐的声音

经过了一段时间之后,药房网和实体门店仍然以各自独立的形式运行着,公司总经理王宇华更加强调整合和协同经营,但全面的措施仍然没有出台,因此尽管药房网的会员人数一直在增加,但销售收入没有出现爆炸式的增长。而近期的一个事件揭开了公司线上线下不协调的现状。

事件的起因是药房网的经理刘云成向公司总经理办公会提交的一份报告,在这份报告中他列举了药房网与实体门店的长期合作过程中出现的各种问题。刘成云希望这些问题能够得到公司高层的重视,出面协调线上线下之间的合作关系,进而采取相应的措施解决这些问题。

报告中所提到的问题概括起来主要包括以下五个方面:①配送存在问题。报告认为门店对网店的配送不够积极,很多订单配送时间较长或未及时配送,导致顾客的满意度大幅下降,这对药房网的发展是非常不利的。本来网络售药就需要让顾客等候很长的时间,配送再不及时顾客很可能就采取其他的选择。而交涉过程中门店给出的主要理由是很忙抽不出人手，但既然公司确定要保证网店的配送就应当执行，而且很多情况下门店并不是那么忙，而是一般不让自己的营业人员参与配送。②网购产品库存存在问题。网购产品的缺货率比较高，很多网购的产品在门店存货不足，这导致了两种结果，一是有些能够做的生意丢掉了，二是接单之后长时间不能够送货，导致投诉数量增加，顾客忠诚度下降。这对于一个刚起步的电子商务业务而言无疑是很大的打击。门店的解释是库存空间有限，无法兼顾线上和线下的需求。③网络会员发展存在问题。许多门店并没有在显著的位置放置药房网的宣传单，而且大多数门店不会主动向顾客介绍公司的网店，甚至顾客在进行网络会员的信息咨询时被告知不是非常清楚，因此发展会员主要靠药房网的线上推广和门店巡回展示，如何使实体门店的营业人员协助发展网络会员是影响药房网未来前景的一个关键问题。④存在抢夺客户现象。一些客户反映门店在配送过程中通过给予电话联系方式等手段截留和抢夺网络客源，他们告知顾客电话联系 1 小时就送到，而网络订货需要非常长的配送时间，因此顾客可以网上选药，直接打电话给门店。这种抢客源行为将产生较大的内耗，非常不利于网络平台的发展。⑤线上和线下协调和沟通困难。由于隶属于不同的领导管辖，采取的营销策略也是各自为政，尽管有公司高层领导统一协调，但在很多情况下不能够协调一致，很多事情需要请示各自的领导才能够行动，效率较低。例如顾客需要货品调换时网店协调门店非常困难，因为涉及门店的进销存管理流程。

公司的管理层对该报告所提到的主要问题实际上是清楚的，只是尚未进行系统的分析并找出各自都能够接受的对策，但这些问题的解决将关系到整个企业的持久发展，因此公司总经理王宇华决定召开一个干部恳谈会，商量如何解决当前存在的经营协同问题。

1.5 会议中的爆发

京卫元华医药公司的会议室今天格外热闹，实体门店的经理代表、药房网的管理人员和其他职能部门管理人员共计 30 多人出席了这次会议，会议由总经理王宇华主持。王宇华首先简单描述了一下药房网管理层提交的报告，重点提到了 5 个存在的问题，他说这些问题的提出是好事，是解决问题的开端，因此希望大家能够畅所欲言，为进一步的政策出台出谋划策。

听完药房网经理刘云成提出的 5 个存在的问题，门店经理们顿时像炸了锅，七嘴八舌地开始议论起来。王宇华制止了喧闹，并要求大家各自说出自己的想法。

首先发言的是东直门店的经理李卓，他认为药房网的经理刘云成完全是倒打一耙。他说这几年为了完成领导布置的任务我们任劳任怨地为网上药店仓储、配送、信息咨询、发展会员，没有得到任何一点好处，相反对自身门店的经营还产生了负面的影响，领导一直说门店要支持网店，我们支持了，但网店什么时候也支持一下门店，让我们压力也小点？

安贞桥店的经理柳秀霞立刻附和李卓的观点，她说门店有的时候的确非常忙，特别是在销售高峰期的时候，而且门店也有自己的电话销售业务，网络下来的单子就可能与这种业务发生冲突。另外，网店的单子没有什么规律，有时一来就是多个地点的多个单，我们在人手有限的情况下只能够汇集一些单子之后集中配送。再就是我们门店是要考核利润的，如果门店出现亏损，公司的规定是关张，谁担得起这个责任？再怎么义务服务也得有个限度。

西便门店的经理周亚和说起了网络药品缺货的问题，他说到门店来买药的顾客往往是很急于治病的，他们买了就要吃的，而网络销售的药需要较长时间的配送期，有的甚至到 2 天，这些药品大多是常备药、慢性病药和奇缺品种，线上线下药品的重叠部分不多，你们网店的药品达到万种，我们怎么去存那么多种药？况且中老年人群首选门店，而青年人首选网店，两者买的药品差别很大，难以兼顾。目前公司将门店的存货和资金占压情况作为关键考核指标，我们如果都将存货空间给了网店，我们自己的门店就没法干了。

富力城店的经理黄维涛对抢夺客户的看法也与药房网的刘云成完全不同，他说要说抢夺客户完全是网络药店在抢我们实体店的客户，首先网店没有商圈的概念，也就是说所有的地盘都是你的，而我们实体店只能够辐射 1 公里左右，最多也就到 3 公里，客户资源有限不说，还被你网店挖了去，那我们还怎么干？况且网店可以放任意多的商品，而门店只能够在有限的空间展示商品，门店的客源被挖走的风险很高。

五棵松店的经理李帆接着说道，发展网络会员对我们实体店是一种打击，这些到店里来买药的顾客是门店的生命线，就指着他们养家糊口，现在我将这些顾客发展为网络会员，下次他们到网上买，我们无偿配送，这些顾客就与我们没有啥关系了，那业绩考核的时候我们怎么办？不能够老想着自己那一头。

万柳店的罗开元认为线上线下沟通困难是整个管理体系的问题，本来大家就是两个体系运行，各自有自己的领导和管理制度，就连考核制度都差异很大，网店可以不考虑利润，我们门店可不成。我们实体店开业的时间比网店要长得多，管理风格已经形成，目前盈利情况也不错，要让我们适应网店的经营也不是很合理吧。

马连道店的经理黄媛媛强调目前网店是亏损状态，公司的正常运营全部靠着门店的利润，但门店的生存只能够自力更生，网店却可以依托门店发展。她认为领导太过偏袒网店，且不说网店在不盈利的情况下员工工资还比门店员工的高很多，让门店全方位服务于网店就很不合理，至少应当共同发展吧。

新街口店的经理赵淑惠认为网店的很多做法实际上对门店具有非常大的损害作用，她列举了几个例子，一是线上的活动几个小时就做出来，商品的买赠很快就可以展示出来，而门店准备的周期很长，需要备货、海报、POP等，长达几天时间。顾客就会率先到网上购买，然后我们门店就得送货，这导致门店经营非常被动。二是有时候门店进行一些促销活动，比如一些义诊活动，顾客回头跑到线上购买去了，这就成了线下忙活线上得利。三是有些时候网店的药品价格和促销与门店不一致，这样导致门店的药品销售出现困难。四是原来顾客到门店很难进行价格的比较，可以某些药品低定价而另一些药品高定价，从而获得较高的利润。现在有了网店之后，顾客很容易进行比价，这使门店的利润空间大幅下降。

药房网经理刘云成原本知道门店对网店的一些看法，但没想到门店经理有这么多抱怨积在心里，这时的他感觉有些尴尬，毕竟网店现阶段还靠着门店经营，他只能够等待公司的领导做进一步指示了。

公司总经理王宇华看到门店经理将自己的想法原原本本道了出来，并没有因为很多观点与公司的政策相违背而生气，相反，他认识到需要进行大的调整以便使线上线下经营能够协同发展。他说，我还是那个观点："以传统实体店为支撑，互联网相当于一个桥，而实体店相当于桥墩。"大家上面说的都站在自己的立场上考虑问题，但是各位已经是公司的管理人员，应当具备全局思考的能力，电子商务代表着公司的未来，这是毋庸置疑的。我希望大家接下来讨论的问题是怎样才能够使门店全面高效地服务于网店？大家可以畅所欲言，我们希望出台更加利于共同发展的政策。

接下来门店的经理提出了很多解决方案，但实际上可以用一句话说清楚，那就是如果要让门店全方位服务于网店，应当按照市场规律办事，配送了就应当支付配送费，发展会员了就应当给介绍费……。对于这些提议，药房网经理刘云成显然不同意，他说目前网店尚处于起步阶段，本来就处于亏损状态，这些提议看似合理但没有可操作性，如果再增加各项服务费用，网店的经营将举步维艰，应当等网店发展起来之后再谈收费的事情。

王宇华面对线下实体店与线上网店之间的不同意见，一时之间还理不出一个两全的方案，于是总结说大家已经充分表达了自己的观点，公司的班子会综合考虑各类因素再做决定，之后就结束了这次会议。

1.6 结语

很显然，采取何种措施解决当前的线上和线下业务冲突问题，并使之协同经营和共同发展是一个影响本企业生存的重大问题。王宇华认为需要公司管理层进一步深入讨论，之后才能够有较清晰的政策思路，不过，看起来这个政策出台的时间不宜拖得太久……

1.7 附录

附录1 京卫药业的下属公司结构及成立时间

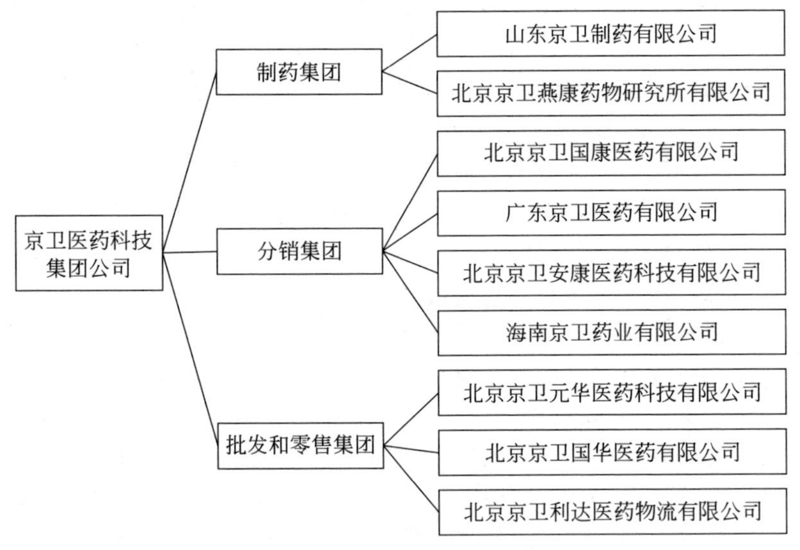

图7-1 京卫药业的公司结构

表7-1 京卫药业各公司的业务及成立时间

主营业务	京卫药业成员企业名称	成立时间
投资管理	京卫医药科技集团有限公司	2002年3月18日
	北京元通汇丰投资管理有限公司	2010年7月8日
医药研发	北京京卫燕康药物研究所有限公司	2001年8月9日

续表

主营业务	京卫药业成员企业名称	成立时间
制药基地	山东京卫制药有限公司	1993 年 12 月 17 日
药品分销	北京京卫国康医药有限公司	1999 年 2 月 2 日
	广东京卫医药有限公司	2001 年 8 月 20 日
	上海京卫医药有限公司	2002 年 2 月 7 日
	北京京卫安康医药科技有限公司	2003 年 11 月 27 日
	海南京卫药业有限公司	1997 年 1 月 10 日
药品零售与医药电子商务	北京京卫元华医药科技有限公司	2001 年 8 月 8 日
医药物流	北京京卫利达医药物流有限公司	2008 年 12 月 11 日
药品批发	北京京卫国华医药有限公司	2009 年 1 月 20 日
保健品批发与零售	北京燕康科技有限公司	2010 年 5 月 26 日
化妆品批发与零售	北京芭莎拉化妆品有限公司	2011 年 12 月 9 日

附录 2　京卫元华医药科技有限公司组织结构

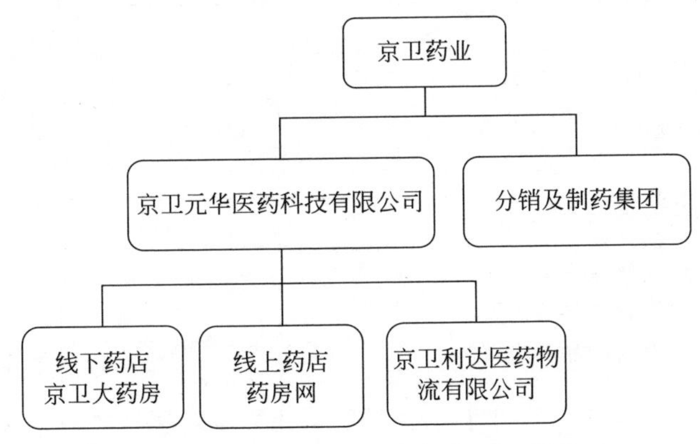

图 7-2　京卫元华医药科技有限公司的业务结构

附录 3　药房网会员权益

表 7-2　药房网的会员权益

序号	服务内容	普通会员	金卡会员	钻卡会员
1	等级价格	普通会员价	金卡价	钻卡价
2	等级积分区间	0～2999 元	3000～9999 元	10000 元以上

续表

序号	服务内容	普通会员	金卡会员	钻卡会员
3	等级积分	消费1元:1分	消费1元:1.1分	消费1元:1.2分
4	物流配送		优先配送	优先配送
5	电话回访服务		√	√
6	手机报		√	√
7	EDM 邮件投递		√	√
8	新特药代寻药	√	√	√
9	医师绑定咨询服务		√	√
10	嘉悦内刊		√	√
11	预约服务(如复诊挂号、周期体检)		√	√
12	咨询问答 ASK、评价甄别	√	√	√
13	健康讲座(视频)	√	√	√
14	健康游		√	√
15	享有 VIP 电话专线服务		√	√
16	不定期的个别产品优惠活动		√	√
17	享有一年2次抽奖的权利		√	√
18	享有优先购物权——对国内少见的优秀产品或者其他比较紧俏的产品具有优先购买权			√
19	享有不需审核,只需报名,即可参加公司举办的网友见面会等网友活动			√
20	享有公司高管定期提供的沟通服务			√
21	享有客服专员定期回访征询意见服务			√

附录4　京卫元华医药公司的直营店分布

表7-3　京卫元华医药公司的直营店分布

华北地区	北京、天津、石家庄
东北地区	沈阳
华东地区	济南、济宁、上海、福建、南京、无锡
华南地区	广东、深圳、广州、惠州
华中地区	武汉、怀化

附录5　京卫大药房北京营业门店

表7-4　京卫大药房北京市营业门店

京卫大药房		地址
第一京卫大药房	京卫右安门店	丰台区右安门外大街2号迦南公寓一层
第二京卫大药房	京卫中关村店	海淀区中关村大街37号
第四京卫大药房	京卫航天桥店	海淀区西三环中路甲3号
第五京卫大药房	京卫稻香园店	海淀区稻香园小区20号楼六郎庄下车
第六京卫大药房	京卫石景老古城店	石景山区石景山路71号
第七京卫大药房	京卫西便门店	西城区西便门西里15号
第八京卫大药房	京卫丰台东大街店	丰台区东大街8号首层
第十一京卫大药房	京卫广渠路店	朝阳区广渠路28号珠江帝景家园15栋1单元底商
第十二京卫大药房	京卫东直门店	东城区东直门外小街10号
第十三京卫大药房	京卫新华联南区店	通州区新华联家园小区8号楼312、412
第十五京卫大药房	京卫海淀万柳店	海淀区万泉庄万柳中路新纪元家园第2幢
第十六京卫大药房	京卫马连道店	西城区马连道80号2号楼底商104号
第十七京卫大药房	京卫安贞桥店	朝阳区安定路甲30号首层
第十九京卫大药房	京卫大兴郁花园店	大兴郁花园商业街一里四区底商5号
第二十京卫大药房	京卫富力城店	朝阳区广渠门外大街富力城楼底商联华超市内
第二十一京卫大药房	京卫丰台大灰厂店	丰台区大灰厂村464号

续表

京卫大药房		地址
第二十二京卫大药房	京卫通州天赐良园店	通州区天赐良园东 32 楼首层 5 门
第二十四京卫大药房	京卫回龙观三合商厦店	昌平区回龙观育知西路三合商业大厦内
第二十五京卫大药房	京卫通州杨庄店	通州区杨庄路 22 号院 7 号楼 413
第二十六京卫大药房	京卫五棵松店	海淀区复兴路 79 号-1
第二十七京卫大药房	京卫后现代城店	朝阳区百子湾 16 号百子园 B 区会所 117
第二十八京卫大药房	京卫新街口店	西城区新街口外大街 A18 号 1 层
第二十九京卫大药房	京卫海淀上地佳园店	海淀区上地佳园 2 号裙房一段
第三十京卫大药房	京卫丰台总部基地店	丰台区总部基地 17 区 2 号楼 1 号底商
第三十一京卫大药房	京卫新华联北区店	新华联家园北区七号楼 311 底商
第三十四京卫大药房	京卫定福庄西街店	朝阳区定福庄西街 16 号楼底商
第三十五京卫大药房	京卫亦庄上海沙龙店	大兴亦庄开发区天宝中路上海沙龙商业中心 B16 号
第三十九京卫大药房	京卫学院路店	海淀区学院路甲 5 号美廉美超市西边
第四十二京卫大药房	门头沟店	门头沟区滨河路 125 号滨河大厦南 50 米即到

2 案例使用说明

2.1 教学目的与用途

（1）适用课程：营销管理、渠道管理、零售管理、电子商务

（2）适用对象：本案例主要为 MBA 和 EMBA 开发，适合有一定工作经验的学员和管理者学习。本案例可以用于工商管理各本科专业的相关课程，也可以用于国际学生深度了解中国市场的特点。

（3）教学目的：本案例教学目的是要求学生掌握：①传统经营模式的企业进入电子商务领域时会遇到的问题；②传统经营者进入电子商务领域之后可以选择的线上和线下管理模式；③解决线上与线下经营冲突的方法。

2.2 启发思考题

（1）消费者在网上的消费行为与线下的消费行为有哪些差异？

（2）结合案例的情景，分析线下经营和线上经营各自的优缺点。

（3）请分析当传统的零售企业在实体店的基础上开展电子商务业务可能会出现哪些冲突。

（4）请结合案例的情景，分析医药行业线上经营和线下经营的特点，京卫元华医药公司应当采取何种措施解决线上和线下的冲突，使线上和线下协同发展。

（5）如果您准备在将来避免类似的冲突，您会在事前实施哪些预案？

2.3 分析思路

教师可以根据自己的教学目标来灵活使用本案例。这里提出教师引导本案例的课堂讨论的问题和思路，仅供参考。

本着由表及里、由浅入深的分析原则，教师可以引导学生先讨论线上经营和线下经营的优劣势，再让学生讨论消费者在线上消费和线下消费之间的差异，如果线上业务和线下业务同时经营将会出现的问题，操作模式有哪几种，各自有哪些优缺点。然后，让学生讨论解决冲突的基本策略。最后，引导学生对案例中存在的线上和线下冲突类型、存在的冲突、解决的思路进行具体的讨论。上述过程可以通过以下课堂讨论引导问题来实现：

（1）线上经营和线下经营各自有哪些优点和缺点？如果两者结合做到取长补短会产生什么样的经营效果？此两问题是课堂讨论的“热身”问题，因为学生对线上和线下消费均有较多经验，能够通过讨论较好地回答这一问题。

（2）线上和线下消费者行为之间到底有什么差异？这些差异会带来哪些经营中的冲突？这两个问题旨在让学生从消费者角度思考线上和线下经营冲突产生的根源，这对后面进一步提出解决方案有着积极的作用。

（3）线上和线下同时经营时可能采取哪些类型的管理模式？各自的特点和预期结果是什么？各类模式下采取的管理策略是什么？这三个问题对于学生深入理解线上和线下冲突并提出解决方案有着非常重要的作用，只有搞清楚两者之间的“控制”和“依赖”关系，才可能提出后面的解决方案。

（4）管理冲突解决的策略和方法有哪些？此问题是通过讨论引导学生学习组织冲突过程中的一些解决方法，为后面解决本案例的具体冲突奠定基础。

（5）药品零售行业的线上经营和线下经营的特点和管理规定是什么？

此问题将学生引导至本案例的具体问题上。由于此问题在案例正文中已有展示，学生应当比较容易回答，这对于进一步讨论将产生积极作用。

(6) 在本案例中，京卫元华医药公司遇到了哪些线上和线下的冲突？此问题的目的是使学生进一步了解线上和线下经营之间可能会产生的冲突，为之后引出解决方案奠定基础。

(7) 京卫元华医药公司可以采取哪些措施解决他们所遇到的线上和线下冲突？如何在解决冲突的基础上做到线上和线下协同经营和共同发展？此问题在已有前面问题铺垫的情况下可以引导学生实质性地针对案例中的冲突提出解决方案。在讨论之后将京卫元华医药公司所采用的方案分享给学生，使学生对线上和线下经营协同问题有更深入的了解。

(8) 分析传统零售企业"触网"将会遇到哪些困难？他们在事前应当做哪些应对困难的准备？此问题为案例的拓展问题，目的是总结案例的知识点，使学生进一步思考。

2.4 理论依据与分析

2.4.1 理论依据

(1) 线上和线下同时经营的管理方案

线上和线下同时经营已成为当前企业发展的趋势，但企业在进行线上线下经营时可能出现四种不同的情况（如图 7-3 和表 7-5 所示），分别是：①线上主导，线下配合。此类公司以互联网为主导进行经营，线下则作为配送中心、物流中心和服务中心。典型的公司是电子商务类公司。②线下主

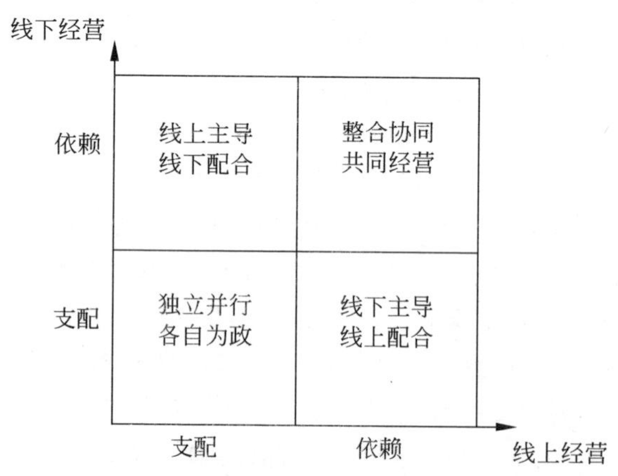

图 7-3 线上线下经营的四种管理模式

导，线上配合。此类公司以线下交易为主，线上主要用于信息发布和营销传播。大多数传统业态的企业都是以这种模式为主的，典型代表是餐饮业。③独立并行，各自为政。这种情况在很多公司中出现，这些公司脱离原有的传统业务重新创立了电子商务公司，由于股东不同但市场重叠，产生冲突在所难免。这时需要做的是进行较为清晰的区隔，例如线上和线下产品类型完全不同。典型情况是线下和线上均为独立法人且股东不同的企业。④整合协同，共同经营。这类模式下不分线上和线下业务，而是将两者看成一体进行经营。不过由于线上和线下业务在经营过程中有较大不同，组织内部存在潜在冲突风险。典型特征是线上线下同时交易，但两者隶属同一家公司，由一个营销中心统一管理。

表 7-5　线上和线下经营的四种模式

模式	基本特征	冲突水平	预期结果	预期结果的解释
线下主导	线下实体店作为主要的经营主体，线上进行营销传播和信息发布。典型行业：餐饮	较低	线上业务无法持续，需要外部合作	典型代表是传统企业触网。由于线下是利润中心，线上是成本中心，这可能导致线上业务不能持续
线上主导	线上信息发布、完成交易；线下配送、存货、服务。典型行业：电商	较低	在线上业务发展的前提下融合发展	线上业务是利润中心，而线下业务是成本中心，因此线下业务可能被外包从而无法实现线上和线下共同发展
各自为政	线上和线下隶属不同的公司或经营团体。典型情况：线上和线下分别为不同公司且股东不同	很高	激烈冲突，需加以区隔，部分行业适用	线上和线下可能产生激烈冲突，特别是在客源、商品价格和经营思路等方面，可能使两方均受影响，因此需要在产品品类等方面严格区隔经营
整合经营	线上和线下业务作为整体进行经营。典型情况：线下和线上隶属于同一公司	很低	分清职责并在有效激励下融合发展	需明确线上和线下业务的工作重点和职责，否则可能出现业务定位不清晰、发展受阻的情况

四种管理模式适用于不同的行业和情况(如表 7-5 所示)。线上主导或线下主导模式可能出现的最大问题是成本中心和利润中心分明,成本中心的话语权很低,而利润中心的话语权很高,平衡并协同发展的可能性较低。线上和线下独立运营模式出现冲突的可能性很大,最终的结果可能是线下收购线上业务或者线上收购线下业务。线上线下整合模式是一种较优的模式,它在内部管理得当的前提下可以使线上和线下业务均得到快速协同发展,因此两类业务能够既独立经营又相互依赖。但进行融合模式操作时需要很好地划分线上和线下之间的职责,并适当激励。

(2) 线上和线下经营的优劣势和经营互补

线上和线下经营各有优劣势,表 7-6 对此进行了描述。尽管目前电商的势头非常强劲,但线下实体店仍然有其固有优势,例如线下实体店的购物体验、现场选购、试穿试用、当面沟通、及时服务、人际交流、购物立取等方面还是非常有吸引力的。当然,网上购买也有着其优势的一面,体现在无购物时限、存在价格优势、无商圈限制、商品种类繁多、消费者便于比较、可以足不出户等。不过,线下购物和线上购物也存在着较多的劣势(如表 7-6 所示)。可以说线上和线下如果融合不当则可能出现经营受阻的情况,但如果融合得当则可能优势互补。

表 7-6 线上和线下经营的优劣势分析

	线下实体店	线上网店
优点	①现场选购便于产品甄别,风险较小;②当面沟通,人际沟通,现场服务;③立即获得商品;④获得购物体验;⑤在商圈内的竞争不是非常激烈	①无购物时间限制;②价格优势;③全人群覆盖,无商圈限制;④由于价格和便利,可能抢夺其他业态的客户;⑤商品数量繁多,无场地限制,消费者比较商品容易;⑥可以在家购物
缺点	①固定营业时间;②成本费用高,价格高;③固定的商圈,覆盖人群有限;④经营规模受到场地大小的影响,商品数量有限,受存货空间的影响;⑤消费者进行商品比较需要花很多时间精力;⑥购物一般需要到场	①需要线下配送;②需要在配送地点等待接收;③产品甄别较差,风险较高;④竞争激烈,从众多网站中突围不易;⑤信息透明度高,不易形成差异化

上述分析显示,线下和线上可以利用双方的优点有效融合。可利用的线下优势包括:线下推广、存货立取(送)、线下配送、现场服务、覆盖非在线

人群、周边会员发展等。可利用的线上优势包括：信息量大、信息传递快、覆盖人群广、没有商圈限制、可选商品较多、支付渠道众多等。

典型的线上和线下融合的模式是 O2O 模式(online to offline)，它指用线上营销和线上购买带动线下经营和线下消费的模式。具体而言是线上的互联网平台通过打折、提供信息、服务等方式，把线下商店的消息推送给互联网用户，从而将他们转换为自己的线下客户，消费者可以通过网络挑选商品或服务并进行支付；线下则是指消费者在实体店获取线上消费的商品或享受线上消费的服务。

(3) 线上和线下消费者行为差异及其带来的经营冲突

线上与线下消费者行为之间的差异是导致两者之间经营问题的潜在动因，因此有必要对此进行深入的分析，这一分析可以用于解释为什么会出现线上和线下之间的冲突。按照消费者行为的分析框架(符国群，2002 年)，我们从消费者的决策过程、情境因素的影响、产品因素的影响和个体差异的影响等方面进行线上和线下消费者行为的比较(如表 7-7 所示)。

表 7-7　线上与线下零售业务的消费者行为差异

比较的内容		线下购买	线上购买
决策行为	问题认知	通过强力推介产生需求，准备周期长；竞争程度较低	通过吸引注意和培养购物习惯产生需求，准备周期很短；竞争激烈
	信息搜寻	信息透明度低，信息获取困难，传统广告影响较大。通过传统广告达到信息触达	信息透明度高，信息获取容易，网络搜索影响很大。人际间的信息传播、网络评论影响较大
	评价选择	价格等属性较难比较；销售员影响较大；经营场所限制，商品种类有限，不利于比较	价格等属性容易比较；网络口碑和意见领袖影响很大；无经营场所限制，商品种类繁多，利于消费者比较
	购买行为	现场选购商品；风险感知较小；购买不便	在线选择商品；风险感知较高；购买方便
	购后行为	口碑传播覆盖面小，顾客满意有影响	口碑传播覆盖面大，顾客满意影响巨大

续表

比较的内容	线下购买	线上购买
产品因素	产品自取，存货影响很大；立刻使用产品；成本价格高	配送为主，配送时长影响巨大；周期和长期使用产品；成本价格低
环境因素	消费者需在营业时间内购买；商圈产生影响	消费者购买无时间限制；无商圈限制，虚拟社区有较大影响
个体差异	中年以上人群的首选	中年以下人群的首选

由表 7-7 可以看到，线上和线下零售业务之间还是存在着较大的差异的，这些差异是导致冲突的主要原因之一。在表 7-7 的基础上我们可以推断出如表 7-8 所示的线上和线下冲突。

由表 7-8 可以看到，当线下实体店作为线上的配送点时可能产生多种经营冲突，这些冲突导致线上和线下经营在某些情况下是不可调和的，特别是价格竞争、客户抢夺、经营模式冲突等方面具有零和性质，整合的难度是较高的，需要采用恰当的策略。企业在传统零售业向线上发展时需要对线上和线下之间的冲突有事前的预判，并找到相应的对策。

表 7-8 线上线下消费者行为差异带来的经营冲突

冲突的驱动因素		线上和线下的冲突
决策过程	促销	线下准备时间长，线上准备时间短，可能带来冲突
	信息透明度	线上透明度高将影响线下的经营
	属性比较难易	线上属性容易比较将影响线下的经营，例如定价
	经营规模	网店无经营场所限制，经营规模大、种类多对有经营场所限制的实体店冲击较大
	推介模式变化	网络信息推介对传统营销传播产生冲击
	风险感知	线下和线上同时经营可降低线上风险感知，增强线上销售
	客源争夺	线上购买方便可能导致线下客户转至线上购买
	口碑传播	线上口碑将影响线下实体店经营
产品因素	产品类型	线下和线上产品不同将出现存货空间抢夺
	配送	线下配送影响其经营，配送不力又影响线上经营
	成本价格	线上价格低将影响线下的价格，出现线下看线上买

续表

冲突的驱动因素		线上和线下的冲突
环境因素	购买限制	线上可以在任何时间购买将影响线下经营
	商圈限制	线上无商圈限制，其客源天然与线下经营冲突
个体因素	人口特征	中年以上首先线下，中年以下首选线上导致实体店备货较难

注：假设线上线下协同经营。

(4) 组织冲突中的解决方案

组织冲突理论适用于线上和线下业务之间的冲突管理，罗宾斯和贾奇(2008 年)曾对组织冲突的解决办法进行了描述，冲突的解决方法包括 9 种，这些解决方案均可以应用于线上和线下经营的冲突解决(如表 7-9 所示)。

表 7-9 冲突解决的方法

策略	策略具体描述
问题解决	冲突双方直接会晤，通过坦率真诚的讨论来确定问题并解决问题
目标升级	提出一个共同的目标，该目标不经冲突双方的协作努力是不可能达到的
资源开发	如果冲突问题是由于资源匮缺造成的，那么对资源进行开发可以促进解决问题方法的获得
回避	逃避或抑制冲突
缓和	通过强调冲突双方的共同利益而减弱它们之间的差异性
折中	冲突双方各自放弃一些有价值的东西
官方命令	管理层运用正式权威解决冲突，然后向卷入冲突的各方传递他的希望
改变人	运用行为改变技术(如人际关系训练)，改变造成冲突的态度和行为
改变结构	通过工作再设计、工作调动、建立合作等方式改变正式的组织结构和冲突双方因素的相互作用模式

资料来源：罗宾斯，贾奇(2008 年)。

2.4.2 本案例的具体分析

(1) 本案例的线上和线下协同管理的模式

在本案例中，图 7-3 所示的四种线上和线下管理模式均可以操作，但是由于国家不允许没有认证的第三方配送公司进行药品的配送业务，这促使企业采用线上销售、线下配送的方式经营网店，而这种方式也正好符合图 7-3 所示的融合模式。因此，公司努力的方向建议为融合模式，即将线上和线下业务作为一个整体看待，特别是营销策略方面。

在案例发生的时点，线下门店显然还是起到主导作用，这时公司的盈利主要来源于线下，线上网店此时也依靠线下门店进行会员推广、配送和存货，如果依然持续线下主导或线下管理人员的意见为主流，那么很可能出现线下主导、线上配合的模式，在这种模式下将线下盈利的资金大规模投资到网店将招致门店管理人员的强烈反对，从而导致线上业务出现萎缩。这种情况在很多传统零售店中发生过，这些企业开设了网上业务，但由于网上业务的话语权非常少，且需要大量未知结果的投资而夭折。

本案例中，公司的总经理王宇华坚持线下门店支持线上网店，因为他认为未来的发展只有依靠网店，这一思路是非常清晰的。依据这一思路，需要解决的问题是如何让门店非常愿意地支持网店的发展。案例中门店经理们认为应当按照市场规律办事，这一基本原则是必须遵循的，但采取线上向线下支付费用的方式操作将导致线上和线下各自独立运行，其结果是可能带来更为严重的冲突。实际上，将大家捆绑在一起经营网店将是非常好的选择，即线下门店参与线上网店的利润分成（而不是索取费用），当网店做大了，反过来也可以支持线下的运行，例如网购门店立取，在将来还可以将网店的经营扩大至其他传统药店企业中去，从而获得进一步的回报（O2O 模式）。

因此，我们在本案例中推荐线上和线下业务融合并相互依赖的模式。

（2）案例中的冲突及其解决思路

本案例是一家零售药店，消费者在线上购买行为和线下购买行为中存在明显的差异（参见表 7-6 和表 7-7），这些差异也是案例中线上和线下业务发生冲突的根源所在，存在的主要冲突如表 7-10 所示。不过，案例中的情景也显示，这些冲突的根本原因在于门店在服务过程中得到的利益很少，甚至出现利益受损的情况，这时门店服务于网店的积极性很低。按照整合经营模式的设想，这些冲突的解决的建议操作如下：

① 存货冲突的解决思路。消费者购买药品大致包括两种情况，一种购药的情况是因为生病需要立即服用。这种购药情形一般会去线下实体店，以便立刻拿到药品；另一种情况是常备或周期服用等非立即服用的购药情形，这种购药情况可以在网上购买也可以在网下购买。上述的这种差异导

致了门店的存货问题。不过，尽管线上药店的种类超过万种，但是经统计线上药店和线下药店之间药品重合部分大约有500～800种，因此有进一步优化库存的空间。

表7-10　京卫元华医药公司的销售冲突描述

冲突	冲突描述	对消费者行为的影响
促销	线上和线下之间不匹配，线上准备时间短，线下准备时间长，而双方又隶属不同的营销部门，因此协调较为困难	消费者决策行为的系列冲突（信息搜寻、评价选择、购买行为、购后评价）
客源（会员发展）	线下推介之后带来线上购买，从而损害了线下门店的利益，这导致线下门店不愿推介线上购买模式。线下门店也为了生存而抢夺线上客源。这也是会员发展不力的根本原因	消费者决策行为冲突（评价选择和购买行为）、环境因素冲突
配送	门店为网店服务不是非常积极，而且门店不愿让正式店员参与配送，导致网店配送出现滞后现象	消费者购后行为冲突
药品库存	门店销售的药品主要以立即使用品为主，可以在有医师的情况下卖处方药，而网店的药品主要以长期服用和定期服用药品为主。而且企业考核门店的存货。这些情况导致门店分配给网店的存货空间不足	消费者决策行为系列冲突（问题认知、信息搜寻、评价选择、购买行为、购后评价）、产品因素冲突、个体因素冲突
药品定价	门店和网店的药品存在价格不一致，网店的价格往往低于门店，这导致药品销售受到影响	消费者决策行为评价选择冲突、购买行为冲突、个体因素冲突
协调沟通	由于采用并行的方式运营，没有统一的部门进行营销规划和管理，门店和网店之间的沟通困难必然发生	消费者购后评价冲突

② 促销和价格冲突的解决思路。如果采用线上和线下融合的方式经营，就需要进行统一管理，包括统一定价、区隔商品类别、统一营销活动等，这时促销和价格冲突的问题将可能解决。而且进行统一管理之后，协调沟通的难度也会小很多。

③ 客源抢夺的解决思路。由于线下的每一个门店被看成一个经营主体，需要自负盈亏，有较高的利润考核要求。因此线上业务的客源抢夺是门店非常担心并极力避免的，这也导致门店不愿推荐会员、抢夺网店客源、不愿进行配送等一系列问题。但是，如果采取整合经营方案，当网店的盈亏与门店有密切的关系，就可能找到解决冲突的方法。

(3) 京卫元华医药公司线上和线下业务协同经营策略

线上和线下冲突可以利用表 7-9 所示的 9 种冲突解决方案加以解决，也可以通过几种策略综合运用的方式来解决冲突。例如，公司可以在实施行政命令的同时通过分享共同利益的缓和方式解决线上和线下的冲突。

京卫元华医药公司通过几年时间的持续经营调整，逐渐形成了线上和线下协同发展的经营状态。本案例中京卫元华医药公司采用了表 7-9 所示策略中的四种策略(其他策略在本案例中不适用)，并将这 4 种策略组合操作实施。这四种策略的共同特征是关注冲突双方的共同利益。表 7-11 描述了公司在线上和线下业务融合过程所采取的操作策略。

京卫元华医药公司线上药店在经历了“单纯网上商城”的第一阶段以后，已进入“网上商城加咨询(如联合用药知识等)”的第二阶段；同时在品牌推广方面，加大媒体宣传和网络营销(如贴吧、微博、百度优化等)。线下药店的目标则是将门店的规模加大，这样就可以提升网单的配送能力，更好地为线上配送服务。

表 7-11 京卫元华医药公司的实际操作策略

策略	经营调整的具体内容	解决的冲突
资源开发	(1)在京外开了很多家连锁药店，配合全国网购；(2)集中配送，不考虑库存；(3)加快配送速度，以药店为家，门店送货提速，网单自动分配，会员地址跟实体店挂钩；(4)在配送店安置专业的配送人员，但店员为配送主力；(5)建立网单门店自提货业务	配送、药品库存
缓和	(1)建立销售业绩共享制度。会员到门店的消费属于门店的利润；如果会员通过网单提货，一部分利润归门店，一部分归网店，线上网店获 2%～3%净利，线下门店获 7%～8%净利。线下店主考核净利润，线上除利润考核外还包括过程考核。(2)门店发展会员超过基数给予奖励，门店发展会员后将来的销售业绩归门店	客源、配送、药品库存、药品定价、沟通协调

续表

策略	经营调整的具体内容	解决的冲突
官方命令	(1)要求门店经理必须配合网店，不管愿意或者不愿意。(2)确定门店发展会员的基数。(3)线上订单全部由线下实体门店负责配送	配送、客源
改变结构	(1)整合公司的B2C、ERP、CRM和呼叫中心平台。(2)建立由公司控股的药品配送公司。(3)建立新的管理结构，几个大部门全部向总经理负责。(4)建立营销中心全面负责线上和线下营销。推行全国各区参加的“一大四小”制度，一大指公司层面的营销活动；四小指区域针对地区的特色活动。区域线下药店有自己的活动，而线上也有自己的特有活动，线上和线下很好地联动了起来。(5)选择近800种线上和线下重合的药品作为库存。(6)门店利润考核分为日常消费部分和网上配送部分，分别采取不同的考核方式。(7)不再考核门店的线上配送药品的库存率。(8)线上和线下价格统一，电话销售和网络销售服务统一	促销、药品定价、药品库存、协调沟通困难

注：表7-9中的“问题解决、目标升级、回避、折中、改变人”五种冲突解决方法不适用本案例，因此没有相关实施策略。

除了表7-11所示的相关操作之外，在配送方面公司也制定了一系列的政策。北京四环路以内的配送，下单后8h送达，免费送货；北京四环路以外至五环路以内下单后8h送达，订单金额在100元以内(含100元)每单收取5元配送费，100元以上免费送货；北京远郊县下单后24h送达，订单金额在1000元以内(1000元) 每单收取12元配送费，1000元以上免配送费。对于自有配送能力之外的区域，如一些覆盖不到的三线城市，京卫元华医药公司尽量做到自己配送，实在不能的情况下，会委托第三方配送，但必须保证药品出自京卫元华医药公司的仓库。因此顾客在药房网下单之后，根据店面和配送地址的远近，85%的订单可以在36小时之内送到客户，40%的订单甚至可以在12小时内送达。

通过经营策略的调整，公司的线上和线下业务之间逐渐形成了协同发展的态势。

2.5　案例分析的背景信息

京卫元华医药公司管理的药房网在以下五个方面是全国同行的先行

者：①中国第一家合法网上药店。药房网依托京卫药业强大医药背景，按照GSP标准自建物流配送体系，在全国多个城市设立了直营门店（京卫大药房），创建了"网上订购、京卫大药房配送、验货付款、专家热线24小时提供用药咨询"新型服务模式，多次荣获"中国电子商务百强企业""中国连锁药店百强""中国最具生命力百强企业"等称号。②率先做出"全场正品保证，所售商品低于市场价"承诺的线上药店，全场万余种商品最低2折，所售商品低于市场价。③采购严格把关。所有商品均按照药品的管理规范进行采购、销售、配送、售后服务，生产厂家的GMP证书、药品生产许可证以及药品质检报告等全套相关手续必须随货同行，只有手续齐全的药品才可以进入公司的销售系统。④率先实施"网上订购、实体药店配送"的线上药店。线上药店在北京、上海、广州、武汉、沈阳、济南、西安、南京八个城市设立直营店，2007年1月25日，药房网拥有了第一个外勤配送员，这也是业内首支外勤配送队伍。在药房网订购的所有商品均由京卫大药房直接配送。⑤率先实施7×24小时服务的线上药店。药房网斥资千万打造了一个由30位专家医师和103位资深健康管理师组成的会员服务呼叫中心，并开通客服热线为会员提供24小时的健康服务和用药咨询。呼叫中心分为三个部分：①医师、药师团队；②咨询服务团队（包括购药咨询，售后服务及配送服务）；③呼出组，定期回访客户，按照正常用药进度，给予用药量提醒及建议。

在京卫元华医药公司的线上与线下业务整合过程中，线上与线下之间的配合越来越好，并渐渐呈现协同经营的态势。2010年，京卫元华医药公司制定了三年规划，对线上、线下的职责进行更清晰的梳理与划分。线下方面，要改变传统思想，负责配送及帮助线上吸收会员和维护会员，以避免出现丢单、漏单的现象。因此2010年之后，线下逐渐成为服务和发展会员的窗口。线上方面，做好当前的经营，完善相关信息和服务。整个机制进行了重新设计，形成了线下线上协同发展的局面。例如，门店店员走进临近机构发展线上的会员，一旦形成订单就产生了线下门店的销售。因此，通过线下的努力扩大了整个客户群，企业的触角也因此延伸至更远。

在线上与线下的协同经营过程中，线下药店的目的不再局限于赚钱，商品陈列、产品促销、库存控制、会员发展、配送服务等均作为其经营目的，这样不但可以发展线上业务，线下经营的空间也变得更大。而线上药店的存在使得获取会员的渠道更多，同时，线上药店的药品品种丰富，对线下销售也有较强的促进作用，可以弥补线下药品种类的不足。

通过不断变革和流程梳理，线下药店由最初的排斥，慢慢发展到了乐于与线上合作，因为网单对线下而言没有成本，网上费用全部由线上的品牌运营中心支出，线下只需要参与，因此改革之后线下很乐于去发展新会员，对网上销售产生巨大促进作用。正是由于这些整合，京卫元华医药公司线上与线下药店经过几年的运行，销售额获得突破性提升。2007 年，线上药店销售额为 1500 万元，2009 年迅速增长至 3000 万元，一举超过线下门店的销售，2012 年线上的销售额突破 1.5 亿元。

可以说，京卫元华医药公司通过线上和线下的整合获得了跨越式的发展。

2.6　参考文献

[1]　符国群. 消费者行为学[M]. 北京：高等教育出版社，2001.

[2]　罗宾斯，斯蒂芬・P，蒂莫西・A. 贾奇. 组织行为学[M]. 第 12 版. 北京：中国人民大学出版社，2008.

[3]　王娜. 电子商务中的 O2O 模式[J]. 山东行政学院学报，2012，5：76-78.

案例八
国际营销：冠捷集团 MMD 公司[①]

中国企业在进入国际市场时，渠道体系的建设是一个关键问题。本案例讨论了冠捷集团 MMD 公司进入马来西亚市场和更换经销商的过程，真实地反映了当年的渠道决策场景。通过经销商的选择与更换，冠捷集团 MMD 公司从濒临退出马来西亚市场到占据该国市场的 2 成以上的份额。该案例提出了在国际营销过程中经销商选择的新标准和新模式。

1 案例正文

1.1 引言

2014 年 3 月 20 日上午 10 点，外面阳光明媚，冠捷集团 MMD 公司（以下称"MMD 公司"）新加坡办公室内，总经理 Ray Zhuo 的心情同户外的天气一样晴朗，他翻阅着刚刚出炉的 2013 年 IDC 市场份额报告，非常兴奋地看到 MMD 公司的核心品牌 AOC 在马来西亚的市场占有率达到了 24.30%，这与当年濒临退出的窘境相比简直是天壤之别。回想起 4 年前 MMD 公司与马来西亚赫赫有名的渠道代理商 JOS 联姻时，他雄心百倍，而随后的现实却给了他重重一击，在一年时间里 AOC 的月销量仅仅只有可怜的不足 200 台，而且每况愈下，濒临退出。今天，能够获得这样的成功实属不易，他认为当前的成绩归功于正确的渠道调整决策。他想，也许是时候总结一下如何

---

① 本案例由北京航空航天大学经济管理学院的于珑、黄劲松撰写。于珑时任冠捷集团 MMD 公司东南亚区高管。本案例为北航经管学院案例库入库案例。

案例来源：北京航空航天大学硕士论文《A 品牌马来西亚渠道调整案例分析》（2014 年），作者于珑，指导教师黄劲松。

进入一个国家的市场，如何在新的市场中选择合适的代理商，如何运用恰当的市场策略，这些经验浓缩了他多年的管理实践，可以为公司将来进一步的开疆拓土提供借鉴……

1.2　案例背景

1.2.1　冠捷集团 MMD 公司 AOC 品牌介绍

MMD 公司是全球最大的显示器制作公司冠捷公司的全资子公司，负责冠捷集团的自有品牌的经营和销售。冠捷集团作为享誉全球的大型电子类跨国企业，主要设计、制造及销售电脑显示器和液晶电视等产品。企业前身是一家彩色电视机出口商，在 20 世纪 80 年代末 90 年代初，冠捷集团发掘到中国大陆的商机，将目光投向中国大陆市场，作为中国最早从事电脑显示器生产和销售的制造商之一，在电脑显示器制造领域，冠捷集团市场份额一直处于领先地位，是全球著名电脑品牌商和液晶电视品牌商代工生产的战略合作伙伴。

但是其在国际化品牌经营之路上，只是缓步前行，在前进的过程中，冠捷集团没有长期投入足够的信心和管理理念，几度为了代加工业务，忽略自有 AOC 品牌的运营，AOC 品牌也曾经一度在市场上消失过。在 2003 年，公司面临宏观环境变化、代加工业务进入红海等一系列情况，警醒到只有品牌才能使企业稳定创利，品牌是企业经营的核心命脉，如要做成一个百年基业的企业，就应将品牌经营确定为企业发展的核心任务。冠捷集团重新制定了代工生产与自有品牌齐头并进的经营模式，从而经历了从代工生产到自主品牌的深度蜕变。

MMD 公司相应制定了一系列战略规划，通过运营自有品牌，改变消费者心目中对硬件厂商只进行薄利多销的营销策略的印象，为公司寻求新的利润增长点，重新塑造新的竞争优势。在中国市场，以 2005 年为起点，实现 AOC 品牌销量的破局，销售目标荣登行业市场三甲之列，并将之称为“品牌导入期”；接下来用 1 到 2 年时间，品牌蓄势，品牌精耕，实现 AOC 品牌销售量“保三争二”的目标，此阶段为“品牌发展期”；3 到 5 年内成功实现品牌渗透，实现“品牌飞跃”，AOC 品牌在中国市场登顶的目标。

据权威资讯机构的 2005 年前三季度的数据（图 8-1）显示：三星、飞利浦、AOC 品牌成为国内市场前三甲，AOC 品牌以 16.3%的份额占有率稳居三甲，同时，在前三季度销售量同比增长了 64%，发展速度非常迅猛。2008 年后，AOC 品牌在中国实现了市场销量占有率排名第一。

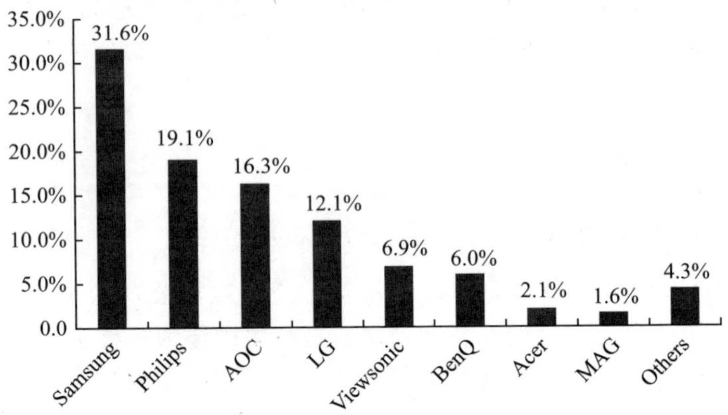

图 8-1 2005 年各品牌显示器中国市场占有率

AOC 品牌在中国市场的成功积累了丰富的经验和管理基础，实践证明渠道开发和维护政策在国内是成功的。但能否将这种模式加以调整，复制到海外市场的拓展呢？欧美等海外市场在社会习惯和文化等方面和中国完全不一样，但是亚太地区，特别是以华人为主的马来西亚、中国台湾地区等亚洲太平洋市场和中国大陆有方方面面的相似性，AOC 品牌在中国运作的模式做适当调整后，进入亚太市场是必然的选择。

1.2.2 选择马来西亚

2009 年的 MMD 公司自有品牌亚太区总经理 Ray Zhou 临危受命，开始规划布局 AOC 在亚太区的发展蓝图。在 Ray 的心目中，选择一个国家市场必须综合考虑其文化、宗教、经济增长、资源条件等各个方面因素，在对比了多个国家市场之后，Ray 将目光投向了马来西亚市场。

马来西亚市场具备一些优势。马来西亚尽管是伊斯兰国家，但华人的影响较大。经过长期的发展，以及毗邻新加坡等原因，马来西亚民主体制比较成熟，政治比较稳定。近些年来，政府一直对传统经济进行调整，加大对电子信息、生物科学、金融管理和旅游度假等行业的支持，提高其经济竞争力。同时，马来西亚人口和经济活动在首都高度集中，首都不仅是全国最大的城市，人口比重特别大，其市场类型属于集散型模式。另外，马来西亚还是港口城市，这对进出口贸易而言是非常方便的。

Ray 思考如何将 AOC 在中国区的成功经验嫁接移植到海外市场。从中国市场的经验看，得渠道者得天下的概念得到了验证。AOC 在中国市场依托强有力的渠道合作模式，深度耕耘市场，与核心渠道商联盟，市场销量已经连续几年超越三星成为市场第一。马来西亚市场状况和中国市场有相似性，因此 Ray 一直有种想法，即想借用渠道经销商强大的经销能力，将 AOC 品牌打入马来西亚市场。为此，从 2009 年年初开始，MMD 公司一直在马来西亚当地物色有实力的合作伙伴，从而实现扎根马来西亚市场的目标。

1.2.3　遭遇退出危机

经过一番尝试和努力，MMD 公司找到了马来西亚当地排名前三名的经销商 JOS。该公司是亚洲首屈一指的综合信息科技服务供应商，拥有逾半世纪的骄人发展史，是亚洲区内最历史悠久的科技公司。在过去 60 年里，JOS 的业务涉及了不同领域，由 60 年代的电子打字机及影印机供应商逐步演变成 70 年代的办公自动化专业公司，再到 80 年代的网络解决方案供应商，并在 90 年代成为企业信息科技解决方案专家。JOS 是亚洲最顶尖的企业集团之一，该公司分别在马来西亚、新加坡、中国及中国香港、中国澳门建成子公司或者办事处，在亚洲太平洋地区极具影响力。2008 年和 2009 年 JOS 分别荣获《MIS Asia Magazine》亚洲 45 家最重要的信息科技供应商和亚洲 20 家最重要的科技供应商称号。它的业务范围广泛，并主要集中在亚太地区发展。该公司在百慕大注册了怡和控股有限公司，先后在英国伦敦、百慕大和新加坡挂牌上市。该公司总办事处设立在香港，另有 14 个办事处遍布于亚洲各地区。JOC 为来自各行各业的企业客户，如银行金融机构、零售商、公营部门以至厂商，量身打造完善的解决方案及服务。对 AOC 而言更为重要的是，JOS 在马来西亚拥有 IT 领域最大的分销及服务网络。JOS 于 1998 年进入马来西亚市场，收购了 Miroware Distributors，之后在 1999 年收购了马来西亚 Autocomp and Berkeley System，2000 年收购了马来西亚 GHL Infosys，从而建立了完善的马来西亚市场销售网络。

JOS 作为上市公司在销售上看起来有着非常强的优势，它有 11 年 IT 产业分销经验，每一个产品品类的销售体系配备 1 名产品总监，1 名产品奖励、9 名电话销售员、5 名渠道销售、5 名行业销售员（SI）、2 名市场专员；渠道覆盖全面，产品类型很广，有成熟的进出口团队，能够较为及时地向核心经销商出货，能够为渠道通路提供信用额度，呆坏账承受能力强，公司资金运转良好，不需要品牌商签约第三方服务公司，可以说在企业规模、行业经验、团队能力、分销能力、进出口和物流、财务状况和服务状况均处于行业的领先地位。

经过一番沟通、洽谈和分析后，2009 年 10 月 MMD 与马来西亚当地的排名前三名的经销商 JOS 正式签约，JOS 成为 MMD 公司在马来西亚的区域市场的独家总代。对于这一签约，MMD 的管理团队充满期待，凭借 AOC 在中国市场的经验，可以预期 AOC 品牌的产品质量、产品设计和技术水平一定可以处于马来西亚市场的领先地位，加上这样优秀的经销商，成功似乎指日可待。

2010 年第二季度的表现似乎也说明 AOC 品牌的市场份额在不断地增长，市场占有率从 2009 年第四季度的 0.5%增长到 2010 年第二季度的 3.5%(图 8-2)，尽管整个情况与预期相比远远没有达到要求，但照此这一趋势发展下去，Ray 相信 AOC 品牌的市场占比达到马来西亚市场的 10%以上应当不成问题。但是，当 9 月底的季度报告摆在 Ray 的面前的时候，他发现自己的预期完全落空了，市场份额下降到 2.2%(图 8-3)，他意识到问题的严重性。按照以往的经验，对于市场份额如此低的品牌，消费者的购买意愿也会非常低，长期下去该品牌在该市场的经营只会入不敷出，最终陷于生存危机。Ray 知道，这一情况的出现意味着 AOC 有濒临退出马来西亚市场的危险，而这一结果是公司绝不可接受的，它将破坏公司的战略规划执行。如何应对马来市场的退出危机是摆在 Ray 面前的一个亟待解决的问题。

到底是什么方面出现了问题呢？是产品适销不对路，不能适合马来西亚本土消费者需要？是促销手段不得当，出现当地市场的水土不服？是马来西亚当地招聘到的销售人员能力不足，不能驾驭当地经销渠道？是反应迟缓，组织流程出现了问题，不能根据市场前端发生的状况，给出解决方案？是执行力不够，导致公司制定的策略无法实施兑现？还是根本性的，“联姻”失误，合作伙伴选择的不得当，造成公司的信息指令无法正确传递给渠道终端和消费者。

千头万绪摆在 Ray 的面前，是进行一个全面诊断的时候了。

1.3 问题诊断

1.3.1 一场充满争议的内部会议

兵贵神速。2010 年 9 月 27 日 13:00 点，Ray 在马来西亚吉隆坡针对当前马来西亚的问题召开了紧急内部会议。MMD 公司时任亚洲太平洋中东区域市场经理 Recky Yu、马来西亚首代 Wallace Lim、香港地区经理 Kan Yeung 加了本次会议。

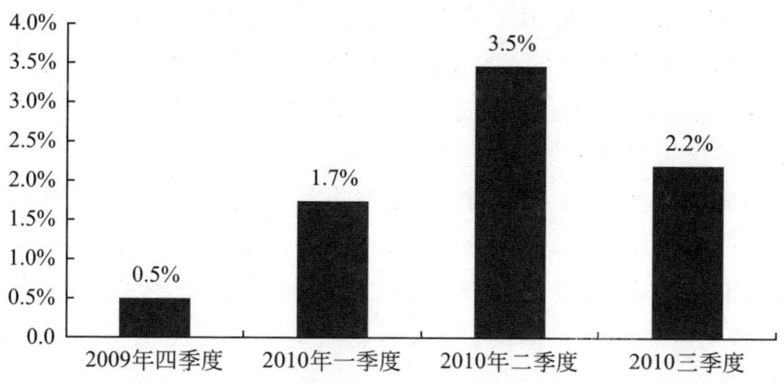

图 8-2　AOC 进入马来西亚市场第一年的市场份额

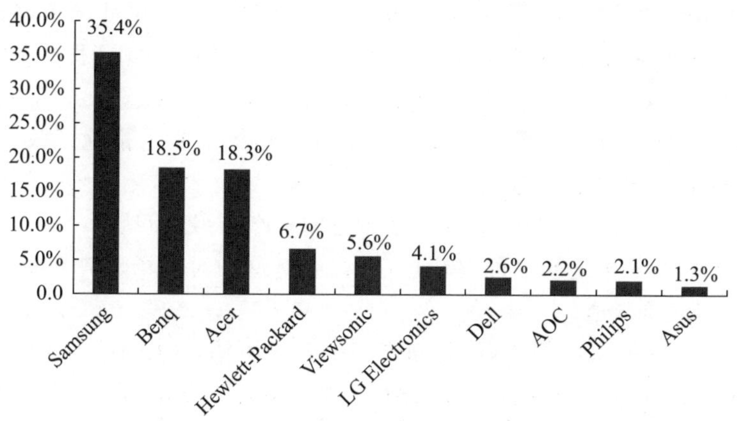

图 8-3　IDC 2010 年第三季度显示器市场主要品牌市场份额

数据来源：IDC

“各位同仁，相信看到手中的报告后，已经非常明了，我们正在处于马来西亚生意的生死攸关阶段，需要大家讨论作出判断下面怎么办。”Ray 开门见山说明当前形势。

“不能就此放弃，否则一年来的付出将化为乌有。”Kan，Recky 和 Wallace 均表达了同样的想法。

“我们确实是退无可退，拓展海外的目标不能就此放弃，马来西亚市场都攻克不了，其他市场将更难。”Ray 看着大家。

“我们首先需要找到马来西亚市场遭遇困难的原因，才能够做出正确判断。”Recky 首先提出找出“发病”原因。

经过 15 分钟的思考后，作为协助马来西亚市场解决问题的香港区域负责人 Kan 对产品策略提出了质疑:“目前在马来西亚市场中,截至 2010 年第二季度宽屏幕和非宽屏[①]的比例分别为 75.3%和 24.7%(图 8-4),而我们的 AOC 品牌却完全放弃非宽屏的市场,非宽屏市场的占有率竟然是 0。这样的产品组合是非常有问题的。

另外显示器产品尺寸[②]的组合也与市场主流需求有较大差别,我公司品牌仅有个大类别 19 寸和 21.5 寸,20 寸的产品地带是空缺的,而未来 20 寸在马来西亚市场将是主流产品线之一,而我们竟然毫无切换的准备。AOC 品牌是以产品为导向的公司,不能满足消费者主流需求,踏空市场行情是问题之一。”

“事实上,从市场的趋势来看,非宽屏产品将逐渐淡出市场。但盲目地过早地切断这一类型的产品是不明智的。有关于产品尺寸的策略选择,我同 Kan 的观念一致,未来的主流尺寸应该牢牢地抓在手中,我从 2009 年第四季度开始多次与 JOS 沟通,可是 JOS 的产品经理 Raymond Chow 以我们的成本价格不优,市场上该尺寸未来市场趋势不明了拒绝了我的提案。”Wallace 表达出自己的意见。

Ray 在白板上写下了一条焦点问题——产品组合问题。

“JOS 作为本地知名的总代理,怎么会有这种对市场走势判断失误的问题?”Recky 质疑道。

“从 JOS 提供的报告看,表面产品组合还不错,实则不然。由于 JOS 还代理 LG 和 Acer 的电脑显示器,AOC 根本不是焦点,JOS 管理的销售团队不关注 AOC 的成长,另外 JOS 的销售人员比较适应成熟产品的销售,对于需要提升品牌影响力的产品的销售能力似乎令人怀疑;再者经销商在提货时,经常面临信用额度不足的问题[③]。当然我也有自身问题,感觉在推动 JOS 开拓市场时,总是有种找不到着力点,无所适从的感觉。”Wallace 继续分析道。

于是 Ray 在白板上写下了另外一条——总代理专注度不足,与 AOC 团队协助存在问题。

---

① 宽屏和非宽屏是以电脑显示器高度和宽度的比例来划分的。通常非宽屏的比例是 4∶3,而最早推出的宽屏幕显示器是 16∶10 的比例。

② 液晶显示的尺寸是指液晶面板的对角线尺寸,以英寸为单位(1 英寸=2.54cm)。

③ 信用额度是指总代理商给下一级经销商所提供的赊销额度,经销商可以先收到货物,在规定期限内支付购买货物的货款即可。信用额度越高,信用周期越长,对下级经销商的资金流越有帮助,下级经销商对该公司产品的经销能动性也就越高。

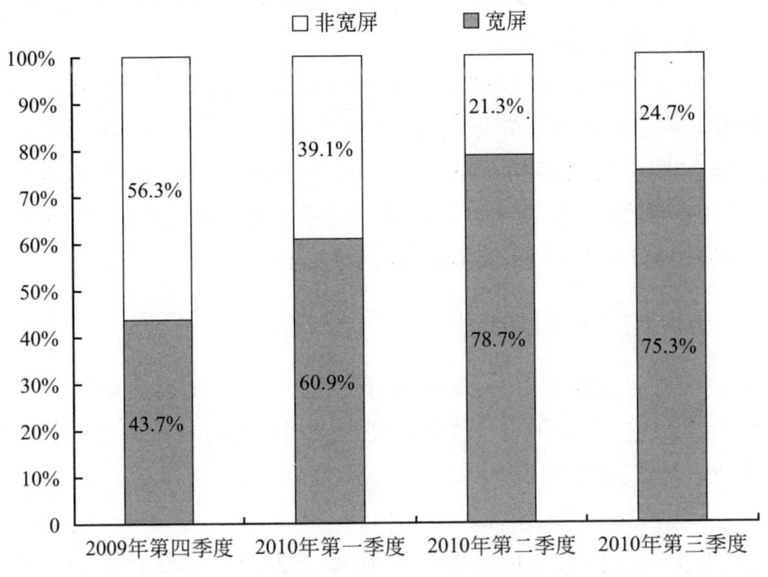

图 8-4　马来西亚市场不同产品类型的销售比例

“市场投入不足也是问题之一，根据我们的经验，产品在终端市场的曝光率基本上与市场份额是匹配的，而我们制定的一些店面装潢和店内促销计划看起来没有达到目的。”Recky 说。

“准确地说，不是市场费用投入不足，而是在执行层面上发生了偏差。细节是魔鬼，总代的市场部在这一方面严重拖延进度。”Wallace 抱怨道。

Ray 在白板上写下了第三个问题——市场活动执行不得力。

“Wallace，二级核心渠道是重中之重，我们需要牢牢把握这个机会，无论是增加核心客户的数量还是挖掘核心客户的消化能力，都与我们计划相差甚远，你又怎么解释这个问题？”Ray 提出了新的质疑。

“是的，从最新的报表我们可以看出，无论是核心客户的活跃度、新鲜度还是忠诚度都大有问题。8 月份核心客户提货只有 8 家，每家进货数量有不同程度的萎缩，有 2 家核心客户每两个月才提一次货。”

Ray 写下了第四个问题——渠道活跃度、忠诚度下降。

……。讨论还在持续，白板上的问题数量已经累积到 9 条。Ray 停下来，“每一条问题都现实存在，可是我们需要明确问题的责任方在哪里，找到核心根源。”

“如果化繁为简，看起来每一项问题源头都直指 JOS，我想我们需要认真考虑一下与JOS的联姻是否合适?”大家几乎同时想到了这个关键问题,这是一个令人震惊的结果。

通常而言,品牌厂商很难质疑JOS这位巨人的能力。但就是这样一位业界翘楚,顶着各种桂冠的总代理,为什么难以推动AOC在马来西亚的业务拓展呢?四位与会者初步认定MMD与JOS的合作存在不尽如人意之处,但最终做出判断还需要获得市场的一手资料,为此,Ray带领整个团队深入市场第一线,直接与经销商接触获取信息。

1.3.2 脚步丈量市场反馈

第一站来到吉隆坡Low Yat电子市场。Low Yat卖场是马来西亚电子产品的集散地,在全国电子类产品的销售中,无论是零售还是批发都是举足轻重的。他们首先拜访的客户是位于Low Yat三层的Viewnet Computer System Sdn. Bhd.(以下称为Viewnet)。Viewnet成立于1999年,一直处于马来西亚经销商的领先地位,显示器产品是该公司的核心产品之一。恰逢该公司要重新装潢三层的店面,将其改造为更符合消费者选购习惯的超市模式。该公司的创始人兼总经理Simon Pang先生和市场部经理接待了Ray一行人。

“感谢Simon对我们的支持和协助。作为刚刚进入市场的品牌,我们非常希望听到您的建议。”Ray诚心请教。

“AOC品牌产品设计和质量都很好,有机会站稳马来西亚市场。”Simon说,“但是,请注意品牌的持续建设和投入,包括我们这样的经销渠道的维护和拓展。消费者会倾向于购买他们认知的品牌,店面的销售人员可以相对轻松地将货物卖出。但是品牌知名度和美誉度是需要靠时间和投入来累积的。而作为新进品牌应当提高零售商和渠道商的销售兴趣,有激励才能全力主推你们的产品。”

“另外更为重要的是,你们的总代要很顺畅地将产品运送到Viewnet,我才有机会将产品卖给下一级经销商和最终消费者。”Simon接下来说,“我每天非常忙碌,面对各种总代、品牌商。这从我经营的产品种类你也可以看出。”

“我的显示器库存不足时,哪个品牌的总代出现在我的面前,性价比能接受,我就可能订谁的货。”Simon补充道,“而事实上,频繁出现在我店里的代理商很少提及你们哦!”

“而有些时候，即使我主动想订一些你们的货，我在 JOS 的账户余额总是不够让我买足够数量的显示器。你知道 JOS 是按照商家来给信用额度的，无论我订硬盘还是显示器，都使用同一份信用额度。我们做经销流转生意的，要的就是资金周转速度快，根本不可能付现金买货。如果当我额度足够充裕时，JOS 的销售人员能够向我主动推荐你们的产品，情况就会迥然不同。当然我只是你们众多客户中的一个，但我想我是一个核心客户，也是有代表性的一个客户”Simon 呵呵笑着说道……

第二站，Wallace 选取的是一家非常有代表性的经销店面 ALL IT Hypermarket Sdn. Bhd(后称 ALL IT)。ALL IT 是马来西亚最大的数码连锁店之一，拥有 9 间马来西亚最旺地段的连锁分店。营业面积大，经营 IT 产品品类全。ALL IT 的看法在相当程度上能够代表渠道商和消费者的主流观点。

MMD 的一行四人与 ALL IT 的董事总监 Rain Chuah 先生在位于 Ykano 商场三层的分店见面。寒暄之后，Ray 切入主题：“我们尝试摸索着进入马来西亚市场，原本希望复制其他国家的成功经验，可目前看来进展并不顺利。从您的角度看，AOC 在马来本土拓展市场中存在哪些失误?”

“ALL IT 非常有意愿成为贵品牌的核心经营者，目前市场中能给公司增加利润点营业额的品牌类产品越来越少。你们的产品设计、质量都很棒，如果适销对路，假以时日，能闯出一片天地，”Rain 给出的评价是这样的，“但是既然谈到问题，我就开诚布公地谈谈我的看法。”

“我想你的总代的产品经理对这个产品走势不了解。”Rain 首先丢出了一粒重磅炸弹。

“何出此言?”Recky 和 Kan 同时问道。

“我的 9 间连锁店非常明了的是，非宽屏数量在逐步减少，但是截至第二季度还有超过 20%的市场份额，而你们早早就放弃这部分市场的角逐。以占市场超过 80%的主流产品 17 寸和 19 寸显示器为例，非宽屏产品还有一席之地的。根据 IDC 报告，尤其是 17 寸非宽屏显示器，在第一季度依然是市场的主流产品。而你们白白浪费市场机会，这让我非常不理解。”(如表 8-1 所示)。Ray Chuah 补充道：“如果说产品经理看到非宽屏市场逐渐萎缩，那为什么正在逐渐成为市场主流的 20 寸也被 AOC 放弃呢? 我们预计到今年四季度 20 寸的份额是 7.6%，明年第一季度就占到市场总量的 20%，而后这个规格的产品一直处于增长态势，而你们毫无动作。”

表 8-1 马来西亚市场主流产品市场份额状况

显示器尺寸	类型	占整体市场份额			
		2009 年第三季度	2009 年第四季度	2010 年第一季度	2010 年第二季度
17 寸	非宽屏	53.7%	46.8%	33.3%	14.1%
	宽屏	3.6%	3.8%	18.0%	29.1%
19 寸	非宽屏	7.7%	7.4%	5.2%	6.8%
	宽屏	21.2%	32.0%	33.8%	36.0%

“我想并不是因为 AOC 品牌目前的总代的产品经理对市场走势缺乏认识,能力不足,而是因为目前他们所代理的产品还包括 Acer 和 LG,LG 一直在非宽屏市场保有优势。而在 20 寸市场,Acer 将会是 JOS 的重点扶持对象。而我之前也多次建议改变产品组合,产品经理拒绝了我的建议。有一部分原因是为了避免代理品牌的内部过度竞争;另外还有总代此类产品的推广重点不在于 AOC 品牌。”Wallace 基于 Rain 的观点进行了深度剖析……

接下来走访了 Jayacom Information Sdn Bhd、Navotech Technology Sdn Bhd 等重量级的代理商。反馈的结果证实了会议上的初步判断,即总代信用额度不足,产品不满足市场需求,销售团队不专注,市场团队不注重长期品牌累积和投入等,所有的问题根源均来自于 JOS!

1.4 手术刀

结束与最后一家代理商的会议后,Ray 代理 4 人紧锣密鼓当即召开了晚餐会议,会议上 Ray 要求第二天约见 JOS,针对各项问题给予解决方案,限期整改。否则只能解除与 JOS 间的代理合约,至少 JOS 不再是唯一总代理。因此接下来要做两手准备,寻找潜在的代理商。

2010 年 9 月 28 日,上午 10 点,马来西亚,JOS 会议室中,产品总监 Sharon Chin 和产品经理 Raymond Chow 列席会议。

“谢谢 JOS 带领 AOC 进入马来西亚市场,我们一起并肩作战,一路走来有很多不容易。”Ray 首先表达了对 JOS 的谢意,接下来他话锋一转,用数据质疑 JOS 的业绩表现。

“我们的总代协议明确了双方共同的目标,引领 AOC 在大马站稳脚跟,第一步完成品牌扩张,实现销量 2 万台,取得市场份额排名进入前 10

名，但是如果分析 JOS 6 月到目前为止可以预见的订单(sell-in)①，贵公司没有实现当初的总代合约的承诺。出货(sell-out)数据表明，核心客户的销售能力没有得到提升，相反他们正在逐渐失去对 AOC 的兴趣，甚至放弃与 AOC 的合作，从 7 月到 9 月的销量数据可以清楚地看到这种趋势(如表 8-2 所示)。从 9 月出货的客户分布可以看出 Computer War 是硕果仅存的核心客户(如表 8-3 所示)。”

表 8-2　AOC 2010 年 6 月—9 月的订单和出货量　台

销售量	6 月	7 月	8 月	9 月
订单(sell-in)	588	0	838	0
出货(sell-out)	—	850	270	195

表 8-3　2010 年 9 月份核心经销商的出货量　台

二级核心经销商	出货量
COMPUTER WAR SDN BHD(483977-X)	111
CHALLENGER TECHNOLOGIES (M) SDN BHD	20
JOS (2001) SB-SPU01	19
ALGOMINDA SDN BHD(670774-A)	16
JOS (2001) SB-SIU00	8
其他 14 家	21

“谢谢贵公司赋予 JOS 机会合作开发大马市场。”Sharon 说，“虽然我们没有完成销售目标，但是市场的情况千变万化，JOS 一直试图寻找生意突破的机会，我们一直在努力。”

“理解。我们公司经过慎重考虑，我们希望将未来的两个月作为考察期。如果贵公司可以扭转目前颓势，我们将续约，如果没有明显改善，那么这种合作对双方都是‘鸡肋’。届时 MMD 公司将不再与 JOS 公司续约。”Ray 开门见山地说出了 MMD 公司的想法，“当务之急是生意逐步走上正轨。”

“您做出这样的决定我们能够理解，为了能够保持继续合作，JOS 将在未来的两个月中尽全力达到销售目标。”Raymond 知道已别无选择。作为

① sell-in：产品从制造商卖给经销商/批发商或者零售商；sell-out：经销商/批发商或者零售商将产品出售给下一级客户或者消费者。

代理商而言，显然经销的品牌数量越多越有利于市场销售。

“AOC打入大马市场，今年最重要的目标是建立AOC的渠道和消费者的品牌知名度、美誉度和忠诚度”，Ray进一步阐述道，“我们认为当前的解决方案应当包括以下几个方面：一是经销商专属信用额度。AOC作为新进品牌，我们希望JOS能够‘另眼看待’，给予特殊支持。我们希望JOS设立AOC核心经销商的‘专属’信用额度，具有排他性，经销商不能挪用该额度购买其他产品。二是产品结构性调整。目前的产品组合与市场需求不符，应当立即导入非宽屏产品，近四分之一的市场需求不能被漠视。做好准备适时导入20寸宽屏产品，这款产品将逐渐成为市场主流。三是品牌卖场曝光度。终端店面是消费者完成购买行为的‘决战’之地，希望有温馨的AV品牌体验环境，使消费者愿意付出更多的时间体验。四是销售团队的独立KPI考核指标。我们希望JOS对销售团队设立AOC的专属考核指标，加强市场的执行能力，加大销售力度。五是设立专注的产品经理。产品经理是整个团队的灵魂人物，是成败与否的直接原因。我们希望Raymond在过渡期间主营AOC，共渡难关。”

Sharon面露难色：“您所提出的要求我们会尽力，我会全力支持团队能动性提升，接下来我会跟销售总监、市场总监谈到进一步落实方案。不过，Raymond不仅仅负责AOC品牌，我们存在人力不足的情况。但我保证，我本人会协助他将更多精力放在AOC的品牌扩展和渠道拓展上。至于结构调整，我们会做好准备，但是目前AOC的库存较多，库存周转率提高之后，JOS将适时调整产品结构。比较困难的是设立专有信用额度，公司的财务制度和财务分享评估系统不支持这种方式。我们会在其他方面多做努力，例如销售人员会紧盯核心经销商的信用额度空档。额度一旦释放，马上与经销商沟通进货事宜。”

很显然，Ray对Sharon的承诺和保证并不是非常满意，他知道单方面推动是非常困难的，毕竟JOS是行业中的巨头，而MMD仅仅是马来西亚市场的新兵。Ray随后说道：“好的，待库存降到安全线之下，再进新的型号的货源。我方坚持设立专用信用额度，但尊重贵公司的运营体系。希望JOS的团队专注于AOC的推广。Recky和Wallace会协助Raymond细化指标。时不我待，我们三个月后以结果论英雄。”

1.5　谁是合作者？

与JOS的会议之后，Ray决定至少不再采用独家代理的方式销售，他认为 2 个月之后终止与 JOS 合作的可能性是相当大的，接下来的 1 个月里必须完成选择并签约代理商的工作。Wallace 凭借着他对马来西亚市场的了解，提出了以下几个可选择的考察对象，按照规模和实力排序如下：英迈(IM)、佳杰(ECS)、Purelink、Adventure 和 Passo。在 2010 年 10 月初的几天里，Ray 一行马不停蹄地对几家潜在的合作方进行了访问。

1.5.1　IM(Imgram Micro)

英迈(Imgram Micro，IM)是美国上市公司，全球最大的 IT 产品的渠道总代理商。IM 成立于 1979 年，总部位于美国加利福尼亚州圣塔安纳，是全球最大的技术产品和供应链服务供应商，也是全球领先的技术销售、营销和物流公司。2012 财年英迈全球销售额达 378 亿美元，在《财富》杂志公布的 2012 年度全球 500 强企业中排名第 294 位，2013 年度全美 500 强企业中排名第 76 位。英迈在全球 37 个国家内设立了分支机构。作为技术产品流通渠道的核心环节，英迈通过独创性的产品线整合分销、市场支持活动、外包储运服务、技术支持和资金周转服务等途径，为厂商和分销商创造商机和利润空间。

目前英迈公司拥有 3 名产品总监、5 名产品经理、10 名电话销售员、14 名渠道销售、7 名行业销售员(SI)、2 名市场专员。其中，显示器相关的产品线的产品经理 2 人，分别负责三星(Samsung)和宏碁(Acer)。跟显示器相关的产品线的销售经理 3 人，负责全线品牌。有 2 名市场人员，负责全线产品。没有店面促销员团队。分销涵盖马来西亚全区域，有 5 个分公司分别位于槟城(Penang)，另外 6 个分公司分别位于槟城(Penang)、怡保(Ipoh)、关丹(Kuantan)、柔佛(Johor)、沙巴(Sabah)、沙捞越(Sarawak)。英迈给代理商的总额度约马来西亚林吉特 2500 万元，没有给经销商按产品配置额度限额，信用周期是 30～45 天。

该公司已与全球 37 个国家的 1700 多家厂商建立了合作关系，并为世界范围内近 200000 家经销商提供解决方案和服务。依托英迈的物流系统，公司为客户提供个性化的服务，包括订单管理和执行，与供应商及仓储提供商签订合同，产品生产、包装及装箱，逆向物流，运输管理，客户服务，信用管理等其他价值链服务。在全球，该公司业务遍及 160 多个国家，作为全球技术分销委员会的理事成员之一，英迈对全球 IT 分销业的影响举足轻重。英迈同时也是唯一一家在亚洲开展业务的国际性 IT 分销商。

英迈进军马来后，成为马来西亚最大的分销商，产品多样化且品牌多种化。组织结构完善,销售部、产品部和市场部是平行矩阵式管理。如果英迈能够大力推广和销售 AOC 品牌,应当会有很好的结果。

1.5.2 佳杰科技(ECS)

佳杰科技(ECS)是从中国走出的分销大鳄,是 Philips 的代理商。佳杰科技(中国)有限公司是全球最大的电子制造服务商美国 SOLECTRON 发起成立的。之后,该公司完成了对新加坡 ECS 控股的收购,收购重组后的新公司中文名为佳杰科技,英文名为 ECS,在新加坡的股票代号为 ECSH,其主要业务是信息产品电子分销和支持服务,预计 2010 财年营业额将近 10 亿美元,其业务范围将遍及整个亚洲。佳杰科技(中国)在新加坡上市,也迈出了打造亚太电子分销航空母舰的第一步。

目前,佳杰公司有 2 名产品总监、4 名产品经理、6 名电话销售员、15 名渠道销售、5 名行业销售员(SI)、2 名市场专员。跟显示器相关的产品线的销售经理有 4 人,负责全线品牌。有 2 名市场人员,负责全线产品。没有店面促销员团队。分销涵盖马来西亚全区域,有 6 个分公司分别位于槟城(Penang)、怡保(Ipoh)、关丹(Kuantan)、柔佛(Johor)、沙巴(Sabah)、沙捞越(Sarawak)。给代理商的总额度为马来西亚林吉特 2000 万元,信用周期是 30～45 天。

佳杰科技是马来西亚第二大电子产品分销商,佳杰科技的主要优势在于有较强的中国品牌分销经验,正处于扩张时期,有与外部品牌合作的意愿。它代理的产品线较宽。佳杰科技也是 MMD 公司的选项之一,Ray 主要不但看中这家公司在马来西亚的渠道规模,而且看中他们在中国市场的经验,因为中国市场的竞争比马来西亚的强度要大,能够在中国市场立足说明了他们的能力。

1.5.3 Purelink

Purelink 公司在显示器行业的经验非常丰富,从 CRT(显像管)时代就是显示器分销行业的佼佼者。公司一直主营 ViewSonic 显示器,在 2009 年之前稳占三甲席位,但是由于 ViewSonic 公司决策层价格决策失误造成全球市场份额急剧下滑,亚太市场所受到的波及尤为明显,在今年第三季估计市场份额至少下滑 5 个百分点。目前总代理和下游经销商都有不同程度的损失,公司为了维护渠道的良性运转,避免造成渠道伤害,因此决定损失的首先承担者是 Purelink,然后再同商家进一步协商。Purelink 一直以来是以专注经销显示产品而闻名，其团队经验丰富且充满活力。不过由于 ViewSonic 是该公司一手扶持起来的品牌，公司的总经理 Tan Meng Hong 显然有些犹豫是否要放下这么多年的感情转做其他品牌，但 AOC 在中国、印度和巴西等市场的骄人业绩的确也使他非常动心。由于所代理的品牌出现问题，该公司目前缺乏现金，因此提出来 MMD 公司能否在资金上给予支持，特别是需要 MMD 公司超过 50 万美金的信用额度。当然，如何处理与 VOC 目前总代的关系也是该公司关注的问题。

目前，公司拥有 1 名产品经理、2 名渠道销售、1 名 AOC 显示器产品经理，总经理也可以直接参与负责显示器的销售。显示器相关的产品线的销售经理有 1 人。销售经理直接汇报给总经理。无市场人员和店面促销人员。分销涵盖马来西亚全区域。给代理商的总额度约为马来西亚林吉特 200 万，没有给经销商按产品配置额度限额，信用周期为 45 天。由于以往品牌经营单一，所以每个经销商被分配到的信用额度较为充足。

1.5.4　Adventure

Adventure 作为马来西亚的本土分销商，成立于 1988 年，是著名 IT 产品 AMD、TrendMicro、惠普打印机、微信主板等的总代理，还分销 IPOD、MICROSOFT、SYMANTEC、SAMSUNG、DIGIBOY、KOUWELL、明基(BENQ)和 PlANEX 等品牌产品，AOC 的产品也在其分销之列，但是暂时没有销售显示器产品的经验。该公司是当前成长最快的 IT 公司，渠道体系成熟，一直在向不同的分销渠道供货。在过去的十年里，该公司已经成为了各大品牌厂商的合作伙伴。

目前公司拥有 2 名产品经理、1 名渠道销售、2 名行业销售员(SI)、1 名商务经理、1 名显示器产品经理、显示器相关的产品线的销售经理 1 人。无市场人员和店面促销人员。分销涵盖马来西亚全区域，没有分公司。给代理商的总额度为马来西亚林吉特 600 万～700 万元，没有给经销商按产品配置额度限额. 信用周期是 30 天。

该公司是 2003 年由五家公司合并而成，由于看到了当时快速增长的电子产品消费需求，合并之后的 Adventure 下属的五家子公司各自负责马来西亚和新加坡不同的渠道和市场。该公司在控制成本和提升分销效率方面有着非常强的能力。

Adventure 公司有着较强的本土色彩，对当地市场非常熟悉，这是 Ray 关注它的重要原因。

1.5.5 Passo

Passo 公司位于马来西亚柔佛州新山市。该公司目前是一个区域经销商，在马来西亚的 JB 区域积累了丰富的销售经验，在已有的市场运营非常成功，但该公司有着非常强烈的愿望从区域市场拓展至马来西亚全国市场，而这就需要有适销对路的产品作为支持。Passo 公司一直是 MMD 公司的合作伙伴，早在 1999 年就开始了合作，除了情感上的联系之外，该公司对 MMD 公司和 AOC 产品相当了解，该公司的总经理 Alan Soh 认为 AOC 品牌从质量、设计到产品风格都非常适合马来西亚市场，只是没有找到合适的代理商。上一次 MMD 选择经销商时没有选择 Passo 公司也是由于它的区域没有覆盖到马来西亚的全国市场，不过 Passo 公司没有因此而放弃销售 AOC 的产品。目前，Passo 公司有意在马来西亚槟城设立公司，但需要等时机成熟的时候开始实施。公司的总经理 Alan 非常愿意作为 MMD 公司的一级代理商，并希望同 AOC 一起扬帆起航，共同发展。不过，如果 MMD 公司选择多家代理商，如何进行区域的管理是该公司有所顾虑的方面。

目前公司拥有 1 名产品经理、3 名渠道销售、2 名电话销售员、1 名显示器产品经理，总经理也亲自负责显示器产品线。显示器相关的产品线的销售经理 1 人，该产品线销售经理直接汇报给总经理。无市场人员和店面促销人员。分销涵盖马来西亚南部和北部，总部位于柔佛。给代理商的总额度约为马来西亚林吉特 300 万元，没有给经销商按产品配置额度限额，信用周期是 30 天。因代理的品牌比较集中，每个经销商被分配到的信用额度很充足。

Ray 一行还考察了一些其他的代理商，但显然这些代理商都不是非常适合作为 AOC 品牌在马来西亚的一级代理商。

1.6 何去何从——不能失误的抉择

Ray 知道，无论是否终止与 JOS 的合作，渠道的调整都在所难免，至少要增加一级代理商，而谁是新的代理商需要在近期就确定下来。但是，如果再决策失误，恐怕整个亚太市场都会受挫。Ray 知道时间异常紧迫，而他必须擦亮眼睛，绝不能做出错误的决策……

2　案例使用说明

2.1　教学目的与用途

（1）适用课程：国际营销、营销管理、渠道管理、零售管理。

（2）适用对象：本案例主要为 MBA、EDP 和 EMBA 开发，适合有一定工作经验的学员和管理者学习。本案例可以用于工商管理各本科专业的相关课程，也可以用于国际学生深度了解东南亚市场的特点。

（3）教学目的：本案例以一个新品牌进入马来西亚市场为背景，通过对案例的深入分析，使学生理解、掌握和思考以下三方面内容，达到提高学生综合运用渠道管理知识的能力，以及在进军国际市场时分析问题和解决问题的能力：①一个国家市场的评价与选择；②亚太新兴市场代理商/经销商的绩效评价；③亚太新兴市场经销商的选择和评价。

2.2　启发思考题

（1）MMD 公司为什么选择马来西亚市场？应当如何选择和评价一个国家市场是否适合进入？

（2）MMD 公司在选择 JOS 时考虑了哪些评价指标？

（3）MMD 公司在评价马来西亚总代理商 JOS 的绩效时运用了哪些指标？评价的操作流程和要点是怎样的？

（4）一般而言，进行渠道成员选择时应当考虑哪些评价指标？

（5）作为新进入者，应当如何在马来西亚及亚太市场选择和评价经销商？

（6）在品牌导入、快速成长和成熟期等不同情况下，亚太市场经销商选择的标准应当有哪些差异？

（7）MMD 公司应当选择哪一家或几家经销商？接下来 MMD 公司在进行经销商选择时应当重点考虑哪些指标？这些指标与传统意义上的经销商评价指标有何不同？

（8）如何规避在马来西亚和亚太市场上选择错误的代理商？

2.3　分析思路

本案例关注冠捷集团 MMD 公司的 AOC 品牌在马来西亚市场的进入和渠道调整过程，案例中包括三个主要的知识点，即如何评价是否进入一个国家市场？如何在马来西亚和亚太市场评价一级代理商？如何在马来西亚和亚太市场评价和选择一级代理商？其中，第三个问题是整个案例的焦点问题。详细分析思路与步骤如图 8-5 所示。

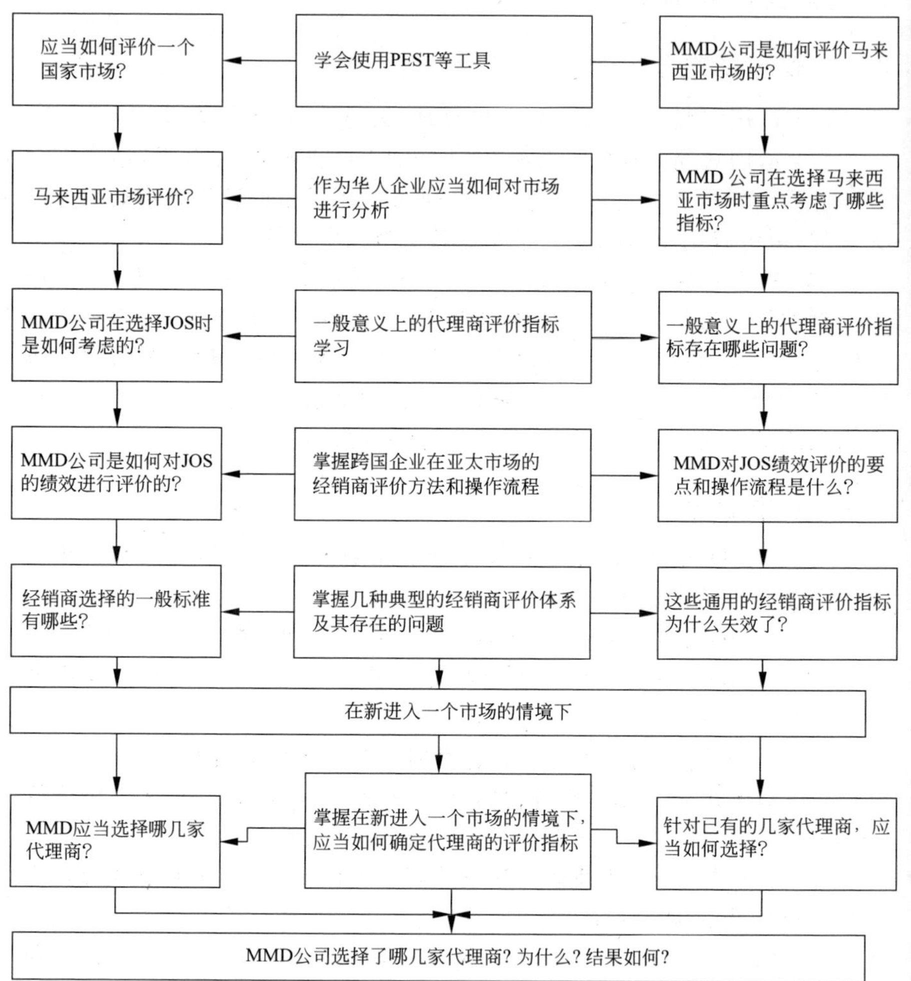

图 8-5　案例分析思路与步骤图

2.4　理论依据与分析

2.4.1　是否进入某一国家市场？

（1）理论及评价工具

PEST 分析工具可以作为评价一个国家市场是否可以进入的依据。该分析工具从政治、经济、社会和技术角度综合对一个市场进行分析，通过这一分析可以综合评判一个市场的可进入性，如图 8-6 所示。

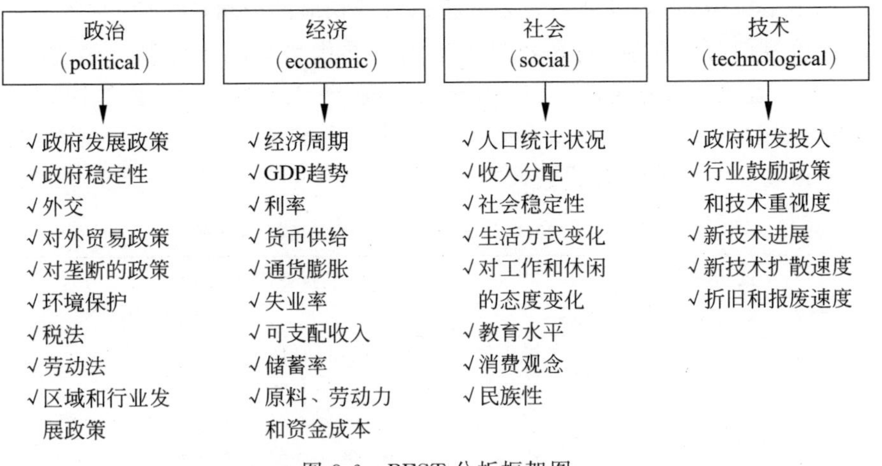

图 8-6 PEST 分析框架图

不过，在 PEST 分析中，各个评价点的权重是一样的，这实际上存在一些问题，因此 PEST 工具在实际的操作中需要进行一定的修正，表 8-4 列出了我们根据亚太市场的情况进行的一些指标的修正，使之更加符合当前的情况。作为华人企业，进入东南亚市场需要关注的方面包括政治的稳定性、中国对该国的影响、华人影响力、经济发展、市场类型、人口规模、社会稳定性、宗教、政府新技术政策等几个方面。

表 8-4 针对亚太市场修正的 PEST

	最重要	重要	关注
政治	政府稳定性、法律法规健全性、中国对该国的影响力、华人影响力	发展政策、贸易政策、垄断政策、环境保护、行业政策	税法、劳动法
经济	经济发展水平、经济规模、市场类型、地理位置	劳动力成本、通胀率、失业率、原料和资金成本	利率、货币供给
社会	人口规模、宗教、社会稳定性	民族性	消费方式、教育水平、工作和休闲
技术	政府技术政策	新技术进展、新产品扩散速度	研发投入、折旧和报废速度

（2）本案例分析：MMD 进入马来西亚市场的分析

① 评价进入与否

本案例中，我们仅就最重要的指标进行相应的分析（如表 8-5 所示），通过评价我们可以知道，马来西亚市场的主要优势是政治体制健全、社会稳定、经济发展、市场规模大、市场聚集度高、华人影响力大，这些因素对于 MMD 公司在马来西亚市场经营都是非常有利的条件，从分析角度看，马来西亚市场是一个非常合适进入的市场。

表 8-5　MMD 公司进入马来西亚市场的分析

	最重要的指标	马来西亚市场评价
政治	政府稳定性、法律法规健全性、中国对该国的影响力、华人影响力	• 民主体制比较成熟，政府稳定性好 • 法律法规健全，经营环境好 • 华人占总人口的 24.6%，多个城市例如槟城和马六甲均保持华人文化，华人掌握经济命脉 • 中国距离较近，对该国的影响力较大
经济	经济发展水平、经济规模、市场类型、地理位置	• 经济发展良好，是《经济学家》列出的 25 个新兴国家市场之一 • 人均 GDP 达 1 万美元/年，经济规模较大 • 马来西亚人口和经济活动在首都高度集中，属于集散地市场，资金效率较高，物流体系完善，便于商业活动开展 • 港口城市，便于货物运输和交易
社会	人口规模、宗教、社会稳定性	• 人口近 3000 万，属于中等较大规模 • 宗教以伊斯兰教为主，中国企业比较熟悉其文化和习俗 • 社会稳定，适合商业经营
技术	政府技术政策	• 政府鼓励电子信息产业发展，IT 产品处于有利状态

注：相关划分参见表 8-6。

在上述的教学基础上，可以对亚太市场进行进一步的分析和分类，从而让学生对不同的亚太市场有更好的理解。表 8-6 给出了参考的分类。

表 8-6　亚洲太平洋地区主要市场分类

分类方式	国家类型细分	亚洲太平洋地区代表性国家
宗教分类	伊斯兰教	例如：马来西亚、印度尼西亚
	佛教、印度教	例如：泰国、柬埔寨、印度
	基督天主教	例如：菲律宾
经济发达程度	新兴市场	例如：印尼、印度尼西亚、马来西亚、菲律宾
	发达国家	例如：澳大利亚、日本
市场类型	集散地市场型	例如：泰国、印度尼西亚、马来西亚
	扁平化市场型物流&成熟市场	例如：韩国
	城市市场型	例如：新加坡、香港
华人影响力	高	例如：越南、马来西亚、香港
	中	例如：印度尼西亚
	低	例如：菲律宾

资料来源：作者整理。

② 进入方式的选择

一般而言，在一个市场上可以包括以下几种：(a)直销模式；(b)直分销模式；(c)独家总代理商模式；(d)多家一级代理商模式。不同的渠道体系有其不同的特点，直销模式的控制力最强，但成本最高；独家总代理模式的控制力最弱，但进入市场最为容易。

对于国外市场，直接采取高控制手段的渠道建设方式几乎是不可能的，因此在进入一个国家的市场时需要采取低控制易进入的方式操作，一般而言其路径如图 8-7 所示。第一阶段一般采用独家代理方式，第二阶段一般采用多家一级代理方式，到了第三阶段有两种基本的方式，一是直分销模式，即部分市场直销，部分市场分销；二是直销模式，即所有市场均直销。对于小规模的市场而言，到第三阶段采取完全直销是可能的，但对于大规模的市场，例如中国市场，则几乎不可能(网商除外)。

在本案例中，第一阶段中 MMD 公司采用了独家总代理的模式，并顺利进入了马来西亚市场。案例的时点是第二阶段，在此时 MMD 公司将采用多家一级代理的方式。如果将来 MMD 公司在马来西亚设立了工厂，那么就可能进入渠道建设的第三阶段，当前看暂时不可能。

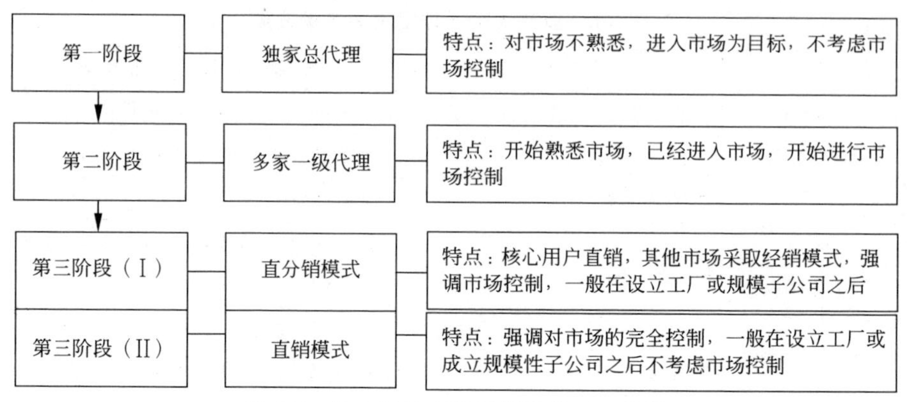

图 8-7 进入国外市场的渠道体系三阶段

2.4.2 马来西亚和亚太市场代理商经营绩效评价

(1) 代理商/经销商经销评价理论体系

经营绩效评价是对代理商或经销商进行激励和调整的依据，是经营过程中非常重要的环节。特别对于新进入一个国家的市场而言，如果不及时进行代理商的绩效评价，就可能无法真正在市场上站稳脚跟。

我们首先给出的是斯特恩评价体系，在该评价体系中包括七项指标，分别是销售绩效、财务绩效、竞争能力、遵守合约、适时调整和应变能力、发展规模和顾客满意（如图 8-8 所示）。

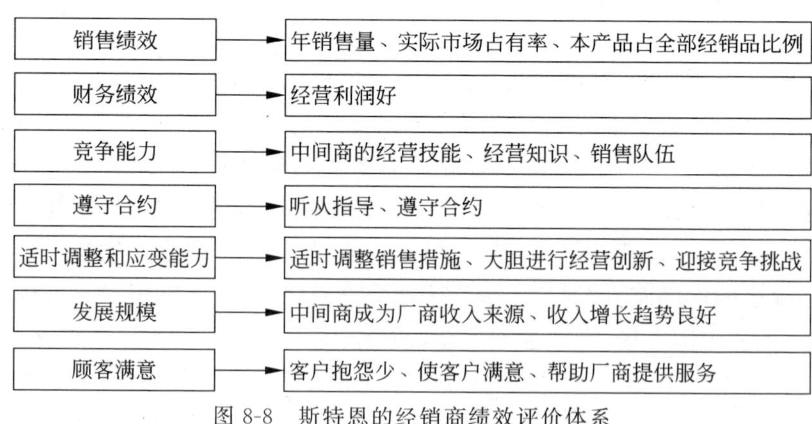

图 8-8 斯特恩的经销商绩效评价体系

不过斯特恩的经销商绩效评价体系在本案例中明显有不足之处，主要体现在没有反映新进入某一市场的特点。作为一个新进入市场的品牌，最大的问题是市场认知度低，市场不确定性较高，这就需要代理商能够很好地挖掘公司的产品特点，并针对市场的需求予以大力推广和销售。为此我们设计了另一个更适合新进入市场代理商评价的指标体系（如图 8-9 所示）。

图 8-9 中，对于一个新进入市场的品牌，可以重点从三个方面评价经销商，分别是财务绩效、经销商合作性和运行状态，其中财务绩效重点分析销售情况；经销商合作性重点关注专注度、品牌维护意识、经销意识和终端服务意识；运行状态重点关注销售增长趋势、流通力和终端服务能力、畅通性等指标。这些指标的重点在于品牌能否在市场站稳脚跟，能否被代理商足够关注。

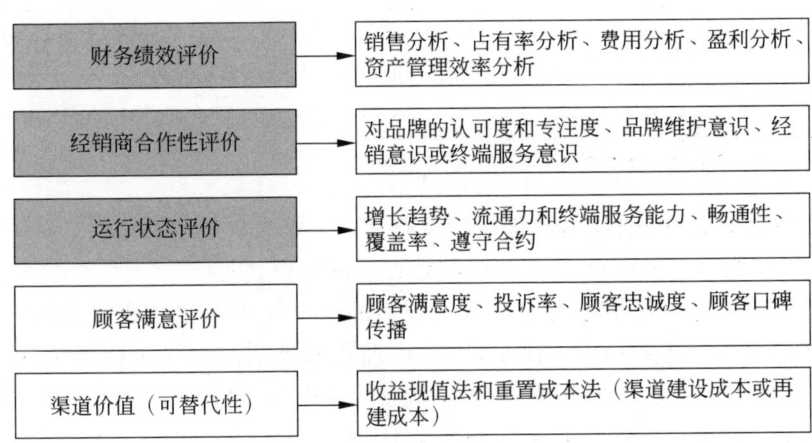

图 8-9　市场新进入者的代理商绩效评价体系

图中灰色背景部分的指标为重点关注指标

资料来源：本案例研究整理

(2) MMD 公司对 JOS 的绩效评价

按照图 8-9 所给出的市场新进入者的经销商绩效评价体系，将案例中 MMD 公司所进行的评估过程放入图 8-9 的评价指标后就可以得到 JOS 综合的绩效评价表（如表 8-7 所示）。通过这张绩效评价表，MMD 可以非常快地抓住存在的问题以及改进的方向。

表 8-7　基于重要性指标的 JOS 公司代理销售业绩评价表

评价指标		对 JOS 经营绩效的评价
财务绩效评价	销售分析	AOC 品牌销量一直处于低位，月销量不足 200 台；存在空白的产品市场

续表

评价指标		对JOS经营绩效的评价
经销商合作性评价	对品牌的认可度和专注度	重点放在销售竞品上，AOC的产品组合为竞品让路，对品牌的认可度、专注度很低
	品牌维护意识	品牌建设和投入不足
	经销和终端服务	不能够主动访问销售终端，丧失销售机会；没有及时给予下一级经销商信用额度支持
运行状态评价	增长趋势	最近一个季度市场占有率由3.5%下降至2.2%，面临退出危险
	流通力	核心经销客户忠诚度下降并大量流失，仅留存一家核心客户
	畅通性	没有很通畅地将产品运送到销售终端

注：表中的内容根据案例正文的内容整理得到。

总体看，JOS的代理销售业绩没有达到一级代理商的标准。

(3) MMD公司对JOS公司绩效评价的操作过程

尽管看起来从指标角度进行代理商的业绩评价是比较直接的，但是在现实的操作过程中却并不简单，因为代理商或经销商的绩效评价是激励或渠道调整的依据，因此在评价过程中必须获得各个方面非常准确的情况。但是，由于MMD公司进入马来西亚这样一个新的市场时采用的是独家总代理方式，MMD公司并不真正参与品牌的经营，这样操作过程中的细节一般比较难以了解，而单一地凭借销售业绩是很难说服人的，因此评价过程就需要一定的技巧。在本案例中，MMD公司的绩效评价分为了三个阶段。

第一个阶段是内部的讨论和分析阶段。在这一阶段中MMD高层管理人员主要根据JOS公司的销售数据和以往的表现进行一些分析，从而获得初步的结论。但是所得到的初步结论很多是建立在数据分析基础上的，因此还需要获得市场的一手资料。第二阶段是获得市场一手资料阶段。在这一阶段主要通过深入市场直接与二级经销商、销售终端乃至顾客接触获得相关的信息，目的是验证第一阶段的初步判断，并获得新的信息或证据。第三阶段是与代理商沟通阶段。由于有了第一和第二阶段非常详细的数据支持，在这一阶段不论采取激励行动还是采取调整行动，都会做到有理有据，从而使后续的工作得以顺利进行。总体看，马来西亚市场是一个遵循合同和法治的市场，因此在实际操作中能够在一定程度上规避不确定性带来的风险。

（4）拓展分析：代理商出现变动的重要信号

独家代理商如果出现了问题将对品牌厂商的经营产生巨大的影响，因此需要重点关注一些可能出现变故的信号，以便适时掌握相关动态，及时做出渠道的特征。根据以往的经验，需要进行代理商调整的重要信号包括以下方面：

① 总代理公司经营发生巨大问题，品牌商有财务兑现风险；

② 总代理组织结构发生重大改变，公司经营方向偏离现有品牌商的业务范围；

③ 市场占有率连续两个季度不能达到预期目标，甚至出现明显下滑；

④ 销售额连续两个季度达不到预期目标，甚至出现营业额下滑；

⑤ 库存水位连续两个季度超过预警水位；

⑥ 核心代理商持续进货数量减少，进货频率放慢；

⑦ 核心代理商数量持续减少；

⑧ 经销商、零售商对品牌商产品兴趣度降低；

⑨ 零售店的品牌产品曝光度持续减少。

处于成熟期的品牌商，可追加以下指标：

① 总代理渠道区域覆盖率无法填充；

② 总代理渠道客户覆盖率无法填充；

③ 总代理商供应链柔性无法满足下游渠道扁平化要求；

④ 总代理给予经销商和零售商的额度无法满足其销售额增长的需求；

⑤ 零售店面曝光率无法增加，被竞争对手超越。

2.4.3　代理商调整的评价与选择

（1）代理商评价的一般标准

而目前针对代理商/经销商的选择标准，已经有若干研究成果，本案例说明首先提供其中 5 种常见的评价标准。代理商/经销商的选择标准的研究在 20 世纪 50 年代就已经出现在西方国家，形成了一些较为完善的标准，不过这些标准是从不同的侧面对代理商/经销商的评价做出了阐述（如表 8-8 所示）。

不过，当一家品牌厂商进入一个新的国家市场时，选取代理商的评价标准实际上很少有人做专门的研究。这时品牌厂商需要重点考虑的是代理商

表 8-8 代理商/经销商评价指标体系汇总

布仁德(L. H. Brendel)标准[1]	潘格勒姆标准[2]	凯特奥特标准[3]	布拉星顿标准[4]	斯特恩等标准[5]
1. 真的需要我们的产品还是一时产品短缺 2. 目前的经营情况 3. 目标消费者的口碑评价 4. 制造商的口碑评价 5. 是否积极进取 6. 是否还经营其他产品 7. 财务状况是否良性 8. 是否有能力给账单贴现 9. 场所和设施规模如何 10. 能否保障有足够充足的存货 11. 目前的主要客户分布 12. 产品价格能否保持稳定 13. 是否提供历史 5 年的销售记录 14. 销售人员的实际销售领域 15. 当前尚未服务的客户 16. 销售人员是否经过系统培训 17. 现场销售人员数量 18. 内部员工的数量 19. 对合作培训和推广的兴趣 20. 有否可利用的设施	1. 信用和财务情况：资金流转情况和信用等级 2. 销售能力，销售人员的数量和素质 3. 产品线：需要避免竞争性产品，具有补充性、相容性和高质性产品 4. 声誉：美誉度和知名度 5. 市场覆盖范围：中间商是否覆盖制造商所预期的地理范围 6. 销售绩效：是否实现制造商预期的市场份额 7. 管理的连续性：中间商管理层是否稳定 8. 管理能力：重点标志是销售队伍的管理状况 9. 态度：进取心、热情和信心 10. 规模：中间商的经营额和组织规模	1. 成本(cost)：成本低 2. 资本(capital)：有资金实力 3. 控制(control)：适合控制 4. 覆盖面(coverage)：与厂商要求符合 5. 特征(character)：与厂商的特质符合 6. 连续性(continuity)：有长期的稳定性	1. 战略方面 (1) 扩张计划 (2) 资源基础 (3) 管理质量/能力 (4) 市场覆盖 (5) 忠诚 2. 操作方面 (1) 对本地市场的认知 (2) 足够的场地和设备 (3) 备货政策 (4) 顾客得力 (5) 产品知识 (6) 信用与付款条件 (7) 销售队伍能力 (8) 高效的客户服务能力	1. 财务能力 2. 销售能力 3. 产品线 4. 信誉 5. 市场覆盖率 6. 销售业绩 7. 管理能力 8. 产品和促销广告计划 9. 培训计划 10. 销售报酬计划 11. 储运设备和服务 12. 订货和付款流程 13. 安装与维修服务 14. 愿意向个别品牌投入资源与否 15. 愿意在共同计划中合作与否 16. 愿意分享数据与否 17. 愿意接受定额与否

能否全力对一个新的品牌进行推广和销售，如果代理商不能花费大量的资源支持新品牌，那么新品牌在一个新市场夭折的可能性是相当大的。

(2) 国家市场新进入者的代理商选择评价标准

尽管以往学者们对代理商/经销商的评价进行了相当多的研究（如表 8-9 所示），但这些研究还不足以对本案例所发生的实践进行全面的解释和支持。我们建议的策略是采用 ABC 的管理策略，确定最重要指标、次重要指标和关注指标。表 8-9 显示了在进入一个新的国家市场时需要考虑的指标。

表 8-9　国际市场新进入者对一级代理商的建议评价标准

最重要	重要	关注
1. 合作意愿的强弱	1. 市场覆盖	1. 代理商规模
2. 投入的资源占比	2. 信誉和口碑	2. 以往的销售业绩
3. 进取精神和态度	3. 财务状况	3. 销售人员数量和素质
4. 提供的特殊支持	4. 管理能力	4. 管理连续性
5. 分销经营能力	5. 场地、存货和供应链	5. 产品知识

资料来源：MMD 管理人员提供。

由表 8-9 可以看到，当品牌厂商进入一个新的国家市场时，选择代理商需要考虑软性的和硬性的两个方面的指标，其中要重点考察的是一些软性的指标，包括合作意愿的强弱、投入的资源占比、进取精神和态度等方面，如果是大规模的渠道商，有可能销售很多的竞品，这时他们的合作意愿不一定非常强，品牌厂商的产品仅仅是其销售目录中的一种，这类渠道商往往不愿意再花费大量的时间和精力培育一个新进入的品牌。另一方面，硬性的指标分销经营能力和提供的特殊支持也是非常重要的。提供的特殊支持包括给予的授信额度、提供的促销推广支持、单独设立产品经理等；分销经营能力包括代理商的终端服务能力、销售队伍能力、设备设施、供应链等方面。分销经营能力是实现其他标准的基础。

按照上述的标准，MMD 公司就可以对一级代理商进行综合性的评价。

(3) MMD 公司对一级代理商的评价

我们根据重点选择规则，按照表 8-9 中最重要的指标对五家经销商进行评价（教师也可以采用连接式、按序排除、编撰式、补偿式等多种决策规则进行本部分的讲授），从而得到表 8-10 所示的结果。

表 8-10 基于重点选择规则对五家渠道商进行评价

	英迈(IM)	佳杰(ECS)	Purelink	Adventure	Passo
合作意愿	弱	弱	强	中等	很强
投入资源占比	销售竞品,低	销售竞品,低	主推,高	销售竞品,中等	主推,很高
进取精神	成熟期,中等	扩张期,强	求生存,很强	扩张期,中等	扩张期,很强
特殊支持	无	无	有	不确定	有
分销经营能力	很强	很强	强	中等	中等偏弱
合作与否评价	不合适	不合适	合适,但有条件	不合适	合适,但有条件

从表 8-10 中我们可以看到,Purelink 和 Passo 都是比较合适的代理商。其中,Purelink 当前的主要问题是面临放弃原有品牌的选择,目前财务吃紧,但信誉良好,专注于本产品类别。请不要忘记,正是这家公司带领 ViewSonic 在过去的几年间在马来市场牢牢地站稳脚跟。如果该公司能够放弃原有的品牌,专注于 AOC 品牌,那么作为 MMD 的一级代理商将是非常不错的选择。他们的基本条件是需要 50 万美元的信用额度。而保险公司可以根据该公司的经营状况综合评估,如果出现公司破产或者恶意拖欠付款的状况,保险公司可以支付最高 90%的标的额赔偿。并且考虑到该公司良好的信用记录和公司的未来的市场预期回报,MMD 公司的管理层一致认为该公司信用违约风险较小,完全在可以控制的范围内。Passo 公司的主要问题是目前是一家区域渠道商,但是该公司有强烈的愿望拓展市场,总经理愿意亲自挂帅全面且直接接管 AOC 品牌的经销活动,而且 Passo 与 MMD 公司有 10 年的合作历史,如果该公司能够在槟城和巴株巴辖设立公司,并逐渐拓展至其他区域,选择他们作为一级代理商也是不错的决定。

至于其他三家渠道商,由于他们本身实力比较强,运行非常成熟,销售竞品,能给予 AOC 品牌特殊关注的可能性很小,如果选择这三家渠道商之一,有可能重蹈与 JOS 合作的覆辙。

(4) 拓展分析:产品不同经营阶段代理商的评价重点

对于新进入一个国家的品牌生产商,可以依据以上的方式进行渠道的调整,但是对于在国际市场中处于成长期和成熟期的品牌而言,如何选择代理商也是一个需要关注的问题。由于在国际业务拓展过程中,业务的复杂性、多变性远远高于本国本土市场,所以所有的评价应当是动态的。基本的思路是在品牌进入和成长阶段重点关注品牌的销售和市场占有情况,而到成熟期之后则重点关注市场的控制力和深度分销能力。表 8-11 给出了在国际市场不同品牌经营阶段下渠道商的选择的参考标准。

表 8-11　不同产品经营阶段渠道商评价参考标准

	重点指标	具体操作指标
品牌导入期	合作意愿	终端服务能力(如无第三方服务公司)
	投入资源占比	竞品销售与否
	进取精神	渠道信用额度
	特殊支持	团队数量和质量
	分销经营能力	产品经理的素质
	合作意愿	店面曝光能力
	投入资源占比	服务能力(如没有第三方服务公司)
		竞争产品数量
品牌快速上升期	市场拓展能力	市场人员的店面曝光能力
品牌成熟期	特殊支持	对该品牌负责销售团队的组织和数量
	现有的分销经营能力及其拓展	产品经理调动的资源和素养
	可控性	渠道信用额度
	投入资源占比	运营成本率
	可控性和战略匹配性	渠道信用额度
	渠道的深度和广度	总代供应链的交货数量和订单数量的柔性
	渠道覆盖率	渠道的区域，多种类客户覆盖
	特殊的支持	总代的产品组合的柔性

2.5　案例的后续进展

两个月之后，AOC 品牌的产品在市场上的销售依然没有好转，MMD 公司终止了与 JOS 的合作，并最终选择了 Purelink 和 Passo 两家作为一级代理商，并合理地划分了销售区域。MMD 向 Purelink 公司提供了 50 万美元的授信额度，Purelink 公司则放弃了原有的品牌专注于 AOC 的销售。Passo 公司在槟城和巴株巴辖设立了子公司，并在合同规定的地理区域内大力拓展业务。在渠道调整当年年底，AOC 品牌的市场占有率就达到了 11%，成为市场主流品牌。

2.6 参考文献

[1] 迈克尔·J.贝克. 市场营销百科[M]. 李桓主,译. 沈阳:辽宁教育出版社,1998.

[2] 徐蔚琴. 营销渠道管理[M]. 北京:电子工业出版社,2001.

[3] 菲利普·R.凯特奥特,约翰·L.格雷厄姆. 国际市场营销学[M]. 北京:机械工业出版社,2000.

[4] 弗朗西斯·布拉星顿. 市场营销学[M]. 第2版. 南宁:广西师范大学出版社,2001.

[5] 路易斯·W.斯特恩,库格伦,安瑟理. 市场营销渠道[M]. 第5版. 北京:清华大学出版社,2001.